U0107716

中外哲学典籍大全

外国哲学典籍卷

学术委员会

主　任　汝　信

委　员（按姓氏笔画排序）

马寅卯　王　齐　王　颂　冯　俊　冯颜利　江　怡　孙向晨

孙周兴　李文堂　李　河　张志伟　陈小文　赵汀阳　倪梁康

黄裕生　韩水法　韩　震　詹文杰

编辑委员会

主　任　马寅卯

委　员（按姓氏笔画排序）

邓　定　冯嘉荟　吕　超　汤明洁　孙　飞　李　剑　李婷婷

吴清原　佘瑞丹　冷雪涵　张天一　张桂娜　陈德中　赵　猛

韩　骁　詹文杰　熊至立　魏　伟

中外哲学典籍大全
总　　序

　　《中外哲学典籍大全》的编纂,是一项既有时代价值又有历史意义的重大工程。

　　中华民族经过了近一百八十年的艰苦奋斗,迎来了中国近代以来最好的发展时期,迎来了奋力实现中华民族伟大复兴的时期。中华民族只有总结古今中外的一切思想成就,才能并肩世界历史发展的大势。为此,我们须要编纂一部汇集中外古今哲学典籍的经典集成,为中华民族的伟大复兴、为人类命运共同体的建设、为人类社会的进步,提供哲学思想的精粹。

　　哲学是思想的花朵、文明的灵魂、精神的王冠。一个国家、民族,要兴旺发达,拥有光明的未来,就必须拥有精深的理论思维,拥有自己的哲学。哲学是推动社会变革和发展的理论力量,是激发人的精神砥石。哲学能够解放思想,净化心灵,照亮人类前行的道路。伟大的时代需要精邃的哲学。

一　哲学是智慧之学

　　哲学是什么? 这既是一个古老的问题,又是哲学永恒的话题。追问"哲学是什么",本身就是"哲学"问题。从哲学成为思维的那一天起,哲学家们就在不停的追问中发展、丰富哲学的篇章,给出一张又一张答卷。每个时代的哲学家对这个问题都有自己的诠释。哲学是什么,是悬在人类智慧面前的永恒之问,这正是哲学之为哲学的基本特点。

哲学是全部世界的观念形态、精神本质。人类面临的共同问题,是哲学研究的根本对象。本体论、认识论、世界观、人生观、价值观、实践论、方法论等,仍是哲学的基本问题,是哲学的生命力所在!哲学研究的是世界万物的根本性、本质性问题。人们已经对哲学作出许多具体定义,但我们可以尝试再用"遮诠"的方式描述哲学的一些特点,从而使人们加深对"何为哲学"的认识。

哲学不是玄虚之观。哲学来自人类实践,关乎人生。哲学对现实存在的一切追根究底、"打破砂锅问到底"。它不仅是问"是什么(being)",而且主要是追问"为什么(why)",特别是追问"为什么的为什么"。它关注整个宇宙,关注整个人类的命运,关注人生。它关心柴米油盐酱醋茶和人的生命的关系,关心人工智能对人类社会的挑战。哲学是对一切实践经验的理论升华,它关心具体现象背后的根据,关心"人类如何会更好"。

哲学是在根本层面上追问自然、社会和人本身,以彻底的态度反思已有的观念和认识,从价值理想出发把握生活的目标和历史的趋势,从而展示了人类理性思维的高度,凝结了民族进步的智慧,寄托了人们热爱光明、追求真善美的情怀。道不远人,人能弘道。哲学是把握世界、洞悉未来的学问,是思想解放与自由的大门!

古希腊的哲学家们被称为"望天者"。亚里士多德在《形而上学》一书中说："最初人们通过好奇－惊赞来做哲学。"如果说知识源于好奇的话，那么产生哲学的好奇心，必须是大好奇心。这种"大好奇心"只为一件"大事因缘"而来。所谓"大事"，就是天地之间一切事物的"为什么"。哲学精神，是"家事、国事、天下事，事事要问"，是一种永远追问的精神。

哲学不只是思想。哲学将思维本身作为自己的研究对象之一，对思想本身进行反思。哲学不是一般的知识体系，而是把知识概念作为研究的对象，追问"什么才是知识的真正来源和根据"。哲学的"非对象性"的思维方式，不是"纯形式"的推论原则，而有其"非对象性"之对象。哲学不断追求真理，是认识的精粹，是一个理论与实践兼而有之的过程。哲学追求真理的过程本身就显现了哲学的本质。天地之浩瀚，变化之奥妙，正是哲思的玄妙之处。

哲学不是宣示绝对性的教义教条，哲学反对一切形式的绝对。哲学解放束缚，意味着从一切思想教条中解放人类自身。哲学给了我们彻底反思过去的思想自由，给了我们深刻洞察未来的思想能力。哲学就是解放之学，是圣火和利剑。

哲学不是一般的知识。哲学追求"大智慧"。佛教讲"转识成智"，"识"与"智"之间的关系相当于知识与哲学的关系。一般知识是依据于具体认识对象而来的、有所依有所待的"识"，而哲学则是超越于具体对象之上的"智"。

公元前六世纪，中国的老子说："大方无隅，大器晚成，大音希声，大象无形，道隐无名。夫唯道，善贷且成。"又说："反者道之动，弱者道之用。天下万物生于有，有生于无。"对"道"的追求就是对有之为有、无形无名的探究，就是对"天地何以如此"的探究。这种追求,使得哲学具有了天地之大用,具有了超越有形有名之有限经验的大智慧。这种大智慧、大用途,超越一切限制的篱笆,具有趋向无限的解放能力。

哲学不是经验科学,但又与经验有联系。哲学从其诞生之日起,就包含于科学形态之中,是以科学形态出现的。哲学是以理性的方式、概念的方式、论证的方式来思考宇宙与人生的根本问题。在亚里士多德那里,凡是研究"实体(ousia)"的学问,都叫作"哲学"。而"第一实体"则是存在者中的"第一个"。研究"第一实体"的学问被称为"神学",也就是"形而上学",这正是后世所谓"哲学"。一般意义上的科学正是从"哲学"最初的意义上赢得自己最原初的规定性的。哲学虽然不是经验科学,却为科学划定了意义的范围,指明了方向。哲学最后必定指向宇宙、人生的根本问题,大科学家的工作在深层意义上总是具有哲学的意味,牛顿和爱因斯坦就是这样的典范。

哲学既不是自然科学,也不是文学、艺术,但在自然科学的前头,哲学的道路展现了;在文学、艺术的山顶,哲学的天梯出现了。哲学不断地激发人的探索和创造精神,使人在认识世界的过程中不断达到新境界,在改造世界的过程中从必然王国到达自由王国。

哲学不断从最根本的问题再次出发。哲学史在一定意义上就是不断重构新的世界观、认识人类自身的历史。哲学的历史呈现,正是对哲学的创造本性的最好说明。哲学史上每一个哲学家对根本问题的思考,都在为哲学添加新思维、新向度,犹如为天籁山上不断增添一只只黄鹂、翠鸟。

如果说哲学是哲学史的连续展现中所具有的统一性特征,那么这种"一"是在"多"个哲学的创造中实现的。如果说每一种哲学体系都追求一种体系性的"一"的话,那么每种"一"的体系之间都存在着千丝相联、多方组合的关系。这正是哲学史昭示于我们的哲学之多样性的意义。多样性与统一性的依存关系,正是哲学寻求现象与本质、具体与普遍相统一的辩证之意义。

哲学的追求是人类精神的自然趋向,是精神自由的花朵。哲学是思想的自由,是自由的思想。

中国哲学是中华民族五千年文明传统中最为内在、最为深刻、最为持久的精神追求和价值观表达。中国哲学已经化为中国人的思维方式、生活态度、道德准则、人生追求、精神境界。中国人的科学技术、伦理道德、小家大国、中医药学、诗歌文学、绘画书法、武术拳法、乡规民俗,乃至日常生活都浸润着中国哲学的精神。华夏文明虽历经磨难而能够透魄醒神、坚韧屹立,正是来自于中国哲学深邃的思维和创造力。

先秦时代,老子、孔子、庄子、孙子、韩非子等诸子之间的百家争鸣,就是哲学精神在中国的展现,是中国人思想解放的第一次大爆发。两汉四百多年的思想和制度,是诸子百家思想在争鸣过程中大整合的结果。魏晋之际玄学的发生,则是儒道冲破各自藩篱、彼此互动互补的结果,形成了儒家独尊的态势。隋唐三百年,佛教深入中国文化,又一次带来了思想的大融合和大解放。禅宗的形成就是这一融合和解放的结果。两宋三百多年,中国哲学迎来了第三次大解放。儒释道三教之间的互润互持日趋深入,朱熹的理学和陆象山的心学,就是这一思想潮流的哲学结晶。

与古希腊哲学强调沉思和理论建构不同,中国哲学的旨趣在于实践人文关怀,它更关注实践的义理性意义。在中国哲学当中,知与行从未分离,有着深厚的实践观点和生活观点。伦理道德观是中国哲学的贡献。马克思说:"全部社会生活在本质上是实践的。"实践的观点、生活的观点也正是马克思主义认识论的基本观点。这种哲学上的契合性,正是马克思主义能够在中国扎根并不断中国化的哲学原因。

"实事求是"是中国的一句古话,在今天已成为深邃的哲理,成为中国人的思维方式和行为基准。实事求是就是解放思想,解放思想就是实事求是。实事求是是毛泽东思想的精髓,是改革开放的基石。只有解放思想才能实事求是。实事求是就是中国人始终坚持的哲学思想。实事求是就是依靠自己,走自己的道路,反对一切绝对观念。所谓中国化就是一切从中国实际出发,一切理论必须符合中国实际。

二 哲学的多样性

实践是人的存在形式,是哲学之母。实践是思维的动力、源泉、价值、标准。人们认识世界、探索规律的根本目的是改造世界、完善自己。哲学问题的提出和回答都离不开实践。马克思有句名言:"哲学家们只是用不同的方式解释世界,而问题在于改变世界。"理论只有成为人的精神智慧,才具有改变世界的力量。

哲学关心人类命运。时代的哲学,必定关心时代的命运。对时代命运的关心就是对人类实践和命运的关心。人在实践中产生的一切都具有现实性。哲学的实践性必定带来哲学的现实性。哲学的现实性就是强调人在不断回答实践中的各种问题时应该具有的态度。

哲学作为一门科学是现实的。哲学是一门回答并解释现实的学问；哲学是人们联系实际、面对现实的思想。可以说哲学是现实的最本质的理论，也是本质的最现实的理论。哲学始终追问现实的发展和变化。哲学存在于实践中，也必定在现实中发展。哲学的现实性要求我们直面实践本身。

哲学不是简单跟在实践后面，成为当下实践的"奴仆"，而是以特有的深邃方式，关注着实践的发展，提升人的实践水平，为社会实践提供理论支撑。从直接的、急功近利的要求出发来理解和从事哲学，无异于向哲学提出它本身不可能完成的任务。哲学是深沉的反思、厚重的智慧，是对事物的抽象、理论的把握。哲学是人类把握世界最深邃的理论思维。

哲学是立足人的学问，是人用于理解世界、把握世界、改造世界的智慧之学。"民之所好，好之，民之所惠，惠之。"哲学的目的是为了人。用哲学理解外在的世界，理解人本身，也是为了用哲学改造世界、改造人。哲学研究无禁区，无终无界，与宇宙同在，与人类同在。

存在是多样的，发展亦是多样的，这是客观世界的必然。宇宙万物本身是多样的存在，多样的变化。历史表明，每一民族的文化都有其独特的价值。文化的多样性是自然律，是动力，是生命力。各民族文化之间的相互借鉴、补充浸染，共同推动着人类社会的发展和繁荣，这是规律。对象的多样性、复杂性，决定了哲学的多样性；即使对同一事物，人们也会产生不同的哲学认识，形成不同的哲学派别。哲学观点、思潮、流派及其表现形式上的区别,来自于哲学的时代性、地域性和民族性的差异。世界哲学是不同民族的哲学的荟萃。多样性构成了世界,百花齐放形成了花园。不同的民族会有不同风格的哲学。恰恰是哲学的民族性,使不同的哲学都可以在世界舞台上演绎出各种"戏剧"。不同民族即使有相似的哲学观点,在实践中的表达和运用也会各有特色。

人类的实践是多方面的,具有多样性、发展性,大体可以分为:改造自然界的实践、改造人类社会的实践、完善人本身的实践、提升人的精神世界的精神活动。人是实践中的人,实践是人的生命的第一属性。实践的社会性决定了哲学的社会性,哲学不是脱离社会现实生活的某种遐想,而是社会现实生活的观念形态,是文明进步的重要标志,是人的发展水平的重要维度。哲学的发展状况,反映着一个社会人的理性成熟程度,反映着这个社会的文明程度。

哲学史实质上是对自然史、社会史、人的发展史和人类思维史的总结和概括。自然界是多样的,社会是多样的,人类思维是多样的。所谓哲学的多样性,就是哲学基本观念、理论学说、方法的异同,是哲学思维方式上的多姿多彩。哲学的多样性是哲学的常态,是哲学进步、发展和繁荣的标志。哲学是人的哲学,哲学是人对事物的自觉,是人对外界和自我认识的学问,也是人把握世界和自我的学问。哲学的多样性,是哲学的常态和必然,是哲学发展和繁荣的内在动力。一般是普遍性,特色也是普遍性。从单一性到多样性,从简单性到复杂性,是哲学思维的一大变革。用一种哲学话语和方法否定另一种哲学话语和方法,这本身就不是哲学的态度。

多样性并不否定共同性、统一性、普遍性。物质和精神、存在和意识,一切事物都是在运动、变化中的,是哲学的基本问题,也是我们的基本哲学观点!

当今的世界如此纷繁复杂,哲学多样性就是世界多样性的反映。哲学是以观念形态表现出的现实世界。哲学的多样性,就是文明多样性和人类历史发展多样性的表达。多样性是宇宙之道。

哲学的实践性、多样性还体现在哲学的时代性上。哲学总是特定时代精神的精华,是一定历史条件下人的反思活动的理论形态。在不同的时代,哲学具有不同的内容和形式。哲学的多样性,也是历史时代多样性的表达,让我们能够更科学地理解不同历史时代,更为内在地理解历史发展的道理。多样性是历史之道。

哲学之所以能发挥解放思想的作用,原因就在于它始终关注实践,关注现实的发展;在于它始终关注着科学技术的进步。哲学本身没有绝对空间,没有自在的世界,只能是客观世界的映象、观念的形态。没有了现实性,哲学就远离人,远离了存在。哲学的实践性说到底是在说明哲学本质上是人的哲学,是人的思维,是为了人的科学!哲学的实践性、多样性告诉我们,哲学必须百花齐放、百家争鸣。哲学的发展首先要解放自己,解放哲学,也就是实现思维、观念及范式的变革。人类发展也必须多途并进、交流互鉴、共同繁荣。采百花之粉,才能酿天下之蜜。

三　哲学与当代中国

中国自古以来就有思辨的传统,中国思想史上的百家争鸣就是哲学繁荣的史象。哲学是历史发展的号角。中国思想文化的每一次大跃升,都是哲学解放的结果。中国古代贤哲的思想传承至今,他们的智慧已浸入中国人的精神境界和生命情怀。

中国共产党人历来重视哲学。1938 年,毛泽东同志在抗日战争最困难的时期,在延安研究哲学,创作了《实践论》和《矛盾论》,推动了中国革命的思想解放,成为中国人民的精神力量。

中华民族的伟大复兴必将迎来中国哲学的新发展。当代中国必须要有自己的哲学,当代中国的哲学必须要从根本上讲清楚中国道路的哲学内涵。中华民族的伟大复兴必须要有哲学的思维,必须要有不断深入的反思。发展的道路就是哲思的道路;文化的自信就是哲学思维的自信。哲学是引领者,可谓永恒的"北斗",哲学是时代的"火焰",是时代最精致最深刻的"光芒"。从社会变革的意义上说,任何一次巨大的社会变革,总是以理论思维为先导。理论的变革总是以思想观念的空前解放为前提,而"吹响"人类思想解放第一声"号角"的,往往就是代表时代精神精华的哲学。社会实践对于哲学的需求可谓"迫不及待",因为哲学总是"吹响"新的时代的"号角"。"吹响"中国改革开放之"号角"的,正是"解放思想""实践是检验真理的唯一标准""不改革死路一条"等哲学观念。"吹响"新时代"号角"的是"中国梦""人民对美好生活的向往,就是我们奋斗的目标"。发展是人类社会永恒的动力,变革是社会解放的永恒的课题,思想解放、解放思想是无尽的哲思。中国正走在理论和实践的双重探索之路上,搞探索没有哲学不成!

中国哲学的新发展,必须反映中国与世界最新的实践成果,必须反映科学的最新成果,必须具有走向未来的思想力量。今天的中国人所面临的历史时代,是史无前例的。14 亿人齐步迈向现代化,这是怎样的一幅历史画卷!是何等壮丽、令人震撼!不仅中国亘古未有,在世界历史上也从未有过。当今中国需要的哲学,是结合天道、地理、人德的哲学,是整合古今中外的哲学,只有这样的哲学才是中华民族伟大复兴的哲学。

当今中国需要的哲学,必须是适合中国的哲学。无论古今中外,再好的东西,也需要经过再吸收、再消化,经过现代化、中国化,才能成为今天中国自己的哲学。哲学的目的是解放人,哲学自身的发展也是一次思想解放,也是人的一次思维升华、羽化的过程。中国人的思想解放,总是随着历史不断进行的。历史有多长,思想解放的道路就有多长;发展进步是永恒的,思想解放也是永无止境的;思想解放就是哲学的解放。

习近平同志在 2013 年 8 月 19 日重要讲话中指出,思想工作就是"引导人们更加全面客观地认识当代中国、看待外部世界"。这就需要我们确立一种"知己知彼"的知识态度和理论立场,而哲学则是对文明价值核心最精炼和最集中的深邃性表达,有助于我们认识中国、认识世界。立足中国、认识中国,需要我们审视我们走过的道路;立足中国、认识世界,需要我们观察和借鉴世界历史上的不同文化。中国"独特的文化传统"、中国"独特的历史命运"、中国"独特的基本国情",决定了我们必然要走适合自己特点的发展道路。一切现实的、存在的社会制度,其形态都是具体的,都是特色的,都必须是符合本国实际的。抽象的或所谓"普世"的制度是不存在的。同时,我们要全面、客观地"看待外部世界"。研究古今中外的哲学,是中国认识世界、认识人类史、认识自己未来发展的必修课。今天中国的发展不仅要读中国书,还要读世界书。不仅要学习自然科学、社会科学的经典，更要学习哲学的经典。当前，中国正走在实现"中国梦"的"长征"路上，这也正是一条思想不断解放的道路！要回答中国的问题，解释中国的发展，首先需要哲学思维本身的解放。哲学的发展，就是哲学的解放，这是由哲学的实践性、时代性所决定的。哲学无禁区、无疆界。哲学关乎宇宙之精神，关乎人类之思想。哲学将与宇宙、人类同在。

四 哲学典籍

《中外哲学典籍大全》的编纂，是要让中国人能研究中外哲学经典，吸收人类思想的精华；是要提升我们的思维，让中国人的思想更加理性、更加科学、更加智慧。

中国有盛世修典的传统，如中国古代的多部典籍类书（如《永乐大典》《四库全书》等）。在新时代编纂《中外哲学典籍大全》，是我们的历史使命，是民族复兴的重大思想工程。

只有学习和借鉴人类思想的成就，才能实现我们自己的发展，走向未来。《中外哲学典籍大全》的编纂，就是在思维层面上，在智慧境界中，继承自己的精神文明，学习世界优秀文化。这是我们的必修课。

不同文化之间的交流、合作和友谊，必须在哲学层面上获得相互认同和借鉴。哲学之间的对话和倾听，才是从心到心的交流。《中外哲学典籍大全》的编纂，就是在搭建心心相通的桥梁。

我们编纂的这套哲学典籍大全包括四个方面的内容：一是中国哲学，整理中国历史上的思想典籍，浓缩中国思想史上的精华；

二是外国哲学，主要是西方哲学，以吸收、借鉴人类发展的优秀哲学成果；三是马克思主义哲学，展示马克思主义哲学中国化的成就；四是中国近现代以来的哲学成果，特别是马克思主义在中国的发展。

编纂《中外哲学典籍大全》，是中国哲学界早有的心愿，也是哲学界的一份奉献。《中外哲学典籍大全》总结的是经典中的思想，是先哲们的思维，是前人的足迹。我们希望把它们奉献给后来人，使他们能够站在前人的肩膀上，站在历史岸边看待自身。

《中外哲学典籍大全》的编纂，是以"知以藏往"的方式实现"神以知来"；《中外哲学典籍大全》的编纂，是通过对中外哲学历史的"原始反终"，从人类共同面临的根本大问题出发，在哲学生生不息的道路上，彩绘出人类文明进步的盛德大业！

发展的中国，既是一个政治、经济大国，也是一个文化大国，也必将是一个哲学大国、思想王国。人类的精神文明成果是不分国界的，哲学的边界是实践，实践的永恒性是哲学的永续线性，敞开胸怀拥抱人类文明成就，是一个民族和国家自强自立，始终伫立于人类文明潮流的根本条件。

拥抱世界、拥抱未来、走向复兴，构建中国人的世界观、人生观、价值观、方法论，这是中国人的视野、情怀，也是中国哲学家的愿望！

李铁映

二〇一八年八月

关于外国哲学

——"外国哲学典籍卷"弁言

李铁映

有人类，有人类的活动，就有文化，就有思维，就有哲学。哲学是人类文明的精华。文化是人的实践的精神形态。

人类初蒙，问天究地，思来想去，就是萌昧之初的哲学思考。

文明之初，如埃及法老的文化；两河流域的西亚文明；印度的吠陀时代，都有哲学的意蕴。

欧洲古希腊古罗马文明等，拉丁美洲的印第安文明，玛雅文化，都是哲学的初萌。

文化即一般存在，而哲学是文化的灵魂。文化是哲学的基础，社会存在。文化不等同于哲学，但没有文化的哲学，是空中楼阁。哲学产生于人类的生产、生活，概言之，即产生于人类的实践。是人类对自然、社会、人身体、人的精神的认识。

但历史的悲剧，发生在许多文明的消失。文化的灭绝是人类最大的痛疚。

只有自己的经验，才是最真实的。只有自己的道路才是最好的路。自己的路，是自己走出来的。世界各个民族在自己的历史上，也在不断的探索自己的路，形成自己生存、发展的哲学。

知行是合一的。知来自于行,哲学打开了人的天聪,睁开了眼睛。

欧洲哲学,作为学术对人类的发展曾作出过大贡献,启迪了人们的思想。特别是在自然科学、经济学、医学、文化等方面的哲学,达到了当时人类认识的高峰。欧洲哲学是欧洲历史的产物,是欧洲人对物质、精神的探究。欧洲哲学也吸收了世界各民族的思想。它对哲学的研究,对世界的影响,特别是在思维观念、语意思维的层面,构成了新认知。

历史上,有许多智者,研究世界、自然和人本身。人类社会产生许多观念,解读世界,解释人的认识和思维,形成了一些哲学的流派。这些思想对人类思维和文化的发展,有重大作用,是人类进步的力量。但不能把哲学仅看成是一些学者的论说。哲学最根本的智慧来源于人类的实践,来源于人类的生产和生活。任何学说的真价值都是由人的实践为判据的。

哲学研究的是物质和精神,存在和思维,宇宙和人世间的诸多问题。可以说一切涉及人类、人本身和自然的深邃的问题,都是哲学的对象。哲学是人的思维,是为人服务的。

资本主义社会,就是资本控制的社会。资本主义社会的文化、哲学,有着浓厚的铜臭。

有什么样的人类社会,就会有什么样的哲学,不足为怪。应深思“为什么?”“为什么的为什么?”这就是哲学之问,是哲学发展的自然律。哲学尚回答不了的问题,正是哲学发展之时。

哲学研究人类社会,当然有意识形态性质。哲学产生于一定社会,当然要为它服务。人类的历史,长期是阶级斗争的历史,而哲学作为上层建筑,是意识形态。阶级斗争的意识,深刻影响着意识形态,哲学也如此。为了殖民、压迫、剥削……社会的资本化,文化也随之资本化。许多人性的、精神扭曲的东西通过文化也资本化。如色情业、毒品业、枪支业、黑社会、政治献金,各种资本的社会形态成了资本社会的基石。这些社会、人性的变态,逐渐社会化、合法化,使人性变得都扭曲、丑恶。社会资本化、文化资本化、人性的资本化,精神、哲学成了资本的外衣。真的、美的、好的何在?! 令人战栗!!

　　哲学的光芒也腐败了,失其真! 资本的洪水冲刷之后的大地苍茫……

　　人类社会不是一片净土,是有污浊渣滓的,一切发展、进步都要排放自身不需要的垃圾,社会发展也如此。进步和发展是要逐步剔除这些污泥浊水。但资本揭开了魔窟,打开了潘多拉魔盒,呜呜! 这些哲学也必然带有其诈骗、愚昧人民之魔术。

　　外国哲学正是这些国家、民族对自己的存在、未来的思考,是他们自己的生产、生活的实践的意识。

　　哲学不是天条,不是绝对的化身。没有人,没有人的实践,哪来人的哲学? 归根结底,哲学是人类社会的产物。

　　哲学的功能在于解放人的思想,哲学能够使人从桎梏中解放出来,找到自己的自信的生存之道。

　　欧洲哲学的特点,是欧洲历史文化的结节,它的一个特点,是与神学粘联在一起,与宗教有着深厚的渊源。它的另一个特点是私有制、个人主义。使人际之间关系冷漠,资本主义的殖民主义,对世界的奴役、暴力、战争,和这种哲学密切相关。

马克思恩格斯突破了欧洲资本主义哲学,突破了欧洲哲学的神学框架,批判了欧洲哲学的私有制个人主义体系,举起了历史唯物主义,唯物辩证法的大旗,解放了全人类的头脑。人类从此知道了自己的历史,看到了未来光明。社会主义兴起,殖民主义解体,被压迫人民的解放斗争,正是马哲的力量。没有马哲对西方哲学的批判,就没有今天的世界。

二十一世纪将是哲学大发展的世纪,是人类解放的世纪,是人类走向新的辉煌的世纪。不仅是霸权主义的崩塌,更是资本主义的存亡之际,人类共同体的哲学必将兴起。

哲学解放了人类,人类必将创造辉煌的新时代,创造新时代的哲学。英特纳雄耐尔就一定会实现,这就是哲学的力量。未来属于人民,人民万岁!

奥 义 书

目　　录

导　言

　　奥义书（Upaniṣad）在印度古代思想史上占有重要地位，是印度上古思想转型的关键著作，对印度古代宗教和哲学的发展产生了深远影响。

　　印度上古时代也称吠陀时代。现存吠陀文献包括吠陀本集、梵书、森林书和奥义书。吠陀本集有四部：《梨俱吠陀》、《娑摩吠陀》、《夜柔吠陀》和《阿达婆吠陀》，约产生于公元前十五世纪至公元前十世纪之间。其中，《梨俱吠陀》（Ṛgveda）是颂神诗集，《娑摩吠陀》（Sāmaveda）是颂神歌曲集，《夜柔吠陀》（Yajurveda）是祈祷诗文集，《阿达婆吠陀》（Atharvaveda）是巫术诗集。这些吠陀本集表明印度吠陀时代是崇拜神祇的时代。神祇分成天上诸神、空中诸神和地上诸神三类。许多天神由自然现象转化而成，如苏尔耶（太阳神）、阿耆尼（火神）、伐由（风神）、普利提维（大地女神）和乌霞（黎明女神）等，也有一些天神由社会现象或与自然现象相结合的社会现象转化而成，如因陀罗（雷神和战神）、陀湿多（工巧神）、苏摩（酒神）和毗诃波提（祭司神）等。《梨俱吠陀》中的颂神诗主要是向这些天神表达崇拜、敬畏、赞美和祈求。在印度上古初民的心目中，人间一切事业的成功都依靠天神的庇佑。

　　印度吠陀时代早期是氏族部落社会。随着生产力的发展和社会分工的加强,而形成种姓社会制度。社会成员分成四种种姓:第一种姓婆罗门(Brāhmaṇa)是祭司阶级,掌管宗教;第二种姓刹帝利(Kṣatriya)是武士阶级,掌管王权;第三种姓吠舍(Vaiśya)是平民阶级,主要从事农业、畜牧业、手工业和商业;第四种姓首陀罗(Śūdra)是低级种姓,主要充当仆役。从四种种姓的排列次序就可以看出,婆罗门祭司在社会中居于首要地位。《梨俱吠陀》有一首晚出的"原人颂",已将种姓制度神话化。这首颂诗描写众天神举行祭祀,以原始巨人补卢沙作祭品。众天神分割补卢沙时,"他的嘴变成婆罗门,双臂变成罗阇尼耶(即刹帝利),双腿变成吠舍,双脚变成首陀罗"。(10.90.12)

四部吠陀也是适应祭祀仪式的实用需要而编订成集的。婆罗门教的祭祀仪式分"家庭祭"和"天启祭"两大类。家庭祭是有关出生、婚丧和祈福等日常生活祭祀仪式,只要点燃一堆祭火,由家长本人担任司祭者,或者请一个祭司协助。天启祭则是贵族和富人,尤其是国王举行的祭祀仪式,需要在祭坛的东边、南边和西边点燃三堆祭火,由四位祭官统领一批祭司担任司祭者。这四位祭官分别是:诵者祭司(Hotṛ),由他念诵《梨俱吠陀》颂诗,赞美诸神,邀请诸神出席祭祀仪式;歌者祭司(Udgātṛ),由他伴随供奉祭品,尤其是苏摩酒,高唱《娑摩吠陀》赞歌;行祭者祭司(Adhvaryu),由他执行全部祭祀仪式,同时低诵《夜柔吠陀》中的祈祷诗文;监督者祭司(Brahman,梵祭司),由他监督整个祭祀仪式的进行,一旦发现差错,立即予以纠正。

《阿达婆吠陀》编订成集的时间晚于前三部吠陀。但这不意味《阿达婆吠陀》中的巫术诗产生时间晚于前三部吠陀中的颂神诗。

巫术是属于原始宗教乃至前于宗教的古老社会现象。它更多体现始终在民间流行的通俗信仰。《阿达婆吠陀》的早期名称是《阿达婆安吉罗》。阿达婆和安吉罗是两位祭司的名字,也代表两种巫术咒语:祝福咒语和驱邪咒语。在《阿达婆吠陀》中也有不少颂神诗,但一般都与巫术相结合。在这里,《梨俱吠陀》中的诸神适应巫术的需要,几乎都成了降伏妖魔或敌人的神。

印度吠陀时代上古初民崇拜神祇,热衷祭祀。而婆罗门主导祭祀活动,并在祭祀活动中接受布施和酬金,是最大的实际受益者。在吠陀时代后期出现的各种梵书便是婆罗门的"祭祀学"著作。梵书(Brāhmaṇa)这一名称的词源是"梵"(Brahman,词根 bṛh的意思是增长和发展)。"梵"在早期吠陀文献中常常用于指称吠陀颂诗,由此,念诵吠陀颂诗的人叫做婆罗门(Brāhmaṇa,阳性),解释吠陀颂诗的著作叫做"梵书"(Brāhmaṇa,中性)。现存梵书有十几种,分属四吠陀。婆罗门在这些梵书中,为各种祭祀仪式制定规则,诸如祭祀的种类、祭火和祭司的数目、祭祀的时间和地点、念诵或咏唱的颂诗、供奉的祭品和祭祀用品等等,并千方百计将祭祀仪式烦琐化和神秘化,强调所有这些规则乃至最微小的细节都事关祭祀的成败。在这些梵书中,祭祀本身成了最高目的。包括天神在内的一切力量都源自祭祀。而婆罗门执掌祭祀,也被抬高到等同天神的地位。婆罗门的祭祀理论至此达到鼎盛。

在梵书之后出现的是各种森林书和奥义书。这两类著作性质相近。奥义书有时包含在森林书中,如《爱多雷耶奥义书》包含在《爱多雷耶森林书》中;有时本身既是森林书,又是奥义书,如《大森林奥义书》。但这两类著作一般都作为梵书的附录。森林书排在梵书之后，奥义书又排在森林书之后。因此，这两类著作，尤其是奥义书，又被称为"吠檀多"（Vedānta），即"吠陀的终结"。虽然排在梵书之后，但它们的主题思想并不是梵书的继续或总结，而是展现对于祭祀和人生的另一种思路。

森林书（Āraṇyaka）这一名称的词源是"森林"（araṇya）。这类著作是在远离城镇和乡村的森林里秘密传授的。它们主要不是制定祭祀的实施规则，而是探讨祭祀的神秘意义。这些森林书的作者隐居森林，不仅摒弃世俗生活方式，也摒弃世俗祭祀方式。他们强调内在的或精神的祭祀，以区别于外在的或形式的祭祀。这样，森林书标志着由梵书的"祭祀之路"转向奥义书的"知识之路"。

奥义书（Upaniṣad）这一名称的原义是"坐在某人身旁"（动词词根 sad 加上前缀 upa 和 ni），蕴含"秘传"的意思。奥义书中经常强调这种奥义不能传给"非儿子或非弟子"。如《歌者奥义书》中说："确实，父亲应该将梵传给长子或入室弟子。不能传给任何别人，即使他赐予大海环绕、充满财富的大地。"（3.11.5、6）因此，upaniṣad 一词在奥义书中既表示书名，也表示"奥义"或"奥秘"，与奥义书中使用的 guhya（"秘密"）一词是同义词。

留传于世的奥义书很多。在一部名为《解脱奥义书》（Mukti-ka Upaniṣad）的奥义书中列出的奥义书有一百零八种。实际上，挂名"奥义书"的奥义书不下二百种。然而，它们大多产生年代很晚，与吠陀文献无关，不是严格意义上的奥义书。一般公认属于吠陀时代的奥义书只有十三种。这十三种奥义书按照产生年代，大体分为三组。

第一组：《大森林奥义书》（Bṛhadāraṇyaka Upaniṣad）

《歌者奥义书》(Chāndogya Upaniṣad)

《泰帝利耶奥义书》(Taittirīya Upaniṣad)

《爱多雷耶奥义书》(Aitareya Upaniṣad)

《憍尸多基奥义书》(Kauṣītaki Upaniṣad)

这五种奥义书是散文体,产生年代约在公元前七八世纪至公元前五六世纪之间,也就是在佛陀(公元前566—前486)之前。

第二组:《由谁奥义书》(Kena Upaniṣad)

《伽陀奥义书》(Kaṭha Upaniṣad)

《自在奥义书》(Īśā Upaniṣad)

《白骡奥义书》(Śvetāśvatara Upaniṣad)

《剃发奥义书》(Muṇḍaka Upaniṣad)

这五种奥义书主要是诗体,产生年代约在公元前五六世纪至公元前一世纪之间。其中,《由谁奥义书》兼有诗体和散文体,也可以归入第一组。

第三组:《疑问奥义书》(Praśna Upaniṣad)

《蛙氏奥义书》(Māṇḍūkya Upaniṣad)

《弥勒奥义书》(Maitrī Upaniṣad)

这三种奥义书是散文体,产生年代约在公元初。

奥义书的内容是驳杂的。但它们的核心内容是探讨世界的终极原因和人的本质。其中的两个基本概念是梵(Brahman)和自我(Ātman)。在吠陀颂诗中,确认众天神主宰一切。在梵书中,确认生主是世界创造主。而在奥义书中,确认梵是世界的本原。梵作为世界的本原的观念在梵书中已初露端倪,但在奥义书中得到充分发展,成为奥义书的主导思想。在奥义书中,"自我"一词常常用作"梵"的同义词,也就是说,梵是宇宙的自我、本原或本质。而"自我"一词既指称宇宙自我,也指称人的个体自我,即人的本质或灵魂。梵是宇宙的本原,自然也是人的个体自我的本原。正如《歌者奥义书》中所说:"这是我内心的自我。它是梵。"(3.14.4)

在奥义书的创世说中,世界最初的唯一存在是自我,由自我创造出世界万物。这个"自我"也就是梵。《爱多雷耶奥义书》中的"自我创世说"便是对《梨俱吠陀》中的"原人创世说"的改造。"原人创世说"描写众天神举行祭祀,原始巨人补卢沙(Puruṣa,"原人")作为祭品,而化身为世界万物。"自我创世说"则描写自我首先创造出原人,然后原人衍生世界万物。《大森林奥义书》中指出:"正像蜘蛛沿着蛛丝向上移动,正像火花从火中向上飞溅,确实,一切气息,一切世界,一切天神,一切众生,都从这自我中出现。"(2.1.20)按照奥义书的种种描述,梵创造一切,存在于一切中,又超越一切。

奥义书中对于梵的认知和表述主要采用两种方式。一种是拟人化或譬喻的方式,如《大森林奥义书》:"这自我是一切众生的主人,一切众生的国王。正如那些辐条安置在轮毂和轮辋中,一切众生、一切天神、一切世界、一切气息和一切自我都安置在这个自我中。"(2.5.15)《自在奥义书》:"它既动又不动,既遥远又邻近,既在一切之中,又在一切之外。"(5)《剃发奥义书》:"他的头是火,双眼是月亮和太阳,耳朵是方位,语言是展示的吠陀,呼吸是风,心是宇宙,双足产生大地,他是一切众生的内在自我。"(2.1.4)另一种是否定的方式(或称"遮诠"),也就是《大森林奥义书》中所说的"不是这个,不是那个"(neti neti)的认知和表达方式。因为对于梵(或自我)来说，"没有比它更高者，只能称说'不是'"。(2.3.6)如《大森林奥义书》："这个不灭者(梵)不粗，不细，不短，不长，不红，不湿，无影，无暗，无风，无空间，无接触，无味，无香，无眼，无耳，无语，无思想，无光热，无气息，无嘴，无量，无内，无外。"(3.8.8)《剃发奥义书》："它不可目睹，不可把握，无族姓，无种姓，无手无脚，永恒，遍及一切，微妙，不变，万物的源泉。"(1.1.6)《蛙氏奥义书》："不可目睹，不可言说，不可执取，无特征，不可思议，不可名状，以确信唯一自我为本质，灭寂戏论，平静，吉祥，不二。"(7)

奥义书中对梵的探讨始终与对人的个体自我的探讨紧密结合。《泰帝利耶奥义书》将人的个体自我分为五个层次：食物构成的自我、气息构成的自我、思想构成的自我、知识构成的自我和欢喜构成的自我。前两者是生理的自我，后三者是精神的自我。而其中欢喜构成的自我意味对梵的认知和与梵合一。正因为如此，任何人"如果知道梵的欢喜，他就无所畏惧"。(2.9.1)《歌者奥义书》中描述天神因陀罗和阿修罗维罗遮那向生主请教自我。维罗遮那只认识到人的肉体自我，而因陀罗进一步认识到梦中的自我和熟睡中的自我，最后认识到无身体的自我。生主指出："这个自我摆脱罪恶，无老，无死，无忧，不饥，不渴，以真实为欲望，以真实为意愿。"(8.7.1)《蛙氏奥义书》将自我的精神意识分成四种状态：觉醒状态、梦中状态、熟睡状态和第四状态。觉醒状态"认知外在"，梦中状态"认知内在"，熟睡状态"智慧密集"，而第四状态超越这三种状态，既非"认知"，也非"不认知"，达到与梵同一("不二")。

与梵和自我的关系相关联，奥义书中也探讨宇宙和人的关系。在探讨这种关系时，奥义书中的常用语是"关于天神"和"关于自我"。"关于天神"指关于宇宙,"关于自我"指关于人体。宇宙和人都是梵的展现,也就是以梵为本原。在奥义书的描述中,宇宙中的自然现象与人体的各种生理和精神功能具有对应关系。《大森林奥义书》第二章第五梵书讲述因陀罗传授给阿达婆家族达提衍的"蜜说"。其中,将宇宙中的水、火、风、太阳、方位、月亮、闪电、雷和空间分别与人的精液、语言、气息、眼睛、耳朵、思想、精力、声音和心相对应,并且确认宇宙中的"原人"和人体中的"原人"都是"这自我",换言之,"这是甘露,这是梵,这是一切"。(2.5.1)奥义书中将人的生命气息分成五气:元气、下气、中气、行气和上气。《疑问奥义书》中,也将这五气分别与太阳、大地、空中、风和火相对应。(3.7—8)而且,在论述这种对应关系时,不仅将宇宙中的各种自然现象称为"天神",也将人体的各种感官称为"天神"。这也在一定程度上表明,奥义书将吠陀颂诗中的神祇还原为自然和人。

奥义书对于梵和自我以及宇宙和人的探讨,其最终结论可以表述为"宇宙即梵,梵即自我"。《歌者奥义书》中说:"这是我内心的自我,小于米粒,小于麦粒,小于芥子,小于黍粒,小于黍籽。这是我内心的自我,大于地,大于空,大于天,大于这些世界。包含一切行动,一切愿望,一切香,一切味,涵盖这一切,不说话,不旁骛。这是我内心的自我。它是梵。死后离开这里,我将进入它。信仰它,就不再有疑惑。"(3.14.4)在奥义书中,诸如"它是你"、"我是梵"和"自我是梵"都是常用语,以"梵我同一"为指归。

奥义书将梵和自我视为最高知识。知道了梵和自我,也就知道一切。认识到梵我同一,也就获得解脱。《歌者奥义书》中说:"这是自我。它不死,无畏,它是梵。这个梵,名为真实。"(8.3.4)

然而,在日常生活中,"真实"常被"不真实"掩盖:"正像埋藏的金库,人们不知道它的地点,一次次踩在上面走过,而毫不察觉。同样,一切众生天天走过这个梵界,而毫不察觉,因为他们受到不真实蒙蔽。"(8.3.2)因此,奥义书自始至终以揭示这个"真实"为己任。

奥义书确认梵为最高真实,以认知"梵我同一"为人生最高目的。这与梵书中体现的崇拜神祇和信仰祭祀的婆罗门教义迥然有别。奥义书崇尚知识,而将知识分为"上知"和"下知"。《剃发奥义书》中说:"下知是梨俱吠陀、夜柔吠陀、娑摩吠陀、阿达婆吠陀、语音学、礼仪学、语法学、词源学、诗律学和天文学。然后,是上知。依靠它,认识不灭者。"(1.1.5)也就是将"四吠陀"和"六吠陀支"都归入"下知","上知"则是对梵的认知。这"上知"和"下知"与《疑问奥义书》中提出的"上梵和下梵"(5.2)有相通之处。在那里,"下梵"与凡界和月界相关联,而"上梵"与梵界相关联。这"上梵"和"下梵"又与《大森林奥义书》中的"有形"的梵和"无形"的梵有相通之处。其中,"无形"的梵相当于"上梵",是"真实中的真实"。(2.3.6)

奥义书超越吠陀经典,突破梵书的祭祀主义樊篱,可以说是在婆罗门教内部发生的一场思想革命。从奥义书中反映的情况看,这场思想革命也得到刹帝利王族的积极支持。在著名的奥义书导师中,就不乏刹帝利国王,如《大森林奥义书》中的阿阇世和遮婆利,《歌者奥义书》中的竭迦耶,《憍尸多基奥义书》中的吉多罗·甘吉亚耶尼。在《大森林奥义书》中,婆罗门伽吉耶拜阿阇世为师时,阿阇世说道:"这确实是颠倒次序,婆罗门拜刹帝利为师。"

（2.1.15）婆罗门阿卢尼拜遮婆利为师时，遮婆利说道："这种知识在此之前，从未出现在婆罗门中，而我会将它传授给你。"（6.2.8）这些说明婆罗门一向垄断知识，崇拜神祇，推行祭祀主义，已经不能适应社会发展的需要，思想领域中的"革故鼎新"势在必行。

　　围绕梵和自我这个中心论题，奥义书还涉及其他许多论题，提出了不少新观念。其中之一是业和转生的观念。在《大森林奥义书》中，阿尔多薄伽向耶若伏吉耶请教人死后的问题，而耶若伏吉耶向他表示："此事不能当众说，让我们私下说。"然后，他俩离开现场进行讨论，确认"因善业而成为善人，因恶业而成为恶人"。（3.2.3）这说明"业和转生"问题在当时也是一种重要的"奥义"。耶若伏吉耶也向遮那迦描述了人死去时，自我离开身体转生的情状，而转生为什么，则按照在世时的业行。他指出："'人确实由欲构成'。按照欲望，形成意愿。按照意愿，从事行动。按照行动，获得业果。"（4.4.5）在《大森林奥义书》中，遮婆利向阿卢尼描述转生的两条道路：一条是"在森林里崇拜信仰和真理"的人们（即知梵者）死后进入天神世界和太阳，抵达梵界，"不再返回"；另一条是从事"祭祀、布施和苦行"的人们死后进入祖先世界和月亮，又返回凡界，"循环不已"。（6.2.15—16）在《歌者奥义书》中，对于转生凡界有更为具体的描述，并指出："那些在世上行为可爱的人很快进入可爱的子宫，或婆罗门妇女的子宫，或刹帝利妇女的子宫，或吠舍妇女的子宫。而那些在世上行为卑污的人很快进入卑污的子宫，或狗的子宫，或猪的子宫，或旃陀罗妇女的子宫。"（5.10.7）

　　而奥义书追求的人生最高目的是认知梵，达到"梵我同一"。人死后，自我进入梵界，摆脱生死轮回，不再返回，自然是达到"梵我同一"的标志。但达到"梵我同一"既是死后之事，更是在世之事。在《大森林奥义书》中，耶若伏吉耶向遮那迦传授了"自我"奥义后，说道："知道了这样，就会平静，随和，冷静，宽容，沉静。他在自我中看到自我，视一切为自我。……他摆脱罪恶，摆脱污垢，摆脱疑惑，成为婆罗门。这是梵界，大王啊！你已经获得它。"(4.4.23)

奥义书中产生的这种业报、轮回和解脱观念，不仅为婆罗门教所接受，也为后来的佛教和耆那教所接受，而成为印度古代宗教思想中的重要基石。佛教将轮回（saṃsāra）描述为"五道轮回"：地狱、畜生、饿鬼、人和天（神），后来加上一个"阿修罗（魔）"，为"六道轮回"。但佛教并不认同奥义书中提出的"梵"和"自我"，因而佛教的解脱（mokṣa）之道不是达到"梵我同一"，而是达到"涅槃"（nirvāṇa）。

在奥义书之后产生的印度古代哲学中，吠檀多（Vedānta）哲学是奥义书的直接继承者。而数论和瑜伽也能在奥义书中找到渊源或雏形。在奥义书中，数论和瑜伽是作为认知梵的手段或方法。正如《白骡奥义书》中所说："依靠数论瑜伽理解，知道这位神，便摆脱一切束缚。"(6.13)"数论"（Sāṅkhya）一词的原义是"计数"，引申为包括计数在内的分析方法。在奥义书中，数论便是通过分析人体的构成因素，以认知自我。如《伽陀奥义书》中认为"感官对象高于感官，思想（'心'）高于（感官）对象，智慧（'觉'）高于思想，伟大的自我（'个体自我'）高于智慧，未显者（'原初物质'）高于伟大的自我，原人（'至高自我'）高于未显者，没有比原人更高者，那是终极，至高归宿"。(1.3.10—11)而《疑问奥义书》(4.7—8)中的排列次序是：自我、气息、光、心（"意"）、我慢（"自我意识"）、思想（"心"）、五种行动器官（语言、双手、双脚、肛门和生殖器）、五种感觉器官（眼、耳、鼻、舌和身）和五大元素（地、水、火、风和空）。这些都是后来的数论哲学思辨运用的基本概念。

"瑜伽"（Yoga）一词的原义是"联系"或"驾驭"，引申为修炼身心的方法。《伽陀奥义书》将那吉盖多从死神那里获得的奥义知识称为"完整的瑜伽法"，说他由此"摆脱污垢和死亡，达到梵"。（2.3.18）《白骡奥义书》中描述了修习瑜伽的适宜地点以及通过控制身体和思想认知梵："犹如一面镜子沾染尘土，一旦擦拭干净，又光洁明亮，同样，有身者看清自我本质，也就达到目的，摆脱忧愁。"（2.14）《弥勒奥义书》中也将瑜伽作为与梵合一的方法加以描述，并将瑜伽分为六支："调息、制感、沉思、专注、思辨和入定。"（6.18）在后来出现的瑜伽经典《瑜伽经》（Yogasūtra）中，波颠阇利（Patañjali）将瑜伽分支确定为八支："禁制、遵行、坐法、调息、制感、专注、沉思和入定。"（2.2.29）两者的方法和精神基本一致。

此外，奥义书中也经常显示出对现实生活的关注，尤其是对食物和生殖的重视。还有，对伦理道德的崇尚，如在《大森林奥义书》（5.2.1—3）中提出的三 Da 原则：自制（dāmyata）、施舍（datta）和仁慈（dayadhvam）。[①] 总之，奥义书中的论题广泛，内容丰富，以上只是着重介绍奥义书在印度上古思想转型时期的创造性探索中取得的主要思想成果，并作一些提示式的说明。

---

① 英国诗人艾略特（T. S. Eliot）将这个三 Da 原则用作素材，写进了他的著名诗篇《荒原》（1922）。

　　同时,这些奥义书也真实地反映了当时的思想探索方法和过程。因而,虽然这些奥义书的思想趋向是一致的,但它们的表述方式异彩纷呈,术语的使用也不尽相同。它们尚未形成周密的哲学体系,也未充分运用概念进行思维,这些是此后的印度哲学的任务。奥义书的理论思维正处在从神话的、形象的思维向哲学的、抽象的思维转变之中。因此,奥义书也就成了我们了解印度宗教和哲学发展历程的一个重要样本。

　　印度现存最早的奥义书注释是九世纪商羯罗(Śaṅkara)和十一世纪罗摩奴阇(Rāmānuja)的注释。现在对于十三种原始奥义书的确定,一方面是依据对文本内容本身的考察,另一方面也是依据他们注释和提及的奥义书文本情况。在十七世纪印度莫卧儿王朝时期,奥义书被翻译成波斯文。十九世纪初,法国学者迪佩隆(A. Duperron)依据这个波斯文译本,将奥义书翻译成拉丁文,题名为 Oupnekhat,其中含有五十种奥义书。当时,德国哲学家叔本华读到这个译本,给予奥义书极高的评价:"在这整个世界,没有比研读奥义书更令人受益和振奋的了。它是我的生的安慰,也将是我的死的安慰。"[1]他也在《作为意志和表象的世界》第一版序言中推崇奥义书,说道:"我揣测梵文典籍影响的深刻将不亚于十五世纪希腊文艺的复兴,所以我说读者如已接受了远古印度智慧的洗礼,并已消化了这种智慧,那么,他也就有了最最好的准备来听我要对他讲述的东西了。"[2]此后,奥义书在西方学术界得到广泛传

---

　　[1]　转引自拉达克利希南(S. Radhakrishnan)主编:《印度文化传统》(The Cultural Heritage of India),加尔各答,2001,第 1 卷,第 365 页。

　　[2]　叔本华:《作为意志和表象的世界》,石冲白译,商务印书馆,1982,第 6 页。

播，先后出现多种译本，其中著名的有缪勒（Max Muller）的英译本《奥义书》（1879）、多伊森（P. Deussen）的德译本《六十奥义书》（1897）和休谟（M. Hume）的《十三主要奥义书》（1921）等。

中国翻译奥义书的先驱是徐梵澄先生。他自 1945 年起，侨居印度，在二十世纪五十年代期间，潜心翻译奥义书，先后译出五十种。1979 年回国后，他将译稿题名《五十奥义书》，交由中国社会科学出版社，于 1984 年出版。徐梵澄先生的译文采用文言体，故而对一般读者而言，在阅读和利用上会有一定困难。鉴于奥义书在印度思想史上的重要地位，我觉得有必要为国内读者提供一部《奥义书》的现代汉语译本，也就着手做了这件工作。

我的翻译依据印度著名学者拉达克利希南（S. Radhakrishnan）的《主要奥义书》（The Principal Upaniṣads，1953）中提供的梵语原文。拉达克利希南的《主要奥义书》收有十八种奥义书，我译出的是前面的十三种，也就是学术界公认的十三种原始奥义书。在翻译中，也参考美国学者奥利维勒（P. Olivelle）的《早期奥义书》（The Early Upaniṣads，1998）中提供的梵语原文。奥利维勒的《早期奥义书》收有十二种奥义书，也就是没有收入十三种奥义书中一般认为较晚的《弥勒奥义书》。我对译文的注释既参考他们两位的注释，也参考其他的相关著作。我在注释中注意把握这两个原则：一是适应中国读者的需要；二是力求简明扼要，避免烦琐或过度诠释。

奥义书原本是口耳相传的，因此，文体具有明显的口语特征，诸如常用复沓式表述、惯用语、语气助词和借助手势等，其中不少也直接采用对话体。但它们最终毕竟形成书面文字，以抄本形式留传下来,也就有别于纯粹的口语。因而,我的译文也不刻意追求口语化,只是尽量做到文字表达上明白晓畅。至于效果如何,只能留待读者检验。

黄　宝　生

2007 年 11 月

大森林奥义书

第 一 章

第 一 梵 书

唵！这祭马的头是朝霞，眼睛是太阳，呼吸是风，张开的嘴是一切人之火。这祭马的身体是年，背是天，腹内是空，腹外是地，两胁是方位，肋骨是中间方位，肢体是季节，关节是月和半月，腿是白天和夜晚，骨是星星，肌肉是云，胃中未消化的食物是沙砾，血脉是河流，肝和肺是山岳，毛是药草和树木。前半身是太阳升起，后半身是太阳落下。哈欠是闪电，抖动是霹雷，尿是雨，嘶鸣是语言。（1）

注：唵（Om）是印度古人在吟诵吠陀时，用于开头和结尾的感叹词，在奥义书中有时也沿用。更重要的是，这个音节已在奥义书中获得神圣化。

祭马是在马祭中用作祭品的马。马祭是印度古代的一项重要祭祀。通常是国王放出一匹祭马，让它周游世界。国王或王子带领队伍跟随和保护祭马，所到各个国家的国王或自动称臣，或被征服。一年后，顺利返回，便举行马祭，杀死和分割祭马，投放祭火中。凡成功举行马祭的国王被认为是世界之主。《摩诃婆罗多》第十四篇《马祭篇》描写般度族坚战王举行马祭，可参阅。

"一切人"（Vaiśvānara）是火的称号，也特指腹中消化食物之火，见后文5.9.1(三个数字分别代表各奥义书中的章节颂数，下同。——编者)。"祭马的身体"中的"身体"一词原文为 ātman。ātman 的原始意义是呼吸或生命气息，在奥义书中的常用义有两种：一是自我或灵魂；二是作为人称的我或自己。但有时也用作身体、本质和本性等意义。用作身体的意义时，指有别于肢体的整个身体。"方位"指东南西北上下。"中间方位"指东南、西南、西北和东北。

白天产生于祭马前面的祭钵。它的子宫是东海。夜晚产生于祭马后面的祭钵。它的子宫是西海。它俩成为放在祭马前后的两个祭钵。这祭马成为骏马，负载天神；成为快马，负载健达缚；成为烈马，负载阿修罗；成为普通的马，负载凡人。确实，大海是它的亲属，是它的子宫。（2）

注："祭钵"用于盛放祭神的苏摩汁。健达缚（Gandharva，或译乾达婆）是天国歌伎。阿修罗（Asura）是与天神对立的魔。

第 二 梵 书

确实，在太初，这里空无一物。死亡或饥饿覆盖一切，因为死亡就是饥饿。死亡转念道："让我有身体。"于是，他起身赞颂。他赞颂，产生了水。他心想："确实，我赞颂（arc），水（kam）为我产生。"这说明水具有颂诗（arka）的赞颂性。因此，任何人知道水具有颂诗的赞颂性，水就会为他产生。（1）

注：arka 是多义词，指称火、光、太阳和颂诗等等。运用词源学或构词法作出说明，这是奥义书中一种常用的诠释方法，旨在用语音的相同或相似，说明事物之间的联系。但在使用中，时常表现出主观随意性，未必都符合语言实际。

确实，水是颂诗。那些水沫凝聚，成为大地。他在大地上劳累。劳累而发热，他的精液转变成火。（2）

注："他"（指死亡，Mṛtyu）是阳性，"大地"（Pṛthivī）是阴性。

他将自己分为三部分。三分之一是太阳，三分之一是风。他的生命也分为三部分。东方是他的头，这双臂是左和右。西方是他的末端，双腿是左和右。南方和北方是他的两胁。天空是背，空中是腹，这大地是胸。这样，他立足于水中。任何人知道这样，他就能在任何地方立足。（3）

注："他将自己分为三部分"，只提到太阳和风，另一个应该是上面所说的火。

他心生愿望："让我产生第二个身体。"这饥饿，即死亡，通过思想与语言交合，产生精液。这精液变成年。在此之前，没有年。他抚育它，时间达一年。到了时间，便生出它。然后，他张嘴要吞下它。它发出 bhāṇ 的哭叫声。确实，这哭叫声变成语言。（4）

注：bhāṇ 是拟声词。其中也包含动词词根 bhaṇ（发声或说话）。

他思忖道："如果我杀害它，我获得的食物很少。"于是，他依靠语言和自我创造这一切，也就是世上的所有一切：梨俱、夜柔、娑摩、诗律、祭祀、生命气息和牲畜。然后，他吃他所创造的这一切。他吃（ad）这一切，由此得知阿底提（Aditi）具有吃的性质。任何人知道阿底提具有吃的性质，他就成为吃一切者，一切都成为他的食物。（5）

注：梨俱（ṛc，义为诗节）、夜柔（yajus，义为祷词）和娑摩（sāman，义为曲调）分别指《梨俱吠陀》颂诗、《夜柔吠陀》祈祷诗文和《娑摩吠陀》赞歌。阿底

提（Aditi）作为吞噬者指称死亡。阿底提也是神名，即众太阳神（Āditya）的母亲。

他心生愿望："我要举行更大的祭祀。"于是，他劳累，修苦行。这样，他劳累，发热，名誉和精力出走。那些生命气息就是名誉和精力。随着生命气息出走，他的身体膨胀。但思想依然留在身体中。（6）

他心生愿望："让我的这个身体适合用作祭品，这样，我可以通过它获得身体。"于是，这个身体变成马，由于它膨胀（aśvat），适合用作祭品。这说明马祭（aśvamedha）是具有膨胀性质的祭祀。任何人知道这样，他也就真正知道马祭。

他思忖道："让它任意漫游。"一年后。他用它祭供自己。同时，他用其他牲畜祭供众天神。因此，人们只要祭供生主，也就等于祭供众天神。

注：生主（Prajāpati）是创造主。在这里应该是指称这位创造一切的死亡之神。

确实，这个发出光热者（太阳）是马祭。它的身体是年，这个火是祭火。这些世界是它的身体。这样，有祭火和马祭这两者。然而，它们又是一位神，也就是死亡。任何人战胜重复的死亡，也就不再死亡。死亡成为他的身体。他成为众天神中的一位天神。（7）

注："战胜重复的死亡"指摆脱生死轮回。

第 三 梵 书

生主的后裔有两类：天神和阿修罗。天神相对年轻，阿修罗相

对年长。他们为这些世界而争斗。众天神说道:"让我们在祭祀中用歌唱制服阿修罗。"(1)

注:"歌唱"指歌唱《娑摩吠陀》赞歌。

他们对语言说:"请你为我们歌唱!"语言说道:"好吧!"便为他们歌唱。它将语言中的享受唱给众天神,而将美妙可爱的说话留给自己。众阿修罗明白:"依靠这位歌者,他们将制服我们。"于是,他们冲上前去,用罪恶刺穿它。这罪恶就是说话失当。这就是罪恶。(2)

然后,他们对气息说:"请你为我们歌唱!"气息说道:"好吧!"便为他们歌唱。它将气息中的享受唱给众天神,而将美妙可爱的嗅闻留给自己。众阿修罗明白:"依靠这位歌者,他们将制服我们。"于是,他们冲上前去,用罪恶刺穿它。这罪恶就是嗅闻失当。这就是罪恶。(4)

然后,他们对眼睛说:"请你为我们歌唱!"眼睛说道:"好吧!"便为他们歌唱。它将眼睛中的享受唱给众天神,而将美妙可爱的观看留给自己。众阿修罗明白:"依靠这位歌者,他们将制服我们。"于是,他们冲上前去,用罪恶刺穿它。这罪恶就是观看失当。这就是罪恶。(4)

然后,他们对耳朵说:"请你为我们歌唱!"耳朵说道:"好吧!"便为他们歌唱。它将耳朵中的享受唱给众天神,而将美妙可爱的听取留给自己。众阿修罗明白:"依靠这位歌者,他们将制服我们。"于是,他们冲上前去,用罪恶刺穿它。这罪恶就是听取失当。这就是罪恶。(5)

　　然后,他们对思想说:"请你为我们歌唱!"思想说道:"好吧!"便为他们歌唱。它将思想中的享受唱给众天神,而将美妙可爱的思考留给自己。众阿修罗明白:"依靠这位歌者,他们将制服我们。"于是,他们冲上前去,用罪恶刺穿它。这罪恶就是思考失当。这就是罪恶。(6)

　　然后,他们对口中气息说:"请你为我们歌唱!"口中气息说道:"好吧!"便为他们歌唱。众阿修罗明白:"依靠这位歌者,他们将制服我们。"于是,他们冲上前去,想要用罪恶刺穿它。然而,正像土块打击石头,遭到粉碎,他们在所有方向遭到粉碎而毁灭。这样,众天神得胜,众阿修罗败北。任何人知道这样,他本人就会获胜,而他的仇敌就会败北。(7)

　　注:以上这种复沓式表达,在奥义书中经常运用,体现奥义书文体的口语特征。

　　他们说道:"这一位如此支持我们,他在哪里?""他在口中(ayam āsye)。"他就是阿亚希耶·安吉罗娑(Ayāsya Āṅgirasa),因为他是肢体(aṅga)的本质(rasa)。(8)

　　注:阿亚希耶·安吉罗娑是一位仙人。这里,"口中气息"被说成是这位仙人名字的词源。

　　这位神名为杜尔(Dūr),因为他远离(dūram)死亡。任何人知道这样,死亡就会远离他。(9)

　　注:"这位神"指口中气息。

　　确实,这位神粉碎了众天神的罪恶,也就是粉碎了死亡。他将罪恶驱赶到四面八方的尽头,安置在那里。因此,不要前往边陲,

前往异族，以免遭遇罪恶和死亡。（10）

注：从后面的描述可以看出，这里所说的"众天神"指语言、气息、眼睛、耳朵和思想。

确实，这位神粉碎了众天神的罪恶，也就是粉碎了死亡。然后，他带他们超越死亡。（11）

首先，他带语言超越。一旦语言摆脱死亡，便成为火。火超越死亡后，燃烧。（12）

然后，他带气息超越。一旦气息摆脱死亡，便成为风。风超越死亡后，吹拂。（13）

然后，他带眼睛超越。一旦眼睛摆脱死亡，便成为太阳。太阳超越死亡后，发光。（14）

然后，他带耳朵超越。一旦耳朵摆脱死亡，便成为方位。方位同样也超越死亡。（15）

然后，他带思想超越。一旦思想摆脱死亡，便成为月亮。月亮超越死亡后，闪耀。确实，任何人知道这样，这位神就会带他超越死亡。（16）

然后，他将食物唱给自己。因为他吃任何可吃的食物，而立足于这个世界。（17）

众天神说道："你已将所有一切食物唱给自己。让我们也分享这些食物吧！""那么，你们都来到我身边吧！""好吧！"于是，他们围坐在他身边。因此，凡由他吃下的食物，也都满足众天神。

任何人知道这样，自己人都会前来依附他。他会成为自己人的供养者，首领，最高领导，成为吃食物者，君主。他是知道这样的人，因此，如果在自己人中，有人想与他对抗，那么，这个对抗者肯

定不能供养依附者。然而,如果追随他,那么,这个追随者想要供养依附者,也能供养依附者。(18)

他就是阿亚希耶・安吉罗娑,因为他是肢体的本质,或者说,生命气息是肢体的本质。因此,生命气息无论离开哪个肢体,那个肢体就会枯萎,因为它确实是肢体的本质。(19)

他就是毗诃波提(Bṛhaspati)。毗诃提(Bṛhati)是语言。他是它的主人(pati)。因此,他是毗诃波提。(20)

注:毗诃波提是天国祭司。毗诃提(Bṛhati)是一种吠陀诗律。毗诃波提也可意译为语主。

他就是波罗诃摩那波提(Brahmaṇaspati)。梵(brahman)是语言。他是它的主人(pati)。因此,他是波罗诃摩那波提。(21)

注:"梵"(brahman)在奥义书中通常指称至高存在或至高自我,即宇宙自我,但也用于指称吠陀和婆罗门。在这里是指吠陀,尤其是《夜柔吠陀》祈祷诗文。因此,婆罗诃摩那波提也可意译为祈祷主。一般认为他就是毗诃波提。

他就是娑摩(sāman)。娑摩是语言。它是 sā 和 ama。这说明娑摩的娑摩性。或者,它既等同(sama)于蠓虫,等同于蚊子,也等同于大象和三界,等同于所有这一切,因此,称为娑摩。任何人知道娑摩是这样,他就会与娑摩结合,与娑摩生活在同一世界。(22)

注:娑摩指《娑摩吠陀》赞歌。Sā 是阴性代词,指语言(vāc,阴性),ama 指生命气息(prāṇa,阳性)。

他也就是歌唱(udgītha)。生命气息是 ud,因为所有这一切由生命气息维持。语言是 gīthā(歌曲)。它是 ud 和 gīthā(歌曲),因

此,称为歌唱。(23)

注:ud是动词或名词前缀,含有向上或上方等意义。

对此,吉基达那后裔梵授在喝酒王时,说道:"如果阿亚希耶·安吉罗娑不是用这种方式,而是用别种方式歌唱,那么,酒王可以让我的头落地,因为他肯定用语言和生命气息歌唱。"(24)

注:"酒王"指祭神的苏摩汁。

任何人知道娑摩的财富,他就会拥有财富。确实,娑摩的财富(sva)是音调(svara)。因此,担任祭官的祭司希望自己的音调丰富,这样,他可以依靠丰富的音调行使祭官职责。同样,人们在祭祀中希望见到音调丰富的祭官,这样,他们就能拥有财富。任何人知道这是娑摩的财富,他就会拥有财富。(25)

任何人知道娑摩的优美音色(suvarṇa),他就会拥有金子(su-varṇa)。确实,音调是金子。任何人知道娑摩的这种优美音色,他就会拥有金子。(26)

注:suvarṇa可以读为金子,也可以读为优美音色(su-varṇa)。

任何人知道娑摩的根基,他就会有根基。确实,娑摩的根基是语言,因为生命气息立足于语言而歌唱。但有些人认为根基是食物。(27)

下面关于净化的祈祷。确实,助理歌者祭司歌唱引子赞歌。而在他歌唱时,祭祀者应该低诵:

将我从不存在带往存在!

将我从黑暗带往光明!

将我从死亡带往永生！

他说："将我从不存在带往存在！"这里，不存在指死亡，存在指永生。这样，说"将我从不存在带往存在！"也就是说"让我获得永生！"

他说："将我从黑暗带往光明！"这里，黑暗指死亡，光明指永生。这样，说"将我从黑暗带往光明！"也就是说"让我获得永生！"

他说："将我从死亡带往永生！"这里，意义直白而不隐含。

然后，祭司可以歌唱其他赞歌，为自己求取食物。在歌唱这些赞歌时，他可以选择自己愿望中的恩惠。歌者祭司知道这样，他就能通过歌唱为自己或为祭祀者实现任何愿望。确实，这就是征服世界。任何人知道娑摩是这样，他就不会担心失去世界。（28）

注：在婆罗门教的重大祭祀仪式中，有四位祭官：诵者祭司、歌者祭司、行祭者祭司和监督者祭司。歌者祭司的职责是歌唱《娑摩吠陀》赞歌。赞歌分成几部分，引子赞歌是其中之一。参阅《歌者奥义书》第 2 章。

第 四 梵 书

确实，在太初，这个世界唯有自我。他的形状似人。他观察四周，发现除了自己，别无一物。他首先说出："这是我。"从此，有了"我"这个名称。因此，直到今天，一旦有人询问，便先说"我是"，然后说别的名字。

在所有这一切出现之前（pūrva），他已经焚毁（uṣ）一切罪恶。因此，他成为原人（Puruṣa）。确实，任何人知道这样，他就能焚烧想要优先于他的人。（1）

他惧怕。因此，一个人孤独时，会惧怕。然而，他又思忖道：

"除我之外,空无一物,我有什么惧怕的?"于是,他的惧怕消失,因为没有什么可惧怕者。确实,有了第二者,才会出现惧怕。(2)

但是,他不快乐。因此,一个人孤独时,不快乐。他希望有第二者。于是,他变成像一对男女拥抱那样。他将自己一分(pat)为二,从而出现丈夫(pati)和妻子(patnī)。因此,正像耶若伏吉耶所说,自己如同木片的一半。这样,妻子占满空间。他与她交合,由此产生人类。(3)

注:耶若伏吉耶(Yājñavalkya)是一位著名的仙人。

她思忖道:"他自己生下我,怎么能又与我交合? 让我躲藏起来吧!"她变成母牛,而他变成公牛,仍与她交合,由此产生群牛。她变成母马,而他变成公马。她变成母驴,而他变成公驴。他仍与她交合,由此产生单蹄兽。她变成母山羊,而他变成公山羊。她变成母绵羊,而他变成公绵羊。他仍与她交合,由此产生山羊和绵羊。这样,他创造了包括蚂蚁在内的一切成双作对者。(4)

他知道:"确实,我是创造,因为我创造了这一切。"任何人知道这样,他就会处于这种创造中。(5)

注:"处于这种创造中",可以理解为成为创造者。

然后,就像这样摩擦,他用双手从嘴中,如同从子宫中,创造出火。这样,这两者的内部都没有毛,因为子宫内部没有毛。

注:这里是模仿钻木取火,即用双手摩擦,如同用两根木棍摩擦;从嘴中创造出火,如同用嘴吹旺摩擦产生的微火。"这两者的内部"指手心和嘴中。钻木取火也隐喻交媾,因此,这里提及子宫。

人们说:"祭祀这位神! 祭祀那位神!"其实,每一位神都是他的创造,因为他就是所有这些神。

还有,从精液中,他创造出世上一切湿润之物。这一切也就是苏摩汁。或者,这世上一切就是食物和吃食物者。食物是苏摩汁,吃食物者是火。

这是梵的至高创造。他创造了优秀的众天神。他作为有死者,创造了那些不死者。因此,这是至高创造。任何人知道这样,他就会处于这种至高创造中。(6)

注:这里的"他"指"自我",但在具体描述中,又暗指婆罗门,参阅下面第11节。

那时,世上一切缺少区分,于是以名和色加以区分,说道:"这个有这个名,有这种色。"因此,直到今天,世上仍沿用名和色加以区分,说道:"这个有这个名,有这种色。"

注:"名"(nāma)指名称。"色"(rūpa)指形态。

他进入一切,乃至指甲尖,就像剃刀藏在刀鞘中,火藏在火盆中。人们看不见他,因为呼吸的气息,说话的语言,观看的眼睛,听取的耳朵,思考的思想,这些只是他的种种行为的名称,并不是完整的他。如果一一沉思这些,并不能知道他,因为只具备其中之一,并不是完整的他。

确实,应该沉思自我,因为所有这些都在自我中合一。自我是这一切的踪迹,依靠他而知道这一切,正像人们依据足迹追踪。任何人知道这样,他就会获得名声和赞颂。(7)

这自我是至高的内在者,比儿子可爱,比财富可爱,比任何一切可爱。如果有人说其他东西比自我可爱,别人就会告诉他说他将失去可爱者,结果也会这样。

确实,应该崇拜自我为可爱者。任何人崇拜自我为可爱者,他就不会失去可爱者。(8)

人们说:"人们认为依靠梵的知识,就能成为一切。那么,这个梵是什么,知道它就能成为一切?"(9)

确实,在太初,这个世界唯有梵。它只知道自己:"我是梵。"因此,它成为这一切。众天神中,凡觉悟者,便成为它。众仙人也是如此。人类也是如此。确实,仙人瓦摩提婆看到它,进入它,说道:"我是摩奴,我是太阳!"因此,直到今天,任何人知道这样,说道:"我是梵。"他也就成为这一切。甚至众天神也不能阻止他变成这样,因为他已变成他们的自我。

注:摩奴(Manu)是人类始祖。

如果有人崇拜其他的神,心想:"他是这一位,我是另一位。"那么,他不是知者。人对于众天神,就像牲畜对于人。正像众多牲畜供养人,人人供养众天神。即使一头牲畜被夺走,人就会不愉快,何况众多牲畜?因此,人若知道这样,众天神就会不愉快。(10)

注:"崇拜其他的神",意谓不崇拜自我。"他是这一位,我是另一位",意谓他是梵,而我不是,即不认为梵是自我。这样,他就不是知者。"人若知道这样,众天神就会不愉快",意谓人若崇拜自我,就不会崇拜和祭供众天神,众天神就会不愉快。

确实,在太初,这个世界唯有梵。它是唯一者。作为唯一者,它不显现。它创造出优秀的形态刹帝利性。刹帝利性是诸如因陀罗、伐楼那、月神、楼陀罗、雨神、阎摩、死神和自在天这些天神的天神性。没有比刹帝利更高者。因此,在王祭中,婆罗门坐在刹帝利之下。荣誉归于刹帝利性。

然而,刹帝利性的子宫是梵。因此,即使国王处在最高地位,最终还是依附自己的子宫梵。他伤害梵,也就是伤害自己的子宫,犹如伤害比自己优秀者,就有罪。(11)

注:这里,将梵(Brahman)与婆罗门(Brāhmaṇa)相联系。梵在吠陀文献中也指称婆罗门。印度古代种姓制度形成于吠陀时代后期。四种主要种姓的排列次序是婆罗门、刹帝利、吠舍和首陀罗。婆罗门是祭司,掌管宗教。刹帝利是武士,掌管王权。吠舍是平民,从事农业、畜牧业、手工业和商业。首陀罗是低级种姓,从事各种劳役,充当前三种种姓的奴仆。

确实,它不显现。它创造出吠舍性。他们是称为群神的那些天神,诸如众婆薮神、众楼陀罗神、众太阳神、众毗奢神和众摩录多神。(12)

确实,它不显现。它创造出首陀罗性的普善神。普善神(Pūṣan)就是这大地,因为大地养育(puṣ)所有这一切。(13)

注:以上按照人间的种姓制度,也将天神分出等级。

确实,它不显现。它创造出优秀的形态正法。正法是刹帝利性中的刹帝利性。因此,没有比正法更高者。弱者可以依靠正法抗衡强者,就像人们依靠国王。

确实,正法就是真理。因此,人们说他说正法,也就是说他说真理;说他说真理,也就是说他说正法。确实,这两者是一回事。(14)

这样,有梵、刹帝利性、吠舍性和首陀罗性。梵在众天神中成为火神,在人类中成为婆罗门。依靠刹帝利性,成为刹帝利。依靠吠舍性,成为吠舍。依靠首陀罗性,成为首陀罗。因此,人们向往众天神中的火神世界,人类中的婆罗门世界,因为梵依靠这两种形态。

如果一个人没有看到自己的世界,而离开这个世界,那么,这个未知者对他毫无用处,犹如未经诵读的吠陀,或未经举行的仪式。如果一个人不知道这样,即使积下大量功德,最终也会消失。因此,应该崇拜自我为世界。确实,任何人崇拜自我为世界,他的功德就不会消失,因为从这自我中,他能创造出愿望的一切。(15)

注:"这个未知者"指自我。

这自我确实是一切众生的世界。他供奉,他祭祀,由此,他成为众天神的世界。他诵读,由此,他成为众仙人的世界。他祭供祖先,渴望生育后代,由此,他成为祖先的世界。他供给人们吃住,由此,他成为人类的世界。他供给牲畜草和水,由此,他成为牲畜的世界。他让鸟兽乃至蚂蚁生活在他家中,由此,他成为它们的世界。任何人知道这样,那么,就像他希望自己的世界不受伤害,一切众生希望他不受伤害。确实,人们知道这个,并进行考察思索。(16)

确实,在太初,这个世界唯有自我。他是唯一者。他心生愿望:"我应该有妻子,然后我可以生育后代。我应该有财富,然后我可以举行祭祀。"确实,愿望就是这些。凡怀有愿望者,所得不会超过这些。因此,直到今天,单身者怀有这样的愿望:"我应该有妻子,然后我可以生育后代。我应该有财富,然后我可以举行祭祀。"只要其中有一项没有达到,他就会认为不完整。

然而,他的完整性在于:思想是他的自我。语言是他的妻子。生命气息是他的后代。眼睛是他的人间财富,因为他用眼睛看见它。耳朵是他的神圣财富,因为他用耳朵听见它。身体是他的祭祀,因为他用身体举行祭祀。这样,祭祀有五重性,牲畜有五重性,人有五重性,所有一切有五重性。任何人知道这样,他就会获得所有这一切。(17)

注:"神圣财富"指吠陀经典。"五重性"难以确指。《泰帝利耶奥义书》1.7中也提到各种五重性,并有具体所指,可参阅。

第 五 梵 书

父亲凭智慧和苦行创造七种食物,
一种属于通用,两种供给众天神。

三种供给自己,一种供给牲畜,
呼吸者和不呼吸者全都依靠它。

始终不断被吃,它们怎么不耗尽?
知道不会耗尽,人们用嘴吃食物,
从而走向众天神,生活充满活力。

以上是偈颂。(1)

注:这里的"父亲"指生主。

"父亲凭智慧和苦行创造七种食物。"因为父亲用智慧和苦行创造。"一种属于通用。"这是世上一切生物都能吃的食物。崇拜这种食物,不能消除罪恶,因为它是混杂的食物。"两种供给众天神。"燃烧的食物和不燃烧的食物。因此,人们用燃烧和不燃烧的两种食物祭供众天神。而有些人说是新月祭和满月祭。因此,祭祀不应该怀抱私欲。"一种供给牲畜。"这是奶水。因为最初,人和牲畜都靠奶水生活。因此,人们让刚生下的婴儿舔食酥油,或抱在怀中哺乳。人们也将刚生下的牛犊称为"不吃草"。"呼吸者和不呼吸者都依靠它。"呼吸者和不呼吸者全都依靠奶水。有些人说:"只要用牛奶祭供一年,就能战胜重复的死亡。"然而,不能认同这种说法。因为一天祭供,就在这一天战胜重复的死亡。知道这样,也就将所有食物奉献众天神。"始终不断被吃,它们怎么不耗尽?"确实,原人不会毁灭,他不断产生食物。"知道不会耗尽。"原人不会毁灭,他通过不断沉思和祭祀产生食物。如果他不这样做,食物就会耗尽。"用嘴(pratika)吃食物。"pratika 指嘴(mukha),因此,用嘴吃食物。"走向众天神,生活充满活力。"这是赞颂。(2)

注:这里是对以上偈颂的解释。Pratika 含有多义,如外貌、面孔和嘴。"原人"(Puruṣa)在这里指至高存在或至高自我。

"三种供给自己。"思想、语言和生命气息,这三种是为自己创造的食物。人们会说:"我心不在焉,没有看到。"或者会说:"我心不在焉,没有听到。"确实,人们依靠思想观看,依靠思想听取。欲望,意愿,怀疑,信仰,不信仰,坚定,不坚定,羞愧,沉思,恐惧,这一切都是思想。因此,即使背部受到触碰,也可以凭思想得知。无论什么声音,都是语言。因为语言是声音的终极,而不是别样。元气、下气、行气、上气和中气,这些都是生命气息。确实,这自我由它们构成:由语言构成,由思想构成,由生命气息构成。(3)

这三者是三个世界:语言是这个世界,思想是中间世界,生命气息是那个世界。(4)

注："三个世界"即地上世界、空中世界和天上世界。

这三者是三部吠陀：语言是《梨俱吠陀》，思想是《夜柔吠陀》，生命气息是《娑摩吠陀》。(5)

天神、祖先和人也是这三者：语言是天神，思想是祖先，生命气息是人。(6)

父亲、母亲和后代也是这三者：语言是父亲，思想是母亲，生命气息是后代。(7)

已知、将知和未知也是这三者：任何已知者表现为语言。语言是已知者。语言成为那样，帮助他。(8)

任何将知者表现为思想。思想是将知者。思想成为那样，帮助他。(9)

任何未知者表现为生命气息。生命气息是未知者。生命气息成为那样，帮助他。(10)

大地是语言的身体。火表现为语言的光。因此，大地和火所及也是语言所及。(11)

天空是思想的身体。太阳表现为思想的光。因此，天空和太阳所及也是思想所及。

它俩交合，产生生命气息。生命气息是因陀罗，无可匹敌。有第二者，才成为对手。任何人知道这样，他就无可匹敌。(12)

水是生命气息的身体。月亮表现为生命气息的光。因此，水和月亮所及也是生命气息所及。

确实，所有这些都同样，都无限。因此，任何人崇拜它们为有限者，则赢得有限的世界。而崇拜它们为无限者，则赢得无限的世界。(13)

生主是年，含有十六分。他的十五分是夜晚，第十六分是固定者。随着每个夜晚，他增减盈亏。而新月之夜，他与第十六分一起进入一切有生命者，然后在第二天早晨出生。因此，在那个夜晚，不能伤害任何有生命者的生命，哪怕是蜥蜴。这样是向这位神表示敬意。（14）

注：这里将生主或年比拟为月亮。月亮含有十六分。随着其中十五分的增减，月亮盈亏，而第十六分保持不变，永不消失。依靠它，月亮在新月之夜重新出现。

任何人知道这样，那么，他也就是年，也就是生主，含有十六分。他的十五分是财富，第十六分是自我。随着财富，他增减盈亏。而这自我是轮毂，财富是轮辋。因此，即使一个人失去一切，他自己依然活着。人们说："他只是失去轮辋。"（15）

确实，有三个世界：凡人世界、祖先世界和天神世界。凡人世界依靠儿子赢得，而不依靠其他祭祀。祖先世界依靠祭祀。天神世界依靠知识。天神世界是最优秀的世界。因此，人们赞颂知识。（16）

下面关于转移。一个人想到自己即将去世，对儿子说道："你是梵，你是祭祀，你是世界。"儿子应答道："我是梵，我是祭祀，我是世界。"确实，所有一切诵读总称梵。所有一切祭祀总称祭祀。所有一切世界总称世界。确实，这是所有一切。"愿他成为所有一切，从这里保护我。"因此，人们将接受教诲的儿子称为"赢得世界者"。

任何人知道这样，他就会在离开这个世界时，教诲儿子。然后，他与那些生命气息一起进入儿子。无论他做过什么错事，他的

儿子都会为他解除。因此，得名"儿子"。父亲依靠儿子立足这个世界。所以，这些神圣而永恒的生命气息进入他。（17）

注："转移"指父亲去世时，将自己的责任转移给儿子。putra（"儿子"）一词在词源上被解释为 pū（"赎罪"）和 trā（"保护"），也就是为父亲赎罪，保护父亲。后来，顺着这个思路，又被解释为 put（"地狱"）和 tra（"救出"），也就是将父亲救出地狱（参阅《摩奴法论》9.138）。但在奥义书时代，尚未出现明确的"地狱"观念。

从大地和火，神圣的语言进入他。正是这种神圣的语言，人们依靠它，实现所说的一切。（18）

从天空和太阳，神圣的生命气息进入他。正是这种生命气息，无论活动或不活动，都不受侵扰，不受伤害。

任何人知道这样，他就成为一切众生的自我。他就与这位神一样。一切众生像保护这位神那样，保护知道这样的人。无论众生遭遇什么忧伤，全由他们自己承受。唯有功德归于他。确实，罪恶不会归于众天神。（20）

下面考察誓愿。生主创造了各种感官。这些感官被创造出来后，互相竞争。语言争着："我要说。"眼睛争着："我要看。"耳朵争着："我要听。"其他感官也按照各自的功能参与竞争。死神化作疲倦，走近它们，走进它们。进入后，抑止它们。于是，语言疲倦，眼睛疲倦，耳朵疲倦。而唯有中间的气息（prāṇa），死神不能进入它。这样，它们认识到："它是我们之中最优秀者。无论活动或不活动，它都不受侵扰，不受伤害。让我们都变成它那样。"于是，它们全都变成它那样。因此，它们依照它，都被称为 prāṇa。

注：prāṇa 一词可以读为气息、呼吸或生命。

确实,任何人知道这样,人们就会依照他,称呼他所在的家族。若有人与知道这样的人竞争,便会衰竭,由衰竭而死亡。以上关于自我。(21)

注:"关于自我"和下面的"关于天神"是奥义书中的惯用语。大体说来,"关于自我"指关于人体,"关于天神"指关于宇宙。

下面关于天神。火争着:"我要燃烧。"太阳争着:"我要发热。"月亮争着:"我要照耀。"其他天神也按照各自的神性参与竞争。而众天神中的风如同众气息中的中间气息。因为其他天神都会休息,而风不休息。风是唯一不休息的天神。(22)

有偈颂为证:

太阳从那里升起,

又从那里落下;

因为它从气息中升起,又落下在气息中。

众天神制定此法,

今天明天都这样。

因为他们至今都遵行以前的法则。

因此,应该遵行这唯一的誓愿。应该吸气和呼气,祈求道:"但愿罪恶和死神不要进入我!"如果有人遵行这个誓愿,那就让他实现这个誓愿。由此,他会与那位神结合,与那位神生活在同一世界。(23)

第 六 梵 书

确实,这个世界有三重:名称("名")、形态("色")和行动

（"业"）。

其中，语言是那些名称的赞歌（uktha），因为一切名称出自（utthiṣṭhanti）语言。语言是它们的娑摩（sāman），因为语言等同（sama）于一切名称。语言是它们的梵（brahman），因为语言支撑（bibharti）一切名称。（1）

然后，眼睛是那些形态的赞歌，因为一切形态出自眼睛。眼睛是它们的娑摩，因为眼睛等同于一切形态。眼睛是它们的梵，因为眼睛支撑一切形态。（2）

然后，身体是那些行动的赞歌，因为一切行动出自身体。身体是它们的娑摩，因为身体等同于一切行动。身体是它们的梵，因为身体支撑一切行动。

这是三者，也是唯一者自我。自我是唯一者，也是这三者。它是由真实掩盖的永生者。确实，生命气息是永生者，名称和形态是真实。它俩掩盖生命气息。（3）

第　二　章

第　一　梵　书

伽吉耶族的德利波多·跋罗基学问渊博。他曾对迦尸王阿阇世说："让我为你讲授梵。"阿阇世说道："为你的这次讲授，我们会支付一千头牛。"人们奔走相告："遮那迦！遮那迦！"（1）

注：遮那迦是一位著名的国王。这里以呼叫"遮那迦"表示对阿阇世王的赞美。

伽吉耶说道："那是太阳中那个人，我崇拜他为梵。"阿阇世回答说："你别与我讨论他。我只是崇拜他为一切众生的至高者，首领，国王。若有人这样崇拜，他就会成为一切众生的至高者，首领，国王。"（2）

伽吉耶说道："那是月亮中那个人，我崇拜他为梵。"阿阇世回答说："你别与我讨论他。我只是崇拜他为身着白衣的、伟大的苏摩王。若有人这样崇拜，他就会天天压榨出苏摩汁，食物也永不断绝。"（3）

注："苏摩王"即月亮。"苏摩汁"是一种具有兴奋作用的饮料，也是祭神用酒。

伽吉耶说道："那是闪电中那个人，我崇拜他为梵。"阿阇世回答说："你别与我讨论他。我只是崇拜他为光辉者。若有人这样崇拜，他就会成为光辉者，他的后代也会成为光辉者。"（4）

伽吉耶说道："那是空中那个人，我崇拜他为梵。"阿阇世回答说："你别与我讨论他。我只是崇拜他为圆满而不动者。若有人这样崇拜，他就会拥有子孙和牲畜，他的子孙也不会离开这个世界。"（5）

伽吉耶说道："那是风中那个人，我崇拜他为梵。"阿阇世回答说："你别与我讨论他。我只是崇拜他为因陀罗·毗恭吒或不可战胜的军队。若有人这样崇拜，他就会成为胜利者，不可战胜者，战胜他人者。"（6）

注：毗恭吒（Vaikuṇṭha）是因陀罗的称号，意谓不可攻击者。

伽吉耶说道："那是火中那个人，我崇拜他为梵。"阿阇世回答说:"你别与我讨论他。我只是崇拜他为不可抵御者。若有人这样崇拜,他就会成为不可抵御者,他的后代也会成为不可抵御者。"(7)

伽吉耶说道:"那是水中那个人,我崇拜他为梵。"阿阇世回答说:"你别与我讨论他。我只是崇拜他为相像者。若有人这样崇拜,他就会接近相像者,不会接近不相像者,而且,他会生出相像者。"(8)

伽吉耶说道:"那是镜中那个人,我崇拜他为梵。"阿阇世回答说:"你别与我讨论他。我只是崇拜他为明亮者。若有人这样崇拜,他就会成为明亮者,而且,他会照亮所有他遇到的人。"(9)

伽吉耶说道:"那是尾随行走之人的回声,我崇拜它为梵。"阿阇世回答说:"你别与我讨论它。我只是崇拜它为生命。若有人这样崇拜,他就会在这个世界上活够寿命,生命气息不会在时间到达前离开他。"(10)

注:"时间"指死期。

伽吉耶说道:"那是方位中那个人,我崇拜他为梵。"阿阇世回答说:"你别与我讨论他。我只是崇拜他为从不分离的第二者。若有人这样崇拜,他就会有第二者,随从们不会与他断绝。"(11)

注:"第二者"可理解为妻子或同伴。

伽吉耶说道:"那是影子构成的那个人,我崇拜他为梵。"阿阇世回答说:"你别与我讨论他。我只是崇拜他为死亡。若有人这样崇拜,他就会在这个世界上活够寿命,死神不会在时间到达前来到他。"(12)

伽吉耶说道："那是身体中那个人，我崇拜他为梵。"阿阇世回答说："你别与我讨论他。我只是崇拜他为有身体者。若有人这样崇拜，他就会成为有身体者，他的后代也会成为有身体者。"然后，伽吉耶保持沉默。（13）

阿阇世说道："就这些吗？""就这些。""凭这些无法知道。"于是，伽吉耶说："让我拜你为师吧！"（14）

阿阇世回答说："这确实是颠倒次序，婆罗门拜刹帝利为师，心想：'他将为我讲授梵。'但是，我会让你获得知识。"于是，阿阇世握住他的手，起身。他俩来到一个睡着的人身边。阿阇世用这些名称招呼这个人："身着白衣的、伟大的苏摩王！"但这个人没有起身。然后，阿阇世用手触碰，唤醒了他。他顿时起身。（15）

阿阇世说道："这个人睡着时，由智力构成的那个人在哪儿？现在又从哪儿回来？"伽吉耶茫然不知。（16）

阿阇世说道："这个人睡着时，由智力构成的那个人依靠智力收回那些生命气息，躺在心内空间中。一旦控制住那些生命气息，那个人便可说是睡着。确实，气息已被控制，语言已被控制，眼睛已被控制，耳朵已被控制，思想已被控制。（17）

注："那些生命气息"，可以理解为那些感官。

"他在梦中漫游，那儿是他的世界。确实，他成为伟大的国王，伟大的婆罗门。他上下漫游。正像伟大的国王，带着臣民，在自己的国土中随意游荡，他带着那些生命气息在自己的身体中随意游荡。（18）

"然后，一旦进入熟睡，他就一无所知。有名为'利益'的七万两千条脉管从心中向外延伸，布满心包。他通过这些脉管进入心包，躺在那里。正像王子、伟大的国王或伟大的婆罗门，进入极乐境界后，躺下休息，他也是这样躺下休息。(19)

"正像蜘蛛沿着蛛丝向上移动，正像火花从火中向上飞溅，确实，一切气息，一切世界，一切天神，一切众生，都从这自我中出现。他的奥义是真实中的真实。确实，生命气息是真实，而他是生命气息中的真实。"(20)

第 二 梵 书

幼崽有居处，有覆盖物，有木柱，有绳索。任何人知道这样，他就能抵御七个怀有敌意的堂兄弟。确实，这幼崽是中间气息，它的这个（身体）是居处，这个（头）是覆盖物，气息是木柱，食物是绳索。(1)

注：这里以豢养的"幼崽"比喻中间气息。"七个怀有敌意的堂兄弟"喻指七个感官：双眼、双耳、双鼻孔和嘴。称它们怀有敌意，是认为它们阻碍认知内在自我。原文中没有"身体"和"头"这两个词，体现奥义书文体的口语特征。

有七个不灭者侍奉它。这些是眼中的血丝，楼陀罗通过它们与它结合。这些是眼中的水，雨神通过它们与它结合。这是眼中的瞳仁，太阳通过它与它结合。这是眼中的眼黑，火神通过它与它结合。这是眼中的眼白，因陀罗通过它与它结合。大地通过下眼睫毛与它结合。天空通过上眼睫毛与它结合。任何人知道这样，他的食物就不会断绝。(2)

注："七个不灭者"也就是这里所说的楼陀罗、雨神、太阳、火神、因陀罗、

大地和天空。

有一首偈颂：

> 这个碗，口在下，底在上，
>
> 里面盛放形态多样的荣誉，
>
> 沿着碗边，坐着七位仙人，
>
> 与梵交谈的语言是第八位。

"这个碗，口在下，底在上。"这是头，因为这个碗，口在下，底在上。"里面盛放形态多样的荣誉。"确实，那些气息是盛放在里面的形态多样的荣誉。因此，说是那些气息。"沿着碗边，坐着七位仙人。"确实，那些气息是那些仙人。因此，说是那些气息。"与梵交谈的语言是第八位。"因为作为第八位的语言与梵交谈。（3）

注：这首偈颂源自《阿达婆吠陀》10.8.9。"这个碗"原本喻指天空，这里喻指头。

这两个（耳朵）是乔答摩和婆罗堕遮。这个是乔答摩，这个是婆罗堕遮。这两个（眼睛）是众友和阇摩陀耆尼。这个是众友，这个是阇摩陀耆尼。这两个（鼻孔）是极裕和迦叶波。这个是极裕，这个是迦叶波。这个舌头是阿特利，因为通过舌头吃食物。确实，阿特利（Atri）这个名字与吃（atti）相同。任何人知道这样，他就会成为吃一切者，一切成为他的食物。（4）

注：这里提及上述七位仙人，并与头部七个感官——双耳、双眼、双鼻孔和舌头相对应。原文中没有"耳朵"、"眼睛"和"鼻孔"。"这个"和"这个"分别指左边这个和右边这个。这些都通过说话者的手势表达。

第 三 梵 书

确实，梵有两种形态：有形和无形，有死和不死，固定和活动，sat 和 tya。（1）

注：sat 和 tya 合为 satya（真实）。按照构词法，satya 是 sat（存在）加上后缀 ya。《弥勒奥义书》6.3 中也提到有形和无形两种梵，称"有形者不真实（asatya），无形者真实（satya）"。《憍尸多基奥义书》1.6 中将梵称为真实（satya），其中"sat 是不同于众天神和众气息者，而 tya 是众天神和众气息"。

这有形者是不同于风和空间者。它有死，它固定，它是 sat。这有形、有死、固定的 sat 的本质是那个发热者，因为它是 sat 的本质。

注："空间"指天和地之间的空间。"发热者"指太阳。

这无形者是风和空间，它不死，它活动，它是 tya。这无形、不死、活动的 tya 的本质是光轮中的那个人，因为他是 tya 的本质。以上关于天神。（2）

注："光轮"指太阳。

下面关于自我。这有形者是不同于生命气息和自我内在空间者。它有死，它固定，它是 sat 。这有形、有死、固定的 sat 的本质是眼睛，因为它是 sat 的本质。（4）

这无形者是生命气息和自我内在空间。它不死，它活动，它是tya。这无形、不死、活动的 tya 的本质是右眼中的那个人，因为他是 tya 的本质。（5）

这个原人的形态如同彩色衣，如同白羊绒，如同红瓢虫，如同火焰，如同白莲花，如同突然的闪电。任何人知道这样，他的光辉就会如同突然的闪电。

于是，有"不是这个，不是那个"这样的教导。因为没有比它更高者，只能称说"不是"。因而，产生"真实中的真实"这个名称。确实，生命气息是真实，而他是生命气息中的真实。（6）

注："原人"指自我或至高自我。"不是这个，不是那个"（neti neti，直译为"不是，不是"）指对原人的否定式表达。参阅下面3.9.26、4.2.4、4.4.22和4.5.15。

第 四 梵 书

耶若伏吉耶说道："梅呾丽依啊，我要脱离家居生活了。让我为你和迦旃耶尼做好安排吧！"（1）

注：梅呾丽依（Maitreyī）和迦旃耶尼（Kātyāyanī）是耶若伏吉耶的两位妻子。按照婆罗门教，人生分为梵行期、家居期、林居期和遁世期四个生活阶段。现在，耶若伏吉耶要脱离家庭生活，进入林中生活。

梅呾丽依说道："尊者啊，如果这充满财富的整个大地都属于我，我会由此获得永生吗？"耶若伏吉耶回答说："不会。你的生活会像富人的生活，但不可能指望依靠财富获得永生。"（2）

梅呾丽依说道："如果依靠它，我不能获得永生，那我要它有什么用？尊者啊，请将你知道的告诉我！"（3）

耶若伏吉耶回答说："啊，你确实可爱，说这可爱的话。来吧，坐下！我给你解释。但在我解释时，你要沉思！"（4）

于是，他说道："哦，确实，不是因为爱丈夫而丈夫可爱，是因为爱自我而丈夫可爱。哦，确实，不是因为爱妻子而妻子可爱，是因为爱自我而妻子可爱。哦,确实,不是因为爱儿子而儿子可爱,是因为爱自我而儿子可爱。哦,确实,不是因为爱财富而财富可爱,是因为爱自我而财富可爱。哦,确实,不是因为爱婆罗门性而婆罗门性可爱,是因为爱自我而婆罗门性可爱。哦,确实,不是因为爱刹帝利性而刹帝利性可爱,是因为爱自我而刹帝利性可爱。哦,确实,不是因为爱这些世界而这些世界可爱,是因为爱自我而这些世界可爱。哦,确实,不是因为爱这些天神而这些天神可爱,是因为爱自我而这些天神可爱。哦,确实,不是因为爱众生而众生可爱,是因为爱自我而众生可爱。哦,确实,不是因为爱一切而一切可爱,是因为爱自我而一切可爱。哦,确实,应当观看、谛听、思考和沉思自我。梅怛丽依啊,确实,依靠观看、谛听、思考和理解自我,得知世界所有一切。(5)

　　"若有人认为婆罗门性在自我之外的别处,婆罗门性就会抛弃他。若有人认为刹帝利性在自我之外的别处,刹帝利性就会抛弃他。若有人认为这些世界在自我之外的别处,这些世界就会抛弃他。若有人认为这些天神在自我之外的别处,这些天神就会抛弃他。若有人认为众生在自我之外的别处,众生就会抛弃他。若有人认为一切在自我之外的别处,一切就会抛弃他。这婆罗门性,这刹帝利性,这些世界,这些天神,这众生,这一切全都是这自我。(6)

　　"如同击鼓,外现的声音不能把握,而把握这鼓或击鼓者,便能把握这声音。(7)

　　"如同吹螺号,外现的声音不能把握,而把握这螺号或吹螺号者,便能把握这声音。(8)

"如同弹琵琶,外现的声音不能把握,而把握这琵琶或弹琵琶者,便能把握这声音。(9)

"犹如湿柴置于火中,冒出烟雾,哦!同样,从这伟大的存在的呼吸中产生《梨俱吠陀》、《夜柔吠陀》、《娑摩吠陀》、《阿达婆安吉罗》、史诗、往世书、知识、奥义书、偈颂、经文、注释和注疏,以及一切众生。(10)

注:"伟大的存在"指至高自我,即梵。《阿达婆安吉罗》即《阿达婆吠陀》。往世书(Purāṇa)指各种神话传说集。

"犹如大海是一切水的归宿,同样,皮肤是一切触的归宿,鼻孔是一切香的归宿,舌头是一切味的归宿,眼睛是一切色的归宿,耳朵是一切声的归宿,思想是一切意愿的归宿,心是一切知识的归宿,双手是一切行动的归宿,生殖器是一切欢喜的归宿,肛门是一切排泄物的归宿,双足是一切行走的归宿,语言是一切吠陀的归宿。(11)

"犹如盐块投入水中,在水中溶化,再也不能捡起。然而,无论从哪儿取水品尝,都有盐味。哦!同样,这伟大的存在无边无沿,全然是意识的汇聚。它从那些存在物中出现,又随同它们消失。一旦去世,便无知觉。哦!我说了这些。"耶若伏吉耶说完这些。(12)

注:"那些存在物"(bhūta)也可理解为五大元素:空、风、火、水和地。

梅怛丽依说道:"尊者啊,你说'一旦去世,便无知觉',令我困惑。"他回答说:"哦,我不说令人困惑的话。我的话完全可以理解。(13)

"只要仿佛有二重性,那么,这个嗅另一个,这个看另一个,这个听另一个,这个欢迎另一个,这个想念另一个,这个知道另一个。一旦一切都成为自我,那么依靠什么嗅谁? 依靠什么看谁? 依靠什么听谁? 依靠什么欢迎谁? 依靠什么想念谁? 依靠什么知道谁? 依靠它而知道这一切,而依靠什么知道它? 哦! 依靠什么知道这位知道者?"(14)

第 五 梵 书

这大地对一切众生是蜜。一切众生对这大地也是蜜。这大地中由光构成、由甘露构成的原人,以及与自我相关的身体中由光构成、由甘露构成的原人,确实就是这自我。这是甘露,这是梵,这是一切。(1)

注:"甘露"(amṛta)是天神的饮料。Amṛta 的原义是不死或永生。因此,"由光构成、由甘露构成的原人"也可译为光辉的、永生的原人。

"与自我相关的"也就是与人体相关的。因此,这里提到的前一个"原人"指宇宙中的原人,后一个"原人"指人体中的原人。而实际都是"这自我"(至高自我),即囊括一切的、永恒不灭的梵。

这水对一切众生是蜜。一切众生对水也是蜜。这水中由光构成、由甘露构成的原人,以及与自我相关的精液中由光构成、由甘露构成的原人,确实就是这自我。这是甘露,这是梵,这是一切。(2)

这火对一切众生是蜜。一切众生对火也是蜜。这火中由光构成、由甘露构成的原人,以及与自我相关的语言中由光构成、由甘露构成的原人,确实就是这自我。这是甘露,这是梵,这是一

切。（3）

这风对一切众生是蜜。一切众生对风也是蜜。这风中由光构成、由甘露构成的原人，以及与自我相关的气息中由光构成、由甘露构成的原人，确实就是这自我。这是甘露，这是梵，这是一切。（4）

这太阳对一切众生是蜜。一切众生对太阳也是蜜。这太阳中由光构成、由甘露构成的原人，以及与自我相关的眼睛中由光构成、由甘露构成的原人，确实就是这自我。这是甘露，这是梵，这是一切。（5）

这些方位对一切众生是蜜。一切众生对这些方位也是蜜。这些方位中由光构成、由甘露构成的原人，以及与自我相关的耳朵和回音中由光构成、由甘露构成的原人，确实就是这自我。这是甘露，这是梵，这是一切。（6）

这月亮对一切众生是蜜。一切众生对这月亮也是蜜。这月亮中由光构成、由甘露构成的原人，以及与自我相关的思想中由光构成、由甘露构成的原人，确实就是这自我。这是甘露，这是梵，这是一切。（7）

这闪电对一切众生是蜜。一切众生对这闪电也是蜜。这闪电中由光构成、由甘露构成的原人，以及与自我相关的精力中由光构成、由甘露构成的原人，确实就是这自我。这是甘露，这是梵，这是一切。（8）

这雷对一切众生是蜜。一切众生对这雷也是蜜。这雷中由光构成、由甘露构成的原人，以及与自我相关的声音和音调中由光构成、由甘露构成的原人，确实就是这自我。这是甘露，这是梵，这是

一切。（9）

这空间对一切众生是蜜。一切众生对这空间也是蜜。这空间中由光构成、由甘露构成的原人，以及与自我相关的心中、空间中由光构成、由甘露构成的原人，确实就是这自我。这是甘露，这是梵，这是一切。（10）

这正法对一切众生是蜜。一切众生对这正法也是蜜。这些正法中由光构成、由甘露构成的原人，以及与自我相关的恪守正法者中由光构成、由甘露构成的原人，确实就是这自我。这是甘露，这是梵，这是一切。（11）

注："正法"（dharma）指法则，诸如宇宙规律、社会律法和伦理规范。

这真理对一切众生是蜜。一切众生对这真理也是蜜。这真理中由光构成、由甘露构成的原人，以及与自我相关的恪守真理者中由光构成、由甘露构成的原人，确实就是这自我。这是甘露，这是梵，这是一切。（12）

这人类对一切众生是蜜。一切众生对这人类也是蜜。这人类中由光构成、由甘露构成的原人，以及与自我相关的人类中由光构成、由甘露构成的原人，确实就是这自我。这是甘露，这是梵，这是一切。（13）

这自我对一切众生是蜜。一切众生对这自我也是蜜。这自我中由光构成、由甘露构成的原人，以及与自我相关的自我中由光构成、由甘露构成的原人，确实就是这自我。这是甘露，这是梵，这是一切。（14）

这自我是一切众生的主人，一切众生的国王。正如那些辐条

安置在轮毂和轮辋中,一切众生、一切天神、一切世界、一切气息和一切自我都安置在这自我中。(15)

确实,这个"蜜说"是阿达婆家族的达提衍传授给双马童的。有位仙人看到后,说道:

> 双马童啊,犹如雷声宣告降雨,
>
> 我宣示你的惊人事迹:为求财富,
>
> 你采用马头置换术,让阿达婆
>
> 后裔达提衍将"蜜说"传给你俩。(16)

注:这首颂诗见《梨俱吠陀》1.116.12。双马童(Aśvinau)是一对孪生兄弟神,天国神医,嗜好饮蜜。传说因陀罗将"蜜说"传授给阿达婆后裔达提衍,并要求他严守秘密,若泄露出去,就要砍下他的头。于是,双马童用马头置换达提衍的头,让他将"蜜说"传授给他俩。因陀罗发现后,砍下了达提衍的马头。然后,双马童为达提衍安上原来的人头。

确实,这个"蜜说"是阿达婆家族的达提衍传授给双马童的。有位仙人看到后,说道:

> 双马童啊,你用马头置换阿达婆
>
> 后裔达提衍的头,让他兑现诺言,
>
> 又将他得自特瓦希特利的"蜜说"
>
> 传给你俩,成为你俩掌握的奥秘。(17)

注:这首颂诗见《梨俱吠陀》1.117.22。特瓦希特利(Tvaṣṭṛ,或译陀湿多)是天国工匠名,这里指称因陀罗。

确实,这个"蜜说"是阿达婆家族的达提衍传授给双马童的。有位仙人看到后,说道:

> 他制造两足的城堡，
>
> 他制造四足的城堡，
>
> 他变成鸟，飞入城堡，
>
> 他是原人，进入城堡。

这个原人是一切城堡中的居住者。他覆盖一切，遍及一切。（18）

注："城堡"喻指身体。

确实，这个"蜜说"是阿达婆家族的达提衍传授给双马童的。有位仙人看到后，说道：

> 各种各样形象与他相像，
>
> 这些形象透露他的形象；
>
> 因陀罗驾驭一千匹马，
>
> 凭幻术游荡，形态多样。

他是这些马，有数十万，无计其数。他就是梵，无前无后，无内无外。这感知一切的自我就是梵。以上是教诫。（19）

注：这首颂诗见《梨俱吠陀》6.47.18。"马"喻指感官。这里的意思是梵寓于各种感官以及一切形象中。

第 六 梵 书

下面是师承：宝迪摩希耶师承高波婆那。高波婆那师承另一位宝迪摩希耶。这位宝迪摩希耶师承另一位高波婆那。这位高波婆那师承憍尸迦。憍尸迦师承冈底尼耶。冈底尼耶师承香底利

耶。香底利耶师承另一位憍尸迦和乔答摩。乔答摩（1）

注：这里译文中添加"这位"和"另一位"，以区别姓名相同的老师或学生。下面出现同样情况，不再一一标出。

师承阿耆尼吠希耶。阿耆尼吠希耶师承香底利耶和阿那宾罗多。阿那宾罗多师承阿那宾罗多。阿那宾罗多师承阿那宾罗多。阿那宾罗多师承乔答摩。乔答摩师承塞多婆和波罗那约基耶。塞多婆和波罗那约基耶师承婆罗堕遮和乔答摩。乔答摩师承婆罗堕遮。婆罗堕遮师承巴罗舍利耶。巴罗舍利耶师承贝遮瓦巴耶那。贝遮瓦巴耶那师承憍尸迦耶尼。憍尸迦耶尼（2）

师承克利多憍尸迦。克利多憍尸迦师承巴罗舍利亚耶那。巴罗舍利亚耶那师承巴罗舍利耶。巴罗舍利耶师承贾杜迦尔尼耶。贾杜迦尔尼耶师承阿苏罗耶那和耶斯迦。阿苏罗耶那师承特雷婆尼。特雷婆尼师承奥波旃达尼。奥波旃达尼师承阿苏利。阿苏利师承婆罗堕遮。婆罗堕遮师承阿特雷耶。阿特雷耶师承曼迪。曼迪师承乔答摩。乔答摩师承婆蹉。婆蹉师承香底利耶。香底利耶师承盖索利耶·迦比耶。盖索利耶·迦比耶师承古摩罗诃利多。古摩罗诃利多师承伽罗婆。伽罗婆师承维陀尔毗冈底利耶。维陀尔毗冈底利耶师承婆蹉那波特·巴婆罗婆。婆蹉那波特·巴婆罗婆师承阿亚希耶·安吉罗娑。阿亚希耶·安吉罗娑师承阿菩提·特瓦希多罗。阿菩提·特瓦希多罗师承维希婆卢波·特瓦希多罗。维希婆卢波·特瓦希多罗师承双马童。双马童师承达提衍·阿达婆那。达提衍·阿达婆那师承摩利底瑜·波拉达温沙那。摩利底瑜·波拉达温沙那师承波罗达温沙那。波罗达温沙那师承埃迦尔希。埃迦尔希师承维波罗吉提。维波罗吉提师承毗耶希提。

毗耶希提师承沙那卢。沙那卢师承沙那多那。沙那多那师承沙那伽。沙那伽师承至上者。至上者师承梵。梵是自生者。向梵致敬!(3)

第 三 章

第 一 梵 书

毗提诃国王遮那迦举行祭祀,备有许多酬谢的礼物。俱卢族和般遮罗族的婆罗门汇聚在这里。毗提诃国王遮那迦想要知道:"在这些婆罗门中,哪一位最有学问?"他圈了一千头牛,每头牛的牛角系上十枚金币。(1)

他说道:"诸位尊敬的婆罗门啊,请你们之中最优秀的婆罗门取走这些牛吧!"那些婆罗门都不敢取走。于是,耶若伏吉耶吩咐自己的学生说:"娑摩希罗婆,好孩子,去取走那些牛!"他取走了那些牛。而那些婆罗门愤愤不平,议论道:"他怎么敢说自己是我们之中最优秀的婆罗门?"

毗提诃国王遮那迦有一位名叫阿湿婆罗的诵者祭司,询问他:"你确实认为自己是我们之中最优秀的婆罗门?"他回答说:"我们都向最优秀的婆罗门致敬,而实际上是渴望获得牛。"于是,诵者祭司阿湿婆罗决心向他发问。(2)

他说道:"耶若伏吉耶啊,世上这一切受死神束缚,受死神控制,祭祀者依靠什么摆脱死神束缚?""依靠诵者祭司、火和语言。诵者祭司就是语言。语言就是这火,这诵者祭司,这解脱,这最高

解脱。"（3）

注：诵者祭司（Hotṛ）以及下面提到的行祭者祭司（Adhvaryu）、歌者祭司（Udgātṛ）和梵祭司（Brahman，或称监督者祭司）是婆罗门教重大祭祀仪式中的四位祭官。

他说道："耶若伏吉耶啊，世上这一切受白半月和黑半月束缚，受白半月和黑半月控制，祭祀者依靠什么摆脱白半月和黑半月束缚？""依靠歌者祭司、风和生命气息。歌者祭司就是生命气息。生命气息就是这风，这歌者祭司，这解脱，这最高解脱。"（5）

他说道："耶若伏吉耶啊，这空中仿佛无所依傍，祭祀者依靠什么阶梯登上天国世界？""依靠梵祭司、思想和月亮。梵祭司就是思想。思想就是这月亮，这梵祭司，这解脱，这最高解脱。"以上关于解脱，下面关于成就。（6）

他说道："耶若伏吉耶啊，在今天这个祭祀中，诵者祭司使用多少梨俱颂诗？""使用三首。""哪三首？""在祭祀前吟诵的，在祭祀中吟诵的，第三首是赞颂的。""依靠它们，赢得什么？""任何具有生命气息者。"（7）

他说道："耶若伏吉耶啊，在今天这个祭祀中，行祭者祭司供奉几种祭品？""三种。""哪三种？""供奉时燃烧的，供奉时发出声响的，供奉时躺下的。""依靠它们，赢得什么？""依靠供奉时燃烧的祭品，赢得天神世界。因为天神世界仿佛燃烧发光。依靠供奉时发出声响的祭品，赢得祖先世界。因为祖先世界仿佛发出声响。依靠供奉时躺下的祭品，赢得凡人世界。因为凡人世界仿佛在底下。"（8）

他说道："耶若伏吉耶啊，今天梵祭司坐在右边，有几位神灵保

护这个祭祀?""一位。""哪一位?""就是思想。确实,思想无限,一切天神无限。因此,依靠它,赢得无限的世界。"(9)

他说道:"耶若伏吉耶啊,在今天这个祭祀中,歌者祭司歌唱几首赞歌?""三首。""哪三首?""在祭祀前歌唱的,在祭祀中歌唱的,第三首是赞颂的。""它们与自我有什么关系?""在祭祀前歌唱的赞歌是元气,在祭祀中歌唱的赞歌是下气,赞颂的赞歌是行气。""依靠它们,赢得什么?""依靠在祭祀前歌唱的赞歌赢得地上世界。依靠在祭祀中歌唱的赞歌赢得空中世界。依靠赞颂的赞歌赢得天上世界。"然后,诵者祭司阿湿婆罗沉默不语。(10)

注:人的生命气息分成五种:元气、上气、中气、下气和行气。

第 二 梵 书

然后,贾罗特迦罗婆·阿尔多薄伽向他发问。他说道:"耶若伏吉耶啊,有几种捕捉者? 有几种超捕捉者?""八种捕捉者,八种超捕捉者。""哪八种捕捉者? 哪八种超捕捉者?"(1)

"元气是捕捉者。它被超捕捉者下气捕捉,因为人们依靠下气嗅到香味。(2)

"语言是捕捉者。它被超捕捉者名称捕捉,因为人们依靠语言说出名称。(3)

"舌头是捕捉者。它被超捕捉者滋味捕捉,因为人们依靠舌头品尝滋味。(4)

"眼睛是捕捉者。它被超捕捉者形态捕捉,因为人们依靠眼睛看到形态。(5)

"耳朵是捕捉者。它被超捕捉者声音捕捉,因为人们依靠耳朵

听到声音。(6)

"思想是捕捉者。它被超捕捉者欲望捕捉,因为人们依靠思想产生欲望。(7)

"双手是捕捉者。它被超捕捉者行动捕捉,因为人们依靠双手从事行动。(8)

"皮肤是捕捉者。它被超捕捉者接触捕捉,因为人们依靠皮肤感受接触。以上是八种捕捉者和八种超捕捉者。"(9)

注:从以上描述可见,捕捉者和超捕捉者实际是指感官和感官对象。只是第一种与后七种的描述不一致。若与后七种保持一致,应为"鼻子是捕捉者。它被超捕捉者香味捕捉,因为人们依靠鼻子嗅到香味。"

他说道:"耶若伏吉耶啊,世上这一切都是死亡的食物,有没有哪位神灵以死亡为食物?""死亡是火。它是水的食物。任何人知道这样,他就能战胜重复的死亡。"(10)

他说道:"耶若伏吉耶啊,一个人死后,那些气息是否离开他?"耶若伏吉耶回答说:"不离开。它们聚集在那里,因而他膨胀,他鼓胀。死人躺着鼓胀。"(11)

他说道:"耶若伏吉耶啊,一个人死后,什么离开他?""名称。确实,名称无限,一切天神无限。任何人知道这样,他就赢得无限的世界。"(12)

他说道:"耶若伏吉耶啊,一个人死后,语言回归火,气息回归风,眼睛回归太阳,思想回归月亮,耳朵回归方位,身体回归大地,自我回归空,汗毛回归草,头发回归树,血液和精液回归水,此时,这个人在哪儿?""阿尔多薄伽贤士啊,握住我的手! 此事不能当众说,让我俩私下说。"

这样,他俩离开现场,进行讨论。他俩谈论的唯独是业,他俩称颂的也唯独是业:"确实,因善业而成为善人,因恶业而成为恶人。"然后,贾罗特迦罗婆·阿尔多薄伽沉默不语。(13)

注:这里的意思是人死后,业还存在,在轮回转生中起作用。

第 三 梵 书

然后,菩吉优·罗希亚耶尼向他发问。他说道:"耶若伏吉耶啊,我们曾经在摩陀罗国游学。一次,拜访波登遮罗·迦比耶的家。他的女儿被一个健达缚附身。我们问他:'你是谁?'他回答说:'苏滕婆·安吉罗婆。'我们在向他询问世界的尽头时,询问继绝王孙们在哪儿? 耶若伏吉耶啊,我现在也询问你:继绝王孙们在哪儿?"(1)

注:继绝(Parikṣit)是一位国王。据后来的史诗《摩诃婆罗多》中的描述,他是般度族留下的唯一根苗。

耶若伏吉耶回答说:"他(健达缚)肯定告诉你们:他们前往举行马祭的人们去的地方。""举行马祭的人们前往哪儿?""这个世界的广度为太阳神车三十二天的行程。围绕它的大地两倍于这个广度。围绕大地的大海又两倍于大地的广度。而空中有薄似剃刀锋刃或蚊子羽翼的缝隙,因陀罗化为鸟,将他们送交风。风亲自负载他们,将他们送往举行马祭的人们所去的地方。显然,他(健达缚)是在赞颂风。因此,风既是个体,又是总体。任何人知道这样,他就能战胜重复的死亡。"然后,菩吉优·罗希亚耶尼沉默不语。(2)

注:"风既是个体,又是总体"可以理解为风既是每个个体生命中的气息,

又是宇宙中的大气。

第　四　梵　书

然后,乌舍斯多·贾揭罗衍那向他发问。他说道:"耶若伏吉耶啊,请你给我解释直接显现的梵,居于一切中的这个自我。""居于一切中的这个自我就是你的自我。""耶若伏吉耶啊,居于一切中的自我是哪一个?""依靠元气吸入者,它是居于一切中的你的自我。依靠下气呼出者,它是居于一切中的你的自我。依靠行气运行者,它是居于一切中的你的自我。依靠上气上升者,它是居于一切中的你的自我。"(1)

乌舍斯多·贾揭罗衍那说道:"你的这种解释就像是说'这是牛,这是马'。请你继续给我解释直接显现的梵,居于一切中的这个自我。""居于一切中的这个自我就是你的自我。""耶若伏吉耶啊,居于一切中的自我是哪一个?""你不能观看观看的观看者。你不能听取听取的听取者。你不能思考思考的思考者。你不能认知认知的认知者。居于一切中的这个自我就是你的自我,此外的一切都是痛苦。"然后,乌舍斯多·贾揭罗衍那沉默不语。(2)

注:"观看的观看者"等等可以理解为自我是真正的观看者、听取者、思考者和认知者。

第　五　梵　书

然后,迦忽罗·乔希多盖耶向他发问。他说道:"耶若伏吉耶啊,请你给我解释直接显现的梵,居于一切中的这个自我。""居于一切中的这个自我就是你的自我。""耶若伏吉耶啊,居于一切中的自我是哪一个?""它超越饥渴、忧愁、愚痴、衰老和死亡。确实,知道了这个自我,婆罗门也就抛弃对儿子的渴望,对财富的渴望,对世界的渴望,而奉行游方僧的乞食生活。渴望儿子也就是渴望财富。渴望财富也就是渴望世界。两者都是渴望。这样,婆罗门抛弃学问,而保持儿童状态。然后既抛弃学问,也抛弃儿童状态,而成为牟尼。然后,既抛弃非牟尼性,也抛弃牟尼性,而成为婆罗门。""婆罗门依靠什么生活?""他就这样生活,此外的一切都是痛苦。"然后,迦忽罗·乔希多盖耶沉默不语。(1)

注:牟尼(muni)指苦行者。"非牟尼性"(amauna)和"牟尼性"(mauna)也可读为"不保持沉默"和"保持沉默"。

第 六 梵 书

然后,伽尔吉·婆遮揭那维向他发问。他说道:"世上这一切纵横交织在水中,那么,水纵横交织在什么中?""在风中,伽尔吉!"

"风纵横交织在什么中?""空中世界,伽尔吉!"

"空中世界纵横交织在什么中?""健达缚世界,伽尔吉!"

"健达缚世界纵横交织在什么中?""太阳世界,伽尔吉!"

"太阳世界纵横交织在什么中?""月亮世界,伽尔吉!"

"月亮世界纵横交织在什么中?""星星世界,伽尔吉!"

"星星世界纵横交织在什么中?""天神世界,伽尔吉!"

"天神世界纵横交织在什么中?""因陀罗世界,伽尔吉!"

"因陀罗世界纵横交织在什么中?""生主世界,伽尔吉!"

"生主世界纵横交织在什么中?""梵界,伽尔吉!"

"梵界纵横交织在什么中?"对此,他回答说:"伽尔吉啊,你不要问过头！不要让你的头落地！对不应该过度追问的神灵，你确实问过了头。伽尔吉啊，你不要问过头！"然后，伽尔吉沉默不语。(1)

第 七 梵 书

然后，乌达罗迦·阿卢尼向他发问。他说道："耶若伏吉耶啊，我们曾经住在摩陀罗国，在波登遮罗·迦比耶家中学习祭祀。他的妻子被一个健达缚附身。我们问他：'你是谁？'他回答说：'迦般达·阿达婆那。'然后，他对波登遮罗·迦比耶和学习祭祀的人们说道：'迦比耶啊，有一种绳索，维系这个世界、另一个世界和一切众生，你知道吗？'波登遮罗·迦比耶回答说：'尊者啊，我不知道。'他又对波登遮罗·迦比耶和学习祭祀的人们说道：'迦比耶啊，如果知道这种绳索和这位内在控制者，他就是知梵者，知世界者，知天神者，知吠陀者，知众生者，知自我者，知一切者。'他对他们所说的，我都知道。因此，耶若伏吉耶啊，如果你不知道这种绳索和这位内在控制者，而取走这些给婆罗门的牛，你的头会落地。""乔答摩啊，我知道这种绳索和这位控制者。""谁都可以说：'我知道，我知道。'你说说你知道什么。"(1)

他回答说："乔答摩啊，这种绳索就是风。乔答摩啊，这个世界，另一个世界和一切众生由这种绳索维系。""正是这样，耶若伏吉耶啊！现在，你说说内在控制者。"(2)

注：风在人体中是生命气息。

"它在地中，而有别于地。地不知道它。地是它的身体。它就

是你的自我，内在控制者，永生者。（3）

"它在水中，而有别于水。水不知道它。水是它的身体。它就是你的自我，内在控制者，永生者。（4）

"它在火中，而有别于火。火不知道它。火是它的身体。它就是你的自我，内在控制者，永生者。（5）

"它在空中，而有别于空。空不知道它。空是它的身体。它就是你的自我，内在控制者，永生者。（6）

"它在风中，而有别于风。风不知道它。风是它的身体。它就是你的自我。内在控制者，永生者。（7）

"它在天中，而有别于天。天不知道它。天是它的身体。它就是你的自我，内在控制者，永生者。（8）

"它在太阳中，而有别于太阳。太阳不知道它。太阳是它的身体。它就是你的自我，内在控制者，永生者。（9）

"它在方位中，而有别于方位。方位不知道它。方位是它的身体。它就是你的自我，内在控制者，永生者。（10）

"它在月亮和星星中，而有别于月亮和星星。月亮和星星不知道它。月亮和星星是它的身体。它就是你的自我，内在控制者，永生者。（11）

"它在空间中，而有别于空间。空间不知道它。空间是它的身体。它就是你的自我，内在控制者，永生者。（12）

"它在黑暗中，而有别于黑暗。黑暗不知道它。黑暗是它的身体。它就是你的自我，内在控制者，永生者。（13）

"它在光明中，而有别于光明。光明不知道它。光明是它的身体。它就是你的自我，内在控制者，永生者。以上关于天神。（14）

"下面关于众生。它在一切众生中，而有别于一切众生。一切众生不知道它。一切众生是它的身体。它就是你的自我，内在控制者，永生者。以上关于众生。(15)

"下面关于自我。它在气息中，而有别于气息。气息不知道它。气息是它的身体。它就是你的自我，内在控制者，永生者。(16)

"它在语言中，而有别于语言。语言不知道它。语言是它的身体。它就是你的自我，内在控制者，永生者。(17)

"它在眼睛中，而有别于眼睛。眼睛不知道它。眼睛是它的身体。它就是你的自我，内在控制者，永生者。(18)

"它在耳朵中，而有别于耳朵。耳朵不知道它。耳朵是它的身体。它就是你的自我，内在控制者，永生者。(19)

"它在思想中，而有别于思想。思想不知道它。思想是它的身体。它就是你的自我，内在控制者，永生者。(20)

"它在皮肤中，而有别于皮肤。皮肤不知道它。皮肤是它的身体。它就是你的自我，内在控制者，永生者。(21)

"它在知觉中，而有别于知觉。知觉不知道它。知觉是它的身体。它就是你的自我，内在控制者，永生者。(22)

"它在精液中，而有别于精液。精液不知道它。精液是它的身体。它就是你的自我，内在控制者，永生者。它是不可观看的观看者，不可听取的听取者，不可思考的思考者，不可认知的认知者。它就是你的自我，内在控制者，永生者。此外的一切都是痛苦。"然后，乌达罗迦·阿卢尼沉默不语。(23)

第 八 梵 书

然后，婆遮揭那维说道："诸位婆罗门啊，我要问他两个问题。如果他能为我解答这两个问题，那么，在关于梵的讨论中，你们谁都不可能胜过他。""你问吧，伽尔吉！"(1)

她说道："耶若伏吉耶啊，就像迦尸国或毗提诃国的武士子弟挺身站着，挽弓上弦，手持两支能穿透敌手的利箭，我也这样挺身面对你，带着这两个问题。你为我解答这两个问题吧！""你问吧，伽尔吉！"(2)

她说道："耶若伏吉耶啊，人们所说的天上者、地下者和天地之间者，以及过去者、现在者和未来者，它们都纵横交织在什么中？"(3)

他回答说："人们所说的天上者、地下者和天地之间者，以及过去者、现在者和未来者，它们都纵横交织在空间中。"(4)

她说道："向你致敬！耶若伏吉耶啊，你为我解答了这个问题。现在，请接受另一个问题。""你问吧，伽尔吉！"(5)

她说道："耶若伏吉耶啊，人们所说的天上者、地下者和天地之间者，以及过去者、现在者和未来者，它们都纵横交织在什么中？"(6)

他回答说："人们所说的天上者、地下者和天地之间者，以及过去者、现在者和未来者，它们都纵横交织在空间中。""那么，空间纵横交织在什么中？"(7)

他回答说："伽尔吉啊，婆罗门们所说的这个不灭者不粗，不细，不短，不长，不红，不湿，无影，无暗，无风，无空间，无接触，无

味,无香,无眼,无耳,无语,无思想,无光热,无气息,无嘴,无量,无内,无外。它不吃任何东西。任何东西也不吃它。(8)

"伽尔吉啊,那是遵照这个不灭者的命令,太阳和月亮分开独立。伽尔吉啊,那是遵照这个不灭者的命令,天和地分开独立。伽尔吉啊,那是遵照这个不灭者的命令,瞬间、片刻、白天、夜晚、半月、月、季和年分开独立。伽尔吉啊,那是遵照这个不灭者的命令,河流从雪山流下,有些向东,有些向西。伽尔吉啊,那是遵照这个不灭者的命令,人们赞美布施者,天神依靠祭祀者,祖先依靠祭品。(9)

"伽尔吉啊,如果不知道这个不灭者,在这世上供奉祭品,祭祀,修苦行,即使长达数千年,也会有尽头。伽尔吉啊,如果不知道这个不灭者,而离开这个世界,他便是可怜的人。伽尔吉啊,如果知道这个不灭者,而离开这个世界,他便是婆罗门。(10)

"伽尔吉啊,这个不灭者是不可观看的观看者,不可听取的听取者,不可思考的思考者,不可认知的认知者。伽尔吉啊,空间纵横交织在这个不灭者中。"(11)

她说道:"诸位尊敬的婆罗门啊,你们能向他表示致敬而脱身,就会觉得很幸运了。确实,在关于梵的讨论中,你们谁都不可能胜过他。"然后,婆遮揭那维沉默不语。(12)

第 九 梵 书

然后,维陀揭达·夏迦利耶向他发问。他说道:"耶若伏吉耶啊,天神有多少?"他回答说:"依据赞颂一切天神的颂诗中的说法,有三百零三位,三千零三位。"

他说道："唵！天神究竟有多少？耶若伏吉耶！""三十三位。"

他说道："唵！天神究竟有多少？耶若伏吉耶！""六位。"

他说道："唵！天神究竟有多少？耶若伏吉耶！""三位。"

他说道："唵！天神究竟有多少？耶若伏吉耶！""两位。"

他说道："唵！天神究竟有多少？耶若伏吉耶！""一位半。"

他说道："唵！天神究竟有多少？耶若伏吉耶！""一位。"

他说道："唵！那么，三百零三位，三千零三位，他们是谁？"(1)

他回答说："那些是他们展现的威仪，实际是三十三位天神。""三十三位是谁？""八位婆薮神，十一位楼陀罗神，十二位太阳神，还有因陀罗和生主，总共三十三位。"(2)

"婆薮神有哪些？""火、地、风、空、太阳、天、月亮和星星，这些是婆薮神。因为世界一切财富(vasu)都安置在他们之中，所以，他们称为婆薮(Vasu)。"(3)

"楼陀罗神有哪些？""人中十种气息，自我是第十一。一旦他们离开这个必死的身体，会使人们哭泣。因为他们使人们哭泣(rud)，所以，他们称为楼陀罗(Rudra)。"(4)

注：人体的气息通常分为五种。这里所说的"十种气息"指十种感官，即五种感觉器官（"五知根"）：眼、耳、鼻、舌和身，五种行动器官（"五作根"）：语言、双手、双足、肛门和生殖器。所说的"自我"指思想（"心"）。

"太阳神有哪些？""一年的十二个月是那些太阳神。他们带着世界这一切行进。因为他们带着(ādā)世界这一切行进(yanti)，所以，他们称为太阳(Āditya)。"(5)

"因陀罗是哪位？生主是哪位？""雷是因陀罗，祭祀是生主。""雷是什么？""雷杵。""祭祀是什么？""牲畜。"(6)

注："雷杵"（aśani）是因陀罗的武器，也称金刚杵（vajra）。"牲畜"指祭神的牺牲。

"六位天神是谁？""火、地、风、空、太阳和天，总共六位。因为他们是世界这一切。"（7）

"三位天神是谁？""就是这三个世界。因为所有的天神在这三个世界中。""两位天神是谁？""食物和气息。""一位半是谁？""就是这吹拂的风。"（8）

注："三个世界"指天上世界、空中世界和地上世界，也就是上述"六位"中的天、空和地。

"人们会说，这吹拂的风看来只是一位，怎么成了一位半？""因为世界这一切依靠他增长（adhyardh），所以，他称为一位半（adhyardha）。""一位天神是谁？""气息。他是梵。人们称他为'那个（tyad）'。"（9）

注：前面第二章第三梵书中，将无形的梵称为 tya，这里将梵称为 tyad（"那个"）。

"以地为居处，以火为世界，以思想为光，这位原人是一切自我的归宿。若有人知道这样，他便是真正的知者，耶若伏吉耶！""我知道你说的这个原人，他是一切自我的归宿。他就是在身体中的那个原人。请告诉我，夏迦利耶啊，他的神灵是谁？"他回答说："永生。"（10）

"以欲望为居处，以心为世界，以思想为光，这位原人是一切自我的归宿。若有人知道这样，他便是真正的知者，耶若伏吉耶！""我知道你说的这位原人，他是一切自我的归宿。他就是在欲望中

的那位原人。请告诉我，夏迦利耶啊，他的神灵是谁？"他回答说："妇女。"(11)

"以形态为居处，以眼睛为世界，以思想为光，这位原人是一切自我的归宿。若有人知道这样，他便是真正的知者，耶若伏吉耶！""我知道你说的这位原人，他是一切自我的归宿。他就是在太阳中的那位原人。请告诉我，夏迦利耶啊，他的神灵是谁？"他回答说："真实。"(12)

"以空间为居处，以耳朵为世界，以思想为光，这位原人是一切自我的归宿。若有人知道这样，他便是真正的知者，耶若伏吉耶！""我知道你说的这位原人，他是一切自我的归宿。他就是在耳朵和回音中的那位原人。请告诉我，夏迦利耶啊，他的神灵是谁？"他回答说："方位。"(13)

"以黑暗为居处，以心为世界，以思想为光，这位原人是一切自我的归宿。若有人知道这样，他便是真正的知者，耶若伏吉耶！""我知道你说的这位原人，他是一切自我的归宿。他就是在影中的那位原人。请告诉我，夏迦利耶啊，他的神灵是谁？"他回答说："死亡。"(14)

"以形态为居处，以眼睛为世界，以思想为光，这位原人是一切自我的归宿。若有人知道这样，他便是真正的知者，耶若伏吉耶！""我知道你说的这位原人，他是一切自我的归宿。他就是在镜中的那位原人。请告诉我，夏迦利耶啊，他的神灵是谁？"他回答说："生命。"(15)

"以水为居处，以心为世界，以思想为光，这位原人是一切自我的归宿。若有人知道这样，他便是真正的知者，耶若伏吉耶！""我知道你说的这位原人，他是一切自我的归宿。他就是在水中的那位原人。请告诉我，夏迦利耶啊，他的神灵是谁?"他回答说:"伐楼那。"(16)

"以精液为居处，以心为世界，以思想为光，这位原人是一切自我的归宿。若有人知道这样，他便是真正的知者，耶若伏吉耶!""我知道你说的这位原人，他是一切自我的归宿。他就是在儿子中的那位原人。请告诉我，夏迦利耶啊，他的神灵是谁?"他回答说:"生主。"(17)

耶若伏吉耶说道:"夏迦利耶啊，莫非这些婆罗门让你充当熄灭炭火的工具?"(18)

夏迦利耶回答说:"耶若伏吉耶啊，你知道的梵是什么? 由此你能与俱卢族和般遮罗族的这些婆罗门辩论。""我知道各种方位及其天神和立足处。""既然你知道各种方位及其天神和立足处，(19)

"那么，在东方是哪位天神?""太阳神。""太阳神立足于什么?""眼睛。""眼睛立足于什么?""形态。因为人们依靠眼睛观看形态。""形态立足于什么?"他回答说:"心。因为人们依靠心，认知形态。各种形态确实立足于心。""正是这样，耶若伏吉耶!"(20)

"在南方是哪位天神?""阎摩神。""阎摩神立足于什么?""祭祀。""祭祀立足于什么?""酬谢。""酬谢立足于什么?""信仰。因为人们怀有信仰而酬谢。酬谢确实立足于信仰。""信仰立足于什么?"他回答说:"心。因为人们依靠心，怀有信仰。信仰确实立足于心。""正是这样，耶若伏吉耶!"(21)

注:"酬谢"(dakṣiṇā)指祭祀者布施财物，作为对祭司的酬谢。

"在西方是哪位天神?""伐楼那神。""伐楼那神立足于什么?"
"水。""水立足于什么?""精液。""精液立足于什么?"他回答说:
"心。因此,生出与父亲相像的儿子,人们会说仿佛是从心中滑出,
仿佛是心中的创造。精液确实立足于心。""正是这样,耶若伏吉
耶!"(22)

"在北方是哪位天神?""月亮神。""月亮神立足于什么?""净身
仪式。""净身仪式立足于什么?""真实。因此,人们会对举行净身
仪式的人说:'说真话!'净身仪式确实立足于真实。""真实立足于
什么?"他回答说:"心。因为人们依靠心,认知真实。真实确实立
足于心。""正是这样,耶若伏吉耶!"(23)

"在上方是哪位天神?""火神。""火神立足于什么?""语言。"
"语言立足于什么?""心。""心立足于什么?"(24)

耶若伏吉耶回答说:"你这个嚼舌者! 难道你认为心不在我们
之中,而在别处? 如果心不在我们之中,而在别处,狗就会吃掉它,
鸟就会叼啄它。"(25)

"那么,你和自我立足于什么?""元气。""元气立足于什么?"
"下气。""下气立足于什么?""行气。""行气立足于什么?""上气。"
"上气立足于什么?""中气。对于自我,只能称说'不是这个,不是
那个'。不可把握,因为它不可把握。不可毁灭,因为它不可毁灭。
不可接触,因为它不可接触。不受束缚,不受侵扰,不受伤害。前
面说了八个居处、八个世界、八位神灵和八位原人。而有一位原
人,他带走和带回那些原人,他超越他们。我要问你的是这位与奥
义相关的原人。如果你不能回答我,你的头就会落地。"

夏迦利耶不知道这位原人。于是,他的头落地。盗贼取走了

他的尸骨，以为是别的什么。（26）

然后，他说道："诸位尊敬的婆罗门啊，你们中有谁想发问，就向我发问吧！或者，你们全体向我发问吧！或者，你们中有谁愿意，让我向他发问。或者，我向你们全体发问。"然而，这些婆罗门都不敢这样做。（27）

于是，他用这些偈颂向他们发问：

> 人确实就像森林中的树，
> 毛发是树叶，皮肤是树皮。

> 皮肤会流血，树皮会流汁，
> 人受伤流血，树遭砍流汁。

> 肌肉是内皮，筋腱是纤维，
> 骨骼是木质，骨髓是树脂。

> 树遭砍伐后，根部发新芽，
> 而人死亡后，根部在哪儿？

> 别说有精液，那是活着时，
> 犹如树未枯，种子已发芽。

> 树被连根拔，也不发新芽，
> 何况人死亡，根部在哪儿？

> 生出者不能再生出，
> 有谁能让他再生出？

> 梵是知识和欢喜，给予施舍者的
> 礼物，也是坚定的知梵者的归宿。（28）

第　四　章

第　一　梵　书

毗提诃国王遮那迦入座后，耶若伏吉耶走上前来。遮那迦说道："耶若伏吉耶啊，你为何而来？ 想要获得牲畜，还是讨论微妙的问题？""两者兼有，大王啊！"(1)

"让我听听别人对你说了什么？""吉特婆·谢利尼告诉我说：'语言是梵。'"

"谢利尼说语言是梵，就像一个人说自己有母亲，有父亲，有老师！ 因为不会说话的人会成为什么？ 他有没有告诉你它的居处和根基？""他没有告诉我。"

"这只是梵的一足，大王啊！""那就请你告诉我们吧，耶若伏吉耶！"

"它的居处是语言，根基是空间。应该崇拜它为智慧。""智慧的性质是什么？ 耶若伏吉耶！"

他回答说："就是语言，大王啊！ 人们依靠语言认知亲友，大王啊！ 依靠语言认知《梨俱吠陀》《夜柔吠陀》《娑摩吠陀》《阿达婆安吉罗》、史诗、往世书、知识、奥义书、偈颂、经文、注释、注疏、祭祀、祭品、食物、饮料、这个世界、另一个世界和一切众生，大王啊！ 语言确实是至高的梵，大王啊！ 若有人知道这样崇拜它，语言就不会离开他，一切众生都会亲近他。他会成为天神，与众天神为伍。"

毗提诃国王遮那迦说道："我赐予你大象般的公牛和一千头母

牛。"耶若伏吉耶回答说:"我的父亲认为没有施教,不能受礼。"(2)

"还是让我听听别人对你说了什么?""乌登迦·肖尔跋衍那告诉我说:'生命气息是梵。'"

"肖尔跋衍那说生命气息是梵,就像一个人说自己有母亲,有父亲,有老师! 因为没有生命气息的人会成为什么? 他有没有告诉你它的居处和根基?""他没有告诉我。"

"这只是梵的一足,大王啊!""那就请你告诉我们吧,耶若伏吉耶!"

"它的居处是生命气息,根基是空间。应该崇拜它为可爱者。""可爱者的性质是什么? 耶若伏吉耶!"

他回答说:"就是生命气息,大王啊! 正是热爱生命气息,人们为不适合举行祭祀者举行祭祀,接受不该接受的礼物,大王啊! 也正是热爱生命气息,人们在哪儿都惧怕遭到杀戮,大王啊! 生命气息确实是至高的梵,大王啊! 若有人知道这样崇拜它,生命气息就不会离开他,一切众生都会亲近他。他会成为天神,与天神为伍。"

毗提诃国王遮那迦说道:"我赐予你大象般的公牛和一千头母牛。"耶若伏吉耶回答说:"我的父亲认为没有施教,不能受礼。"(3)

"还是让我听听别人对你说了什么?""跋尔古·婆尔希那告诉我说:'眼睛是梵。'"

"婆尔希那说眼睛是梵,就像一个人说自己有母亲,有父亲,有老师! 因为没有视觉的人会成为什么? 他有没有告诉你它的居处和根基?""他没有告诉我。"

"这只是梵的一足,大王啊!""那就请你告诉我们吧,耶若伏吉耶!"

"它的居处是眼睛，根基是空间。应该崇拜它为真实。""真实的性质是什么？耶若伏吉耶！"

他回答说："就是眼睛，大王啊！一个人用眼睛观看，人们问道：'你看见了吗？'他回答说：'我看见了。'这就是真实，大王啊！眼睛确实是至高的梵，大王啊！若有人知道这样崇拜它，眼睛就不会离开他，一切众生都会亲近他。他会成为天神，与众天神为伍。"

毗提诃国王遮那迦说道："我赐予你大象般的公牛和一千头母牛。"耶若伏吉耶回答说："我的父亲认为没有施教，不能受礼。"（4）

"还是让我听听别人对你说了什么？""伽尔陀毗维比多·婆罗堕遮告诉我说：'耳朵是梵。'"

"婆罗堕遮说耳朵是梵，就像一个人说自己有母亲，有父亲，有老师！因为没有听觉的人会成为什么？他有没有告诉你它的居处和根基？""他没有告诉我。"

"这只是梵的一足，大王啊！""那就请你告诉我们吧，耶若伏吉耶！"

"它的居处是耳朵，根基是空间。应该崇拜它为无限。""无限的性质是什么？耶若伏吉耶！"

他回答说："就是方位，大王啊！一个人无论朝哪个方向行走，都走不到那个方位的尽头，大王啊！因为方位无限。方位也就是耳朵，大王啊！耳朵确实是至高的梵，大王啊！若有人知道这样崇拜它，耳朵就不会离开他，一切众生都会亲近他。他会成为天神，与众天神为伍。"

毗提诃国王遮那迦说道："我赐予你大象般的公牛和一千头母牛。"耶若伏吉耶回答说："我的父亲认为没有施教，不能受礼。"（5）

"还是让我听听别人对你说了什么?""萨谛耶迦摩·贾巴罗告诉我说:'思想是梵。'"

"贾巴罗说思想是梵,就像一个人说自己有母亲,有父亲,有老师! 因为没有思想的人会成为什么? 他有没有告诉你它的居处和根基?""他没有告诉我。"

"这只是梵的一足,大王啊!""那就请你告诉我们吧,耶若伏吉耶!"

"它的居处是思想,根基是空间。应该崇拜它为欢喜。""欢喜的性质是什么? 耶若伏吉耶!"

他回答说:"就是思想,大王啊! 一个人依靠思想,接触妇女,与她生下跟自己相像的儿子,大王啊! 这就是欢喜。思想确实是至高的梵,大王啊! 若有人知道这样崇拜它,思想就不会离开他,一切众生都会亲近他。他会成为天神,与众天神为伍。"

毗提诃国王遮那迦说道:"我赐予你大象般的公牛和一千头母牛。"耶若伏吉耶回答说:"我的父亲认为没有施教,不能受礼。"(6)

"还是让我听听别人对你说了什么?""维陀揭达·夏迦利耶告诉我说:'心是梵。'"

"夏迦利耶说心是梵,就像一个人说自己有母亲,有父亲,有老师! 因为没有心的人会成为什么? 他有没有告诉你它的居处和根基?""他没有告诉我。"

"这只是梵的一足,大王啊!""那就请你告诉我们吧,耶若伏吉耶!"

"它的居处是心,根基是空间。应该崇拜它为稳固。""稳固的性质是什么? 耶若伏吉耶!"

他回答说："就是心，大王啊！因为心确实是一切众生的居处，大王啊！心确实是一切众生的根基，大王啊！因为一切众生都立足于心，大王啊！心确实是至高的梵，大王啊！若有人知道这样崇拜它，心就不会离开他，一切众生都会亲近他。他会成为天神，与众天神为伍。"

毗提诃国王遮那迦说道："我赐予你大象般的公牛和一千头母牛。"耶若伏吉耶回答说："我的父亲认为没有施教，不能受礼。"(7)

注：以上提到"梵的一足"先后六次。《歌者奥义书》3.18中提到梵有四足：一组是语言、气息、眼睛和耳朵，另一组是火、风、太阳和方位。《歌者奥义书》4.5—8中又提到另一组梵的四足：光明、无限、光辉和居处。《蛙氏奥义书》中也提到自我（即梵）有四足，所指又有不同。可互相参阅。

第 二 梵 书

于是，毗提诃国王遮那迦从座位下来，走近他，说道："向你致敬！耶若伏吉耶啊，请你教我吧！"

他回答说："正如想要长途旅行的人备有车辆或船，大王啊，你本人已经备有那些奥义。你如此伟大而富有，学习吠陀，听取奥义。你能否告诉我：一旦你离开这个世界，你会去哪里？"

"尊者啊，我不知道我会去哪里。""那么，我会告诉你会去哪里。""尊者请说吧！"(1)

"在右眼中这个人的真正名字是因达（Indha）。即使他是因达，人们却使用隐称，称他为因陀罗（Indra）。因为众天神仿佛喜爱隐称，而厌弃显称。(2)

注：因达（Indha）的词义为点燃者。

"而在左眼中那个形状似人者是他的妻子维罗遮。他俩的会合处在心中的空间。他俩的食物是心中的血块。他俩的衣服是心中网状的脉络。他俩的通道是心中向上延伸的那条脉管。那些细似头发千分之一的、名为'利益'的脉管布满心中。液汁通过它们流动。因此,与身体的自我相比,这个人仿佛享用更精细的食物。(3)

注:维罗遮(Virāj)的词义为光辉者。人醒着时,因陀罗和她在右眼和左眼中;人入睡时,他俩在心中会合。"身体的自我"指身体本身。"这个人"指因陀罗,或者说,指他和妻子维罗遮合成的"自我"。

"他的东方是东方气息,南方是南方气息,西方是西方气息,北方是北方气息,上方是上方气息,下方是下方气息,所有方位是所有气息。

"而对于这个自我,只能称说'不是这个,不是那个'。不可把握,因为它不可把握。不可毁灭,因为它不可毁灭。不可接触,因为它不可接触。不受束缚,不受侵扰,不受伤害。遮那迦啊,你确实达到了无畏。"

耶若伏吉耶说完这些,遮那迦说道:"愿你也达到无畏,耶若伏吉耶! 你教给我们无畏,尊者啊,向你致敬! 这里的毗提诃民众和我听候你吩咐!"(4)

第 三 梵 书

耶若伏吉耶前来拜访毗提诃国工遮那迦,心里想着:"我不准备说什么。"然而,他俩以前在讨论火祭时,耶若伏吉耶曾赐予毗提诃国王遮那迦恩惠。遮那迦选择的恩惠是可以随意提问,毗提诃

也已允诺。因此,现在这位国王向他提问。(1)

"耶若伏吉耶啊,人有什么光?"他回答说:"阳光,大王啊!人们依靠阳光,坐下,行走,做事,返回。""正是这样,耶若伏吉耶!"(2)

"太阳落下,耶若伏吉耶啊,人有什么光?""月光。人们依靠月光,坐下,行走,做事,返回。""正是这样,耶若伏吉耶!"(3)

"太阳落下,月亮落下,耶若伏吉耶啊,人有什么光?""火光。人们依靠火光,坐下,行走,做事,返回。""正是这样,耶若伏吉耶!"(4)

"太阳落下,月亮落下,火熄灭,人有什么光?""语言之光。人们依靠语言之光,坐下,行走,做事,返回。因此,大王啊! 即使伸手不见五指,只要前面有说话声音,就能走到那里。""正是这样,耶若伏吉耶!"(5)

"太阳落下,月亮落下,火熄灭,寂静无声,人有什么光?""自我之光。人们依靠自我之光,坐下,行走,做事,返回。"(6)

"自我是哪一位?""他是生命气息中由知觉构成的原人,是心中的光。他同样地进入两个世界,若有所思,若有所行。因为他入睡后,超越这个世界和各种死亡形态。(7)

注:"两个世界"指觉醒的世界和熟睡的世界。"这个世界"指觉醒的世界。

"这个原人出生后,有了身体,也就与罪恶相连。一旦死去出离,便摆脱那些罪恶。(8)

"确实,这个原人有两种境况:这个世界的境况和另一个世界的境况。居于两者之中的第三种是睡梦的境况。处在这个居中的境况,他看到两种境况:这个世界的境况和另一个世界的境况。无论进入另一个世界的路口是什么,一旦进入这个路口,就会看到罪恶和欢喜这两者。他在这里进入睡梦,携带着这个世界的所有一切材料,自己毁坏它,自己建设它,依靠自己的光辉和光芒做梦。这个原人在这里成为自我启明者。(9)

　　"这里,没有车,没有马,没有道路。于是,他创造车、马和道路。这里,没有欢喜、快乐和高兴。于是,他创造欢喜、快乐和高兴。这里,没有池塘、莲花池和水溪。于是,他创造池塘、莲花池和水溪。因为他是创造者。(10)

　　"有这些偈颂为证:

　　　　他用睡眠压倒身体各个部分,

　　　　而自己不睡,观看入睡的感官;

　　　　他携带着光,回到原来的境况,

　　　　这个金制的原人,唯一的天鹅。

　　　　他以气息保护下面的巢窝,

　　　　而自己游荡在这巢窝之外;

　　　　他任意遨游,这位永生者,

　　　　金制的原人,唯一的天鹅。

　　　　这位神在睡梦中上升下降,

　　　　创造出多种多样的形象:

　　　　忽而像是与妇女寻欢作乐,

　　　　忽而像在笑,甚至遇见恐怖。(13)

　　"人们看到他的游乐场,而没有看到他。因此,有些人说,不要唤醒沉睡的人,如果他不返回这个人,那就难以医治了。而有些人说,他就在醒着时的地方,因为他在睡梦中看到的就是醒着时的那些景象。应该说,这个原人是睡梦中的自我启明者。"

"我赐予尊者一千头母牛!为了获得解脱,请你给予更多的指教!"(14)

"他在沉睡中游乐,看到善行和恶行,又按原路返回原来的出发点,进入梦中。他在那里看到的一切并不跟随他,因为这个原人无所执着。"

"正是这样,耶若伏吉耶!我赐予尊者一千头母牛!为了获得解脱,请你给予更多的指教!"(15)

"他在梦中游乐,看到善行和恶行,又按原路返回原来的出发点,进入觉醒。他在那里看到的一切并不跟随他,因为这个原人无所执着。"

"正是这样,耶若伏吉耶!我赐予尊者一千头母牛!为了获得解脱,请你给予更多的指教!"(16)

"他在觉醒中游乐,看到善行和恶行,又按原路返回原来的出发点,进入梦中。(17)

"犹如一条大鱼在两岸之间游动,忽而此岸,忽而彼岸,这个原人在睡梦和觉醒两者之间游荡。(18)

"犹如一头兀鹰或秃鹫在空中盘旋,已经疲倦,收拢双翼,冲向自己的巢窝,这个原人快速返回那里入睡,没有任何愿望,不看到任何梦。(19)

"他有那些名为'利益'的脉管,细似头发的千分之一,里面充满白色、蓝色、褐色、黄色和红色。在那里,人们似乎杀害他,似乎战胜他,一头大象似乎追赶他,他似乎跌入一个洞穴。这些都是出于无知,想象自己在清醒时遇见的种种恐怖。然后,他仿佛认为'我是天神! 我是国王! 我是所有这一切!'这是他的最高世界。(20)

"然后,他进入一种超越欲望、摆脱罪恶的无畏状态。正如一个人在拥抱爱妻时,他不知道任何外在的或内在的东西,同样,这个原人在拥抱由智慧构成的自我时,不知道任何外在的或内在的东西。在这种状态,他的欲望已经实现。自我就是欲望,因而没有欲望,也没有烦恼。(21)

"在这里,父亲不是父亲,母亲不是母亲,世界不是世界,天神不是天神,吠陀不是吠陀。在这里,盗贼不是盗贼,杀害胎儿者不是杀害胎儿者,旃陀罗不是旃陀罗,包格沙不是包格沙,沙门不是沙门,苦行者不是苦行者。善行不跟随他,恶行也不跟随他。因为此时他已超越一切心中烦恼。(22)

注:旃陀罗(Caṇḍāla)和包格沙(Baulkasa)是四种姓之外的贱民。沙门(Śramaṇa)是出家人和苦行者。

"在这里,他不观看任何东西。虽然不观看,他仍是观看者。因为他不可毁灭,作为观看者的观看能力不会丧失。然而,没有第二者,他不能观看有别于自己的他者。(23)

注:这里描述处在熟睡而无梦的状态。

"在这里,他不嗅闻任何东西。虽然不嗅闻,他仍是嗅闻者。因为他不可毁灭,作为嗅闻者的嗅闻能力不会丧失。然而,没有第二者,他不能嗅闻有别于自己的他者。(24)

　　"在这里,他不品尝任何东西。虽然不品尝,他仍是品尝者。因为他不可毁灭,作为品尝者的品尝能力不会丧失。然而,没有第二者,他不能品尝有别于自己的他者。(25)

　　"在这里,他不说任何话。虽然不说话,他仍是说话者。因为他不可毁灭,作为说话者的说话能力不会丧失。然而,没有第二者,他不能与有别于自己的他者说话。(26)

　　"在这里,他不听取任何东西。虽然不听取,他仍是听取者。因为他不可毁灭,作为听取者的听取能力不会丧失。然而,没有第二者,他不能听取有别于自己的他者。(27)

　　"在这里,他不思考任何东西。虽然不思考,他仍是思考者。因为他不可毁灭,作为思考者的思考能力不会丧失。然而,没有第二者,他不能思考有别于自己的他者。(28)

　　"在这里,他不接触任何东西。虽然不接触,他仍是接触者。因为他不可毁灭,作为接触者的接触能力不会丧失。然而,没有第二者,他不能接触有别于自己的他者。(29)

　　"在这里,他不认知任何东西。虽然不认知,他仍是认知者。因为他不可毁灭,作为认知者的认知能力不会丧失。然而,没有第二者,他不能认知有别于自己的他者。(30)

　　"只有仿佛存在他者的地方,此者可以观看他者,此者可以嗅闻他者,此者可以品尝他者,此者可以与他者说话,此者可以听取他者,此者可以思考他者,此者可以接触他者,此者可以认知他者。(31)

　　"他成为大海,唯一者,没有两重性的观看者。这是梵界,大王啊!"耶若伏吉耶这样教导他,继续说道:"这是他的最高归宿。这

是他的最高成就。这是他的最高世界。这是他的最高欢喜。正是依靠这种欢喜的一小部分,其他众生过着他们的生活。(32)

"在人间,获得成功而富裕,成为人中之主,享尽人间一切荣华富贵,这是人间的最高欢喜。然而,一百个人间的欢喜相当于一个赢得祖先世界的祖先们的欢喜。而一百个赢得祖先世界的祖先们的欢喜相当于一个健达缚世界的欢喜。而一百个健达缚世界的欢喜相当于一个依靠祭祀获得神性的业报天神的欢喜。而一百个业报天神们的欢喜相当于一个天生天神的欢喜,或相当于一个精通吠陀、行为正直而不受欲望伤害者的欢喜。而一百个天生天神的欢喜相当于一个生主世界的欢喜,或相当于一个精通吠陀、行为正直而不受欲望伤害者的欢喜。而一百个生主世界的欢喜相当于一个梵界的欢喜,或相当于一个精通吠陀、行为正直而不受欲望伤害者的欢喜。确实,这是最高欢喜,这是梵界,大王啊!"耶若伏吉耶说了这些。

注:其中,天神分为"业报天神"和"天生天神",前者指依靠善业造就的天神,后者指天生的天神。

"我赐予尊者一千头母牛!为了获得解脱,请你给予我更多的指教!"

此时,耶若伏吉耶产生恐惧,心想:"这位聪明的国王要掏走我的一切秘密。"(33)

"他在梦中游乐,看到善行和恶行,又按原路返回原来的出发点,进入觉醒。(34)

"犹如载重的车辆嘎吱嘎吱前进,同样,这身体自我负载智慧自我,呼哧呼哧前进,直至吐尽最后一口气。(35)

"他或因年老,或因疾病,走向衰弱。犹如芒果、无花果或毕钵罗果摆脱束缚,同样,这个原人摆脱那些肢体,按原路返回原来的出发点,进入生命气息。(36)

注:"进入生命气息"指获得新的生命。

"犹如卫兵、官吏、御者和村长们备好食物、饮料和住处,恭候国王驾临,说道:'他来了! 他到了!'同样,一切众生恭候知此者,说道:'梵来了! 梵到了!'(37)

注:"知此者"指知自我者。

"犹如卫兵、官吏、御者和村长们聚集在行将去世的国王周围,同样,在命终时,一切气息聚集在自我周围,直到他吐尽最后一口气。"(38)

第 四 梵 书

"此刻,这个自我变得衰弱,仿佛昏迷。那些气息聚集在他周围。他收回那些光,进入心中。眼中的那个原人转身离去,他已不能感知形态。(1)

"人们说:'他正在变成一,他不观看。'人们说:'他正在变成一,他不嗅闻。'人们说:'他正在变成一,他不品尝。'人们说:'他正在变成一,他不说话。'人们说:'他正在变成一,他不听取。'人们说:'他正在变成一,他不思考。'人们说:'他正在变成一,他不接触。'人们说:'他正在变成一,他不认知。'他的心尖变得明亮。凭借那种光亮,这个自我离去,通过眼睛、头顶或身体其他部分。他离去,生命也跟随他离去。生命离去,一切气息也跟随生命离去。

他与意识结合。一切有意识者跟随他离去。他的知识、业行和以前的智慧都附随他。（2）

注：这里描述人去世时的情状。"他正在变成一"，可理解为与自我合一。

"犹如毛虫爬到一片草叶的尽头，为了走下一步，将自己紧缩成一团，同样，这个自我摆脱这个身体，驱除无知，为了走下一步，将自己紧缩成一团。（3）

"犹如刺绣女取来织物，绣出更新更美的图案，同样，这个自我摆脱这个身体，驱除无知，获取更新更美的形象：或为祖先，或为健达缚，或为天神，或为生主，或为梵，或为其他众生的形象。（4）

注：这里描述人死后转生。

"这个自我就是梵，由意识构成，由思想构成，由气息构成，由视觉构成，由听觉构成，由地构成，由水构成，由风构成，由空构成，由光构成，由无光构成，由欲构成，由无欲构成，由怒构成，由无怒构成，由法构成，由非法构成，由一切构成。因此人们说：'由这构成，由那构成。'一个人变成什么，按照他的所作所为。行善者变成善人，作恶者变成恶人。因善行变成有德之人，因恶行变成有罪之人。人们说：'人确实由欲构成。'按照欲望，形成意愿。按照意愿，从事行动。按照行动，获得业果。（5）

"有偈颂为证：

执着者带着业果前往思想执着处，
直到耗尽在这世积累的任何业果，
又从那个世界回到这个世界作业。

"这是有欲者,下面是无欲者。他没有欲望,摆脱欲望,欲望已经实现,自我就是欲望。他的那些生命气息不离开。他就是梵,也走向梵。(6)

"有偈颂为证:

> 一旦摒弃盘踞心中的所有欲望,
>
> 凡人达到永恒,就在这里获得梵。

"犹如蜕下的蛇皮扔在蚁垤上,死气沉沉,躺在那里,同样,这个身体倒在那里。然而,这个无身体者是不死的生命气息,也就是梵,也就是光。"

毗提诃国王遮那迦说道:"我赐予尊者一千头母牛!"(7)

"有这些偈颂为证:

> 这条微妙而悠远的古道,
>
> 已经接触到我,被我发现;
>
> 知梵的智者们获得解脱,
>
> 沿着它,从这里上达天国。(8)

> 人们说这条路依靠梵发现,
>
> 里面有白色、蓝色、褐色、
>
> 黄色和红色,那些知梵者、
>
> 行善者和光辉者由此前行。(9)

> 那些崇尚无知的人,
>
> 陷入蔽目的黑暗;
>
> 那些热衷知识的人,

陷入更深的黑暗。（10）

那些名为无喜的世界，

笼罩着蔽目的黑暗，

那些无知又无觉的人，

死后全都前往那里。（11）

如果一个人知道自我，

知道自己就是这自我，

还会有何愿望和欲求，

为了这个身体而烦恼？（12）

任何人若是发现和觉悟到

这个进入身体深渊的自我，

他便是创造一切的创世者，

世界属于他，世界就是他。（13）

我们在这世就已知道它，

如果不知道，则危害巨大；

知道它的人们获得永生，

其他的人们则承受痛苦。（14）

如果清晰地看到它，

这个自我，这位神，

过去和未来的主宰，

也就不会躲避它。（15）

年携带着每一天，

在它前面不停运转；

众神崇拜它为光中

之光,永恒的生命。(16)

五种以五计数的群体,

还有空间,置于它之中；

我确认这自我,我知道

永生的梵,而获得永生。(17)

注:"五种以五计数的群体",究竟是哪些,说法不一,难以确指。实际上,可以理解为世界万物。

如果知道它是气息的气息,

眼睛的眼睛,耳朵的耳朵,

思想的思想,那么,也就是

认识了这古老而至高的梵。(18)

唯有依靠思想看到它,

在这里没有什么不同；

若在这里看似不同,

他从死亡走向死亡。(19)

应该看到它是唯一者,

不可测量,恒定不变；

这自我没有污垢,不生,

超越空间,伟大,坚定。(20)

聪明的婆罗门认识它后,

他就应该学会运用智慧，

不要在言辞上费尽心思，

因为那样只是劳累语言。（21）

"这个不生而伟大的自我，在生命气息中，由意识构成。它躺在心中的空间，控制一切，主宰一切，成为一切之主。它不因善业而变大，也不因恶业而变小。它是一切的支配者。它是众生的统治者。它是众生的保护者。它是堤坝，维持这个世界不破裂。婆罗门通过吟诵吠陀、祭祀、布施、苦行和斋戒知道它。确实，知道了它，就成为牟尼。确实，出家人向往它的世界，而出家修行。

"古时候，有些人知道了它，就不再渴望子嗣，心想：'我们有了这个自我，这个世界，何必还要子嗣？'他们抛弃对儿子的渴望，对财富的渴望，对世界的渴望，而奉行游方僧的乞食生活。渴望儿子，也就是渴望财富。渴望财富，也就是渴望世界。两者都是渴望。

"对于自我，只能称说'不是这个，不是那个'。不可把握，因为它不可把握。不可毁灭，因为它不可毁灭。不可接触，因为它不可接触。不受束缚，不受侵扰，不受伤害。

"'我做了恶事'或'我做了善事'，这两者都不能越过它，而它越过这两者。无论做事或不做事，都不会烧灼它。（22）

"有梨俱颂诗为证：

知梵者永恒的伟大性，

不因业而变大或变小；

知道了它的这种性质，

就不会受到恶业污染。

"因此,知道了这样,就会平静,随和,冷静,宽容,沉静。他在自身中看到自我,视一切为自我。罪恶不能越过他,而他越过一切罪恶。罪恶不能烧灼他,而他烧灼一切罪恶。他摆脱罪恶,摆脱污垢,摆脱疑惑,成为婆罗门。这是梵界,大王啊!你已经获得它。"耶若伏吉耶说完这些。

"我将毗提诃国民众连同我自己都赐予尊者,作为你的奴仆。"(23)

这个不生而伟大的自我是吃食物者,赐予财富者。任何人知道这样,他就会获得财富。(24)

这个不生而伟大的自我不老,不死,永恒,无畏,就是梵。确实,无畏就是梵。任何人知道这样,他就会成为无畏的梵。(25)

第 五 梵 书

耶若伏吉耶有两位妻子:梅怛丽依和迦旃耶尼。她俩之中,梅怛丽依是女梵论者,而迦旃耶尼只懂得妇道。这时,耶若伏吉耶准备脱离家居生活。(1)

注:这第五梵书与第二章第四梵书内容相同,而文本稍有差异。

耶若伏吉耶说道:"梅怛丽依啊,我要脱离家居生活了。让我为你和迦旃耶尼做好安排吧!"(2)

梅怛丽依说道:"尊者啊,如果这充满财富的整个大地都属于我,我会由此获得永生吗?"耶若伏吉耶回答说:"不会。你的生活会像富人的生活,但不可能指望依靠财富获得永生。"(3)

梅怛丽依说道:"如果依靠它,我不能获得永生,那我要它有什么用? 尊者啊,请将你知道的告诉我!"(4)

耶若伏吉耶说道:"你确实可爱。你这样说,更添可爱。好吧,我给你解释。但在我解释时,你要沉思!"(5)

于是,他说道:"哦,确实,不是因为爱丈夫而丈夫可爱,是因为爱自我而丈夫可爱。哦,确实,不是因为爱妻子而妻子可爱,是因为爱自我而妻子可爱。哦,确实,不是因为爱儿子而儿子可爱,是因为爱自我而儿子可爱。哦,确实,不是因为爱财富而财富可爱,是因为爱自我而财富可爱。哦,确实,不是因为爱牲畜而牲畜可爱,是因为爱自我而牲畜可爱。哦,确实,不是因为爱婆罗门性而婆罗门性可爱,是因为爱自我而婆罗门性可爱。哦,确实,不是因为爱刹帝利性而刹帝利性可爱,是因为爱自我而刹帝利性可爱。哦,确实,不是因为爱这些世界而这些世界可爱,是因为爱自我而这些世界可爱。哦,确实,不是因为爱这些天神而这些天神可爱,是因为爱自我而这些天神可爱。哦,确实,不是因为爱这些吠陀而这些吠陀可爱,是因为爱自我而这些吠陀可爱。哦,确实,不是因为爱众生而众生可爱,是因为爱自我而众生可爱。哦,确实,不是因为爱一切而一切可爱,是因为爱自我而一切可爱。哦,确实,应当观看、谛听、思考和沉思自我。梅怛丽依啊,确实,依靠观看、谛听、思考和沉思自我,得知世界所有一切。(6)

"若有人认为婆罗门性在自我之外的别处,婆罗门性就会抛弃他。若有人认为刹帝利性在自我之外的别处,刹帝利性就会抛弃他。若有人认为这些世界在自我之外的别处,这些世界就会抛弃他。若有人认为这些天神在自我之外的别处,这些天神就会抛弃他。若有人认为这些吠陀在自我之外的别处，这些吠陀就会抛弃他。若有人认为众生在自我之外的别处，众生就会抛弃他。若有人认为一切在自我之外的别处，一切就会抛弃他。这婆罗门性，这刹帝利性，这些世界，这些天神，这些吠陀，这众生，这一切，全都是这自我。（7）

"如同击鼓，外现的声音不能把握，而把握这鼓或击鼓者，便能把握这声音。（8）

"如同吹螺号，外现的声音不能把握，而把握这螺号或吹螺号者，便能把握这声音。（9）

"如同弹琵琶，外现的声音不能把握，而把握这琵琶或弹琵琶者，便能把握这声音。（10）

"犹如湿柴置于火中，冒出烟雾，哦！同样，从这伟大的存在的呼吸中产生《梨俱吠陀》、《夜柔吠陀》、《娑摩吠陀》、《阿达婆安吉罗》、史诗、往世书、知识、奥义书、偈颂、经文、注释、注疏、祭祀、祭品、食物、饮料、这个世界、另一个世界和一切众生。确实，从它的呼吸中产生这一切。（11）

"犹如大海是一切水的归宿，同样，皮肤是一切触的归宿，鼻孔是一切香的归宿，舌头是一切味的归宿，眼睛是一切色的归宿，耳朵是一切声的归宿，思想是一切意愿的归宿，心是一切知识的归宿，双手是一切行动的归宿，生殖器是一切欢喜的归宿，肛门是一切排泄物的归宿，双足是一切行走的归宿，语言是一切吠陀的归宿。（12）

"犹如盐块无内无外，完全是味的总汇，哦！同样，这自我无内无外，完全是意识的总汇。它从那些存在物中出现，又随同它们消

失。一旦去世，便无知觉。哦！我说了这些。"耶若伏吉耶说完这些。（13）

梅怛丽依说道："尊者啊，你令我困惑至极。我确实不能理解这个。"他回答说："哦，我不说令人困惑的话。哦，这个自我不会毁灭，具有不可毁灭性。（14）

"只要仿佛有二重性，那么，这个嗅另一个，这个看另一个，这个听另一个，这个欢迎另一个，这个想念另一个，这个知道另一个。一旦一切都成为自我，那么，依靠什么嗅谁？依靠什么看谁？依靠什么听谁？依靠什么欢迎谁？依靠什么想念谁？依靠什么知道谁？依靠它而知道这一切，而依靠什么知道它？对于自我，只能称说：'不是这个，不是那个'。不可把握，因为它不可把握。不可毁灭，因为它不可毁灭。不可接触，因为它不可接触。不受束缚，不受侵扰，不受伤害。哦，依靠什么知道这位知道者？这就是我提供给你的教导，梅怛丽依啊！哦，这就是永生。"说完，耶若伏吉耶离家出走。（15）

第 六 梵 书

下面是师承：宝迪摩希耶师承高波婆那。高波婆那师承宝迪摩希耶。宝迪摩希耶师承高波婆那。高波婆那师承憍尸迦。憍尸迦师承香底利耶。香底利耶师承憍尸迦和乔答摩。乔答摩（1）

师承阿耆尼吠希那。阿耆尼吠希那师承伽尔吉耶。伽尔吉耶师承伽尔吉耶。伽尔吉耶师承乔答摩。乔答摩师承塞多婆。塞多婆师承巴罗舍利亚耶那。巴罗舍利亚耶那师承伽尔吉亚耶那。伽尔吉亚耶那师承乌达罗迦耶那。乌达罗迦耶那师承贾巴罗耶那。

贾巴罗耶那师承摩提衍迪那耶那。摩提衍迪那耶那师承肖迦罗耶那。肖迦罗耶那师承迦夏耶那。迦夏耶那师承沙耶迦耶那。沙耶迦耶那师承憍尸迦耶尼。憍尸迦耶尼（2）

师承克利多憍尸迦。克利多憍尸迦师承巴罗舍利耶那。巴罗舍利耶那师承巴罗舍利耶。巴罗舍利耶师承贾杜迦尔尼耶。贾杜迦尔尼耶师承阿苏罗耶那和耶斯迦。阿苏罗耶那师承特雷婆尼。特雷婆尼师承奥波旃达尼。奥波旃达尼师承阿苏利。阿苏利师承婆罗堕遮。婆罗堕遮师承阿特雷耶。阿特雷耶师承曼迪。曼迪师承乔答摩。乔答摩师承乔答摩。乔答摩师承婆蹉。婆蹉师承香底利耶。香底利耶师承盖索利耶·迦比耶。盖索利耶·迦比耶师承古摩罗·诃利多。古摩罗·诃利多师承伽罗婆。伽罗婆师承维陀尔毗冈底利耶。维陀尔毗冈底利耶师承婆蹉那波特·巴婆罗婆。婆蹉那波特·巴婆罗婆师承波亭·肖跋罗。波亭·肖跋罗师承阿亚希耶·安吉罗娑。阿亚希耶·安吉罗娑师承阿菩提·特瓦希多罗。阿菩提·特瓦希多罗师承维希婆卢波·特瓦希多罗。维希婆卢波·特瓦希多罗师承双马童。双马童师承达提衍·阿达婆那。达提衍·阿达婆那师承阿达凡·代婆。阿达凡·代婆师承摩利底瑜·波拉达温沙那。摩利底瑜·波拉达温沙那师承波罗达温沙那。波罗达温沙那师承埃迦尔希。埃迦尔希师承维波罗吉提。维波罗吉提师承毗耶希提。毗耶希提师承沙那卢。沙那卢师承沙那多那。沙那多那师承沙那伽。沙那伽师承至上者。至上者师承梵。梵是自生者。向梵致敬！（3）

第　五　章

第　一　梵　书

那里圆满，这里圆满，

从圆满走向圆满；

从圆满中取出圆满，

它依然保持圆满。

"唵！梵是空，古老的空。空中有风。"高罗维亚耶尼之子这样说。

这是吠陀。婆罗门都知道，通过它知道应知者。（1）

第　二　梵　书

生主的三支后裔天神、凡人和阿修罗曾经作为梵行者，住在父亲生主那里。梵行期满后，天神们说道："请您给我们指示。"于是，生主对他们说了一个音节："Da。"然后，问道："你们理解吗？"他们回答说："我们理解。您对我们说：'你们要自制（dāmyata）！'"生主说道："唵！你们已经理解。"（1）

注："梵行者"指学生。按照婆罗门教，人生的第一阶段是梵行期，即拜师求学。

然后，凡人们对生主说道："请您给我们指示。"生主对他们说了一个音节："Da。"然后，问道："你们理解吗？"他们回答说："我们

理解。您对我们说:'你们要施舍(datta)!'"生主说道:"唵!你们已经理解。"(2)

然后,阿修罗们对生主说道:"请您给我们指示。"生主对他们说了一个音节:'Da。"然后,问道:"你们理解吗?"他们回答说:"我们理解。您对我们说:'你们要仁慈(dayadhvam)!'"生主说道:"唵!你们已经理解。"

作为天国之声的雷鸣回响着:"Da!Da!Da!"也就是"你们要自制!你们要施舍!你们要仁慈!"因此,应该学会这三者:自制、施舍和仁慈。(3)

第 三 梵 书

心就是这位生主。它是梵。它是一切。心(hṛdayam)由三个音节组成。Hṛ是一个音节。知道这样,自己人和其他人都会为他带来(abhiharanti)礼物。da是一个音节。知道这样,自己人和其他人都会给(dadati)他礼物。yam是一个音节。知道这样,他就会走向(eti)天国世界。(1)

第 四 梵 书

它就是自身,就是那个,就是真实。知道这个最早产生的、伟大而奇妙的梵是真实,他就战胜这些世界。知道这个最早产生的、伟大而奇妙的梵是真实,他怎么会被战胜?因为梵是真实。(1)

第 五 梵 书

确实,在太初,只有水。这些水创造真实。真实是梵。梵创造生主。生主创造众天神。确实，众天神崇拜真实。真实（satyam）由三个音节组成。sa 是一个音节。ti 是一个音节。yam 是一个音节。第一个和末一个音节构成真实，中间一个音节是不真实。不真实的两边被真实夹住，而变成真实。任何人知道这样，不真实就不会伤害他。（1）

真实就是那个太阳。在太阳光轮中的这个原人和在右眼中的这个原人互相依存。这个通过光线依附那个，那个通过气息依附这个。人即将去世时，看到那个光轮清澈，那些光线不再降临他。（2）

在那个光轮中的这个原人，bhūḥ（"地"）是他的头。一个头，也就一个音节。bhuvaḥ（"空"）是他的双臂。双臂，也就两个音节（bhu-vaḥ）。svaḥ（"天"）是他的双足。双足，也就两个音节（su-aḥ）。他的奥义是 ahan（"每天"）。任何人知道这样，他就会消灭（hanti）和摆脱（jahāti）罪恶。

在右眼中的这个原人，bhuḥ（"地"）是他的头。一个头，也就一个音节。bhuvaḥ（"空"）是他的双臂。双臂，也就两个音节。svaḥ（"天"）是他的双足。双足，也就两个音节。他的奥义是 aham（"我"）。任何人知道这样，他就会消灭（hanti）和摆脱（jahāti）罪恶。

第 六 梵 书

这个原人由思想构成，以光为真实，居于内心中，如同米粒或麦粒。他是一切的主宰，一切的君主，统治无论是什么的所有这一切。（1）

第 七 梵 书

人们说:"闪电是梵。"由于撕裂(vidāna),它是闪电(vidyut)。任何人知道这样,它就为他撕裂(vidyati)罪恶。闪电确实是梵。(1)

第 八 梵 书

应该崇拜语言为母牛。它有四个乳房:svāhā("娑婆诃")、vaṣaṭ("婆娑")、hanta("亨多")和 svadhā("娑婆陀")。天神依靠 svāhā 和 vaṣaṭ 两个乳房生活。凡人依靠 hanta 生活。祖先依靠 svadhā 生活。它的公牛是气息。牛犊是思想。(1)

注:这里描述四个感叹词。Svāhā 和 vaṣaṭ 是用于祭神的感叹词,svadhā 是用于祭祖的感叹词,hanta 是日常使用的感叹词。

第 九 梵 书

这个名为一切人的火在人体中,消化吃下的食物。捂住双耳,能听到它的声音。而在去世时,则听不到它的声音。(1)

第 十 梵 书

确实,人一旦离开这个世界,他进入风。风为他敞开车轮般的孔穴。通过这个孔穴,他上升,到达太阳。太阳为他敞开兰跋罗鼓般的孔穴。通过这个孔穴,他上升,到达月亮。月亮为他敞开冬杜毗鼓般的孔穴。通过这个孔穴,他上升,到达没有烦恼、没有霜雪的世界。在这里,他居住永恒的岁月。(1)

注：兰跋罗（lambara）和冬杜毗（dundubhi）均为鼓名。

第 十 一 梵 书

确实，承受病痛折磨是最高苦行。知道这样，他就会赢得最高世界。确实，将死人抬往森林是最高苦行。知道这样，他就会赢得最高世界。确实，将死人安置火上是最高苦行。知道这样，他就会赢得最高世界。（1）

第 十 二 梵 书

一些人说："食物是梵。"不是这样，因为缺了生命，食物就会腐烂。一些人说："生命就是梵。"不是这样，因为缺了食物，生命就会枯竭。只有这两位神灵合二为一，才达到最高状态。波罗特利陀为此询问父亲："我怎么能对知道这样的人行善或作恶?"父亲摆手说道："波罗特利陀啊，不要这样说！有谁将这两者合二为一，而达到最高状态?"然后，他这样说："这是 vi。确实，食物是 vi，因为一切众生进入（viṣṭāni）食物中。这是 ram。确实，生命是 ram，因为一切众生乐（ramante）在生命中。任何人知道这样，一切众生就会进入他，乐在他之中。"（1）

注：vi 和 ram 合成动词 viram（停止、住口）。这可能是父亲摆手表示的意思："住口，不要这样说！"而他又用这个词来解析一切众生的性质。

第 十 三 梵 书

赞歌（uktha）。确实，生命气息就是赞歌，因为生命气息撑起（utthāpayati）所有这一切。任何人知道这样，他就会生出通晓赞

歌的儿子；就会与赞歌结合，赢得赞歌的世界。（1）

夜柔（yajus）。确实，生命气息就是夜柔，因为一切众生与生命气息结合（yujyante）。任何人知道这样，一切众生就会与他结合，使他成为优越者；他就会与夜柔结合，赢得夜柔世界。（2）

娑摩（sāman）。确实，生命气息就是娑摩，因为一切众生与生命气息结合（samyañci）。任何人知道这样，一切众生就会与他结合，使他成为优越者；他就会与娑摩结合，赢得娑摩世界。（3）

刹帝利性（kṣatra）。确实，生命气息就是刹帝利性，因为生命气息确实就是刹帝利性。因为生命气息保护（trāyate）人免遭伤害（kṣaṇitu）。任何人知道这样，他就会获得无须他人保护（atra）的刹帝利性；就会与刹帝利性结合，赢得刹帝利性的世界。（4）

第 十 四 梵 书

大地（bhū-mi）、空中（an-ta-ri-kṣa）和天空（dy-au）共有八个音节。确实，八个音节是构成伽耶特利诗律的一个诗行。因此，它的诗行也包含那些。任何人知道它的诗行这样，他就获得这三界中所有一切。（1）

注：伽耶特利是《梨俱吠陀》的一种诗律：每一首由三行组成，每行八个音节。"三界"指地上世界、空中世界和天上世界。

梨俱（ṛ-caḥ）、夜柔（ya-jūṁ-ṣi）和娑摩（sā-mā-ni）共有八个音节。确实，八个音节构成伽耶特利诗律的一个诗行。因此，它的诗行也包含那些。任何人知道它的诗行这样，他就获得这三吠陀具有的一切。（2）

注：梨俱（ṛc）、夜柔（yajus）和娑摩（sāman）在这里使用的是复数形式，故而总共八个音节。

元气（prā-ṇa）、下气（a-pā-na）和行气（vy-ā-na）共有八个音节。确实，八个音节构成伽耶特利诗律的一个诗行。因此，它的诗行也包含那些。任何人知道它的诗行这样，他就获得这生命具有的一切。

它显现的第四行就是那个在尘埃之上闪耀光辉者。确实，这就是第四行。称为"显现的诗行"，因为它仿佛可见。称为"在尘埃之上"，因为它确实在一切尘埃之上闪耀光辉。任何人知道这个诗行这样，他的财富和荣誉就会闪耀。（3）

注："在尘埃之上闪耀光辉者"指太阳。《梨俱吠陀》诗律大多由四行（或称四个音步）组成，因而这里想象伽耶特利诗律还有第四行。

伽耶特利诗律立足于这个在尘埃之上显现的第四行。而这第四行立足于真实。真实就是眼睛，因为真实确实就是眼睛。如果两个人发生争论，一个人说"我看到"，另一个人说"我听到"，那么，我们肯定会信任那个说"我看到"的人。

而真实又立足于力量。生命气息就是力量。这样，真实立足于生命气息。因此，人们说力量比真实更强大。正是这样，伽耶特利诗律立足于自我。它保护自己的家族。生命气息就是家族。它保护那些生命气息。正是因为它保护（tatre）家族（gaya），得名伽耶特利（Gāyatrī）。人们吟诵的伽耶特利诗律也是这样。无论为谁吟诵，都会保护那个人的生命气息。（4）

一些人将沙维特利诗律作为阿奴湿图朴诗律吟诵，说道："语言是阿奴湿图朴，我们就按照这种语言吟诵。"不应该这样做，而应该将沙维特利诗律作为伽耶特利诗律吟诵。确实，即使有人知道这样，而获得很多礼物，也不能与伽耶特利诗律中的任何一个诗行相比。（5）

注：阿奴湿图朴（Anuṣṭubh）诗律由四行组成，每行八个音节。这种诗律后来也用于统称每行八个音节的诗律，无论诗中含有多少行。

如果有人获得充满一切的这三界，他也只是获得它的第一行。如果有人获得这三吠陀具有的一切，他也只是获得它的第二行。如果有人获得这生命具有的一切，他也只是获得它的第三行。而它显现的第四行就是那个在尘埃之上闪耀光辉者，任何人都不能获得。确实，从哪儿能获得这样的礼物？（6）

这是对它的礼赞："伽耶特利啊！你有一足，两足，三足，四足。你没有足，因为你不行走。向你显现在尘埃之上的第四足致敬！"

如果憎恨某人，可以这样说："别让这个人获得这个！"或者，"别让这个人的愿望实现！"对于这样的礼赞者，那个人的愿望也就不能实现。或者，可以这样说："愿我获得这个。"（7）

毗提诃国王遮那迦曾对菩迪罗·阿湿婆多罗希维说："嗨，你说自己通晓伽耶特利，怎么会变成一头负重的象？"他回答是："大王啊，我不知道它的嘴。"确实，火是它的嘴。无论投入火中多少燃料，它都会将它们全部焚烧。任何人知道这样，即使犯有很多罪愆，他也会将它们全部焚烧，获得纯洁、清净、不老和永生。（8）

第 十 五 梵 书

真理的面容覆盖着金盘，普善啊！

我遵奉真理，请你揭开它，让我看到。（1）

注：普善（Pūṣan，词义为养育者）是太阳神之一。

> 普善！唯一的仙人！控制者！太阳！
>
> 生主之子！请放出光芒，聚合光辉！
>
> 我看到了你的极其美好的形象，
>
> 那个，其中那个原人，我就是他。（2）

注："太阳中的那个原人"指至高自我。"我就是他"，指个体自我与至高自我同一。

> 风永不停息，永不灭寂，
>
> 而身体最终化为灰烬，
>
> 唵！心啊！请记住这事！
>
> 心啊！记住！记住这事！（3）

注："风"指维持生命的气息。这里译为"心"的 kratu 一词是个多义词，含有祭祀、智力、决心和意志等意义。

> 火啊！带我们遵循正道，走向繁荣，
>
> 天神啊！你知道我们的一切行为；
>
> 请你为我们驱除阴险的罪恶吧，
>
> 我们会献给你至高无上的赞歌。（4）

注：这首颂诗见《梨俱吠陀》1.189.1。

第 六 章

第 一 梵 书

知道最伟大者和最优秀者，他就会成为最伟大者和最优秀者。

气息确实是最伟大者和最优秀者。知道这样,他就会成为自己人中,或者他愿意,也成为其他人中最伟大者和最优秀者。(1)

知道最富有者,他就会成为最富有者。语言确实是最富有者。知道这样,他就会成为自己人中,或者他愿意,也成为其他人中最富有者。(2)

知道根基,他就能立足于平坦之地和崎岖之地。眼睛确实是根基。因为人依靠眼睛,立足于平坦之地和崎岖之地。知道这样,他就能立足于平坦之地和崎岖之地。(3)

知道成功,他怀有的愿望就会成功。耳朵确实是成功(sampat)。因为所有的吠陀都汇集(abhisampat)耳朵。知道这样,他怀有的愿望就会成功。(4)

知道居处,他就会成为自己人和其他人的居处。思想确实是居处。知道这样,他就会成为自己人和其他人的居处。(5)

知道生殖,他的后代和牲畜就会繁衍。精液确实是生殖。知道这样,他的后代和牲畜就会繁衍。(6)

曾经,众气息争论谁更优秀,来到梵那里,说道:"我们之中谁更优秀?"梵回答说:"谁离开后,这个身体的状况就变得最差,那么,它就在你们之中最优秀。"(7)

注:"众气息"指上述六种生命因素:气息、语言、眼睛、耳朵、思想和精液。

于是,语言离开。它外出一年后回来,问道:"没有我,你们生活得怎样?"它们回答说:"就像哑巴,不说话,但仍用气息呼吸,用眼睛观看,用耳朵听取,用思想思考,用精液生殖。"这样,语言进入身体。(8)

　　然后，眼睛离开。它外出一年后回来，问道："没有我，你们生活得怎样？"它们回答说："就像瞎子，看不见，但仍用气息呼吸，用语言说话，用耳朵听取，用思想思考，用精液生殖。"这样，眼睛进入身体。（9）

　　然后，耳朵离开。它外出一年后回来，问道："没有我，你们生活得怎样？"它们回答说："就像聋子，听不见，但仍用气息呼吸，用语言说话，用眼睛观看，用思想思考，用精液生殖。"这样，耳朵进入身体。（10）

　　然后，思想离开。它外出一年后回来，问道："没有我，你们生活得怎样？"它们回答说："就像傻子，不思考，但仍用气息呼吸，用语言说话，用眼睛观看，用耳朵听取，用精液生殖。"这样，思想进入身体。（11）

　　然后，精液离开。它外出一年后回来，问道："没有我，你们生活得怎样？"它们回答说："就像阉人，不能用精液生殖，但仍用气息呼吸，用语言说话，用眼睛观看，用耳朵听取，用思想思考。"这样，精液进入身体。（12）

　　然后，气息准备离开。如同一匹高大的信度骏马拽起那些拴马桩，它拽起其他那些气息。于是，它们说道："尊者啊，别离开！离开了你，我们无法生活。""那么，你们要向我进贡。""好吧！"（13）

　　于是，语言说道："就像我是最富有者那样，你是最富有者。"眼睛说道："就像我是根基那样，你是根基。"耳朵说道："就像我是成功那样，你是成功。"思想说道："就像我是居处那样，你是居处。"精液说道："就像我是生殖那样，你是生殖。"

　　气息问道："我的食物是什么？衣服是什么？""这里的所有一

切,乃至狗、昆虫、蠕虫和飞鸟,都是你的食物。水是你的衣服。"

若有人知道气息(ana)的食物(anna)这样,那么,对他来说,没有什么可食者不是食物,没有什么接受的可食者不是食物。因此,精通吠陀的智者们在吃前和吃后,啜水漱口,认为这样能使气息(ana)不裸露(anagna)。(14)

注:"气息"一词前面都使用 prāṇa,这里使用 ana,为了让它与"食物"和"不裸露"产生联系。饭前饭后啜水漱口,也就是用水覆盖气息,让它获得衣服而不裸露。

第 二 梵 书

阿卢尼之子希婆多盖杜来到般遮罗族的集会上。他走近受人侍奉的波罗婆诃那·遮婆利。遮婆利看到他,便说道:"孩子啊!"他回答说:"先生!""你的父亲教你吗?"他回答说:"是的。"(1)

"你知道人们死后怎样分别前往各处吗?"他回答说:"不知道。"

"你知道他们又怎样返回这个世界吗?"他回答说:"不知道。"

"你知道那个世界怎么会不充满,即使人们一再前往那里?"他回答说:"不知道。"

"你知道在哪次供奉祭品时,水会使用人的语言,起身说话?"他回答说:"不知道。"

"你知道怎样抵达天神之路或祖先之路,或者说,做了什么,能抵达天神之路或祖先之路? 因为我们曾听仙人说:

'我听说凡人的两条路:

祖先之路和天神之路;

> 所有一切依靠这两条路，
>
> 在天地父母之间活动。'"

他回答说："对所有这些，我一无所知。"（2）

于是，遮婆利邀请他住下。而这孩子不理会这个邀请，迅速离去。他回到父亲那里，说道："确实，您以前说我受过教育。""怎么啦？聪明的孩子！""那个刹帝利问了我五个问题，我一个也回答不出。""哪些问题？""这些问题。"他学说了一遍。（3）

父亲说道："你应该了解我。我已经将我所知道的一切都教给你了。来吧，让我俩去住在那里，作为梵行者。""你就自己去吧！"

注："作为梵行者"指充当学生。

于是，乔答摩来到波罗婆诃那·遮婆利那里。遮婆利请他入座，又吩咐为他端上水，依礼向他表示欢迎。然后，对他说道："我们赐给尊者乔答摩一个恩惠。"（4）

注：乔答摩是阿卢尼的族姓。

他回答说："你已许诺赐给我恩惠，那就告诉我你对我的儿子所说的那些话吧！"（5）

遮婆利说道："这是天神选择的恩惠，乔答摩啊！你就选择凡人的恩惠吧！"（6）

他回答说："众所周知，我拥有大量的金子、牛、马、女仆、毛毯和衣服。您不要不舍得给予我更丰富的无限者和无边者。""那么，你就按照常规表达愿望，乔答摩啊！""我拜你为师。"确实，自古以来，用这样的方式拜师求学。于是，他作为学生住下。（7）

遮婆利说："正像你的祖辈那样，乔答摩啊，你别怪罪我们。这

种知识在此之前，从未出现在婆罗门中，而我会将它传授给你。因为你既然已经这样说了，谁还能拒绝你？（8）

注：遮婆利是刹帝利种姓，阿卢尼是婆罗门种姓。

"确实，乔答摩啊，那个世界是火。确实，太阳是它的燃料。那些光线是烟。白昼是火焰。方位是火炭。中间方位是火花。众天神向这个火中祭供信仰。从信仰这个祭品中，产生苏摩王。（9）

注："苏摩王"指月亮。

"确实，乔答摩啊，雨神是火。确实，年是它的燃料。云是烟。闪电是火焰。雷是火炭。雷声是火花。众天神向这个火中祭供苏摩王。从苏摩王这个祭品中，产生雨。（10）

"确实，乔答摩啊，这个世界是火。确实，大地是它的燃料。火是烟。夜晚是火焰。月亮是火炭。星星是火花。众天神向这个火中祭供雨。从雨这个祭品中，产生食物。（11）

"确实，乔答摩啊，人是火。确实，张嘴是它的燃料。气息是烟。语言是火焰。眼睛是火炭。耳朵是火花。众天神向这个火中祭供食物。从食物这个祭品中，产生精液。（12）

"确实，乔答摩啊，女人是火。确实，阴户是她的燃料。阴毛是烟。子宫是火焰。进入她是火炭。兴奋是火花。众天神向这个火中祭供精液。从精液这个祭品中，产生人。他活够寿命，到时候死去。（13）

注：这里回答了前面提到的"在哪次供奉祭品时，水（'精液'）会使用人的语言，起身说话"的问题。

"然后，人们带他到火那儿。他的火也就成为火。燃料是燃

料。烟是烟。火焰是火焰。火炭是火炭。火花是火花。众天神向这个火中祭供人。从人这个祭品中，产生肤色光亮的人。（14）

注："带他到火那儿"，也就是为他举行火葬。

"知道这样，在森林中崇拜信仰和真理，他们便进入火焰。从火焰进入白昼。从白昼进入白半月。从白半月进入太阳北行的六个月。从这六个月进入天神世界。从天神世界进入太阳。从太阳进入闪电。由思想构成的原人来到闪电那里，将它们带往梵界。他们在梵界长久居住，不再返回。（15）

"那些依靠祭祀、布施和苦行赢得世界的人，他们便进入烟。从烟进入黑夜。从黑夜进入黑半月。从黑半月进入太阳南行的六个月。从这六个月进入祖先世界。从祖先世界进入月亮。到达月亮，他们变成食物。在那里，如同对苏摩王说：'你增长吧！你亏损吧！'众天神享用他们。过后，他们返回空中。从空进入风。从风进入雨。从雨进入大地。到达大地，他们变成食物。他们又被祭供于人的火，然后，在女人的火中出生。这样，他们不断准备进入这些世界，循环不已。

注：这里也回答了前面提到"那个世界怎么会不充满"的问题，因为除了那些知梵者摆脱轮回，不再返回外，其他的人都来而复去。

"然而，那些不知道这两条路的人，他们变成蛆虫、飞虫和啮齿类动物。"（16）

第 三 梵 书

如果一个人想要变得伟大，他应该守戒十二天，在太阳北行期

间的白半月中,选择一个吉日,将各种药草和果子放入优昙木制的
杯盘中,洒扫和涂抹周围,安置祭火,铺设圣草,按照规则备好酥
油,在阳性星宿下,搅拌混合饮料,然后,向火中浇灌酥油:

注:"搅拌混合饮料",指将各种药草和果子捣碎,搅拌成混合饮料。

> 在你之中,横堵着许多天神,
>
> 火神啊,他们扼杀人的愿望;
>
> 我让他们分享祭品,心满意足,
>
> 他们也就会让我满足一切愿望。
>
> 娑婆诃!
>
> 横堵着的那位天神,
>
> 说道:"我安排一切!"
>
> 我向你祭供酥油,
>
> 如同倾泻的急流!
>
> 娑婆诃!(1)

向火中浇灌酥油,念诵道:"献给最伟大者,娑婆诃! 献给最优
秀者,娑婆诃!"将剩余的酥油浇入混合饮料。 这是献给气息,娑
婆诃!

向火中浇灌酥油,念诵道:"献给最富有者,娑婆诃!"将剩余的
酥油浇入混合饮料。 这是献给语言,娑婆诃!

向火中浇灌酥油,念诵道:"献给根基,娑婆诃!"将剩余的酥油
浇入混合饮料。 这是献给眼睛,娑婆诃!

向火中浇灌酥油,念诵道:"献给成功,娑婆诃!"将剩余的酥油
浇入混合饮料。 这是献给耳朵,娑婆诃!

向火中浇灌酥油,念诵道:"献给居处,娑婆诃!"将剩余的酥油浇入混合饮料。这是献给思想,娑婆诃!

向火中浇灌酥油,念诵道:"献给生殖,娑婆诃!"将剩余的酥油浇入混合饮料。这是献给精液,娑婆诃!

这样,每次向火中浇灌酥油,将剩余的酥油浇入混合饮料。(2)

向火中浇灌酥油,念诵道:"献给火,娑婆诃!"将剩余的酥油浇入混合饮料。

向火中浇灌酥油,念诵道:"献给苏摩汁,娑摩诃!"将剩余的酥油浇入混合饮料。

向火中浇灌酥油,念诵道:"献给地,娑摩诃!"将剩余的酥油浇入混合饮料。

向火中浇灌酥油,念诵道:"献给空,娑摩诃!"将剩余的酥油浇入混合饮料。

向火中浇灌酥油,念诵道:"献给天,娑婆诃!"将剩余的酥油浇入混合饮料。

向火中浇灌酥油,念诵道:"献给地、空和天,娑婆诃!"将剩余的酥油浇入混合饮料。

向火中浇灌酥油,念诵道:"献给婆罗门性,娑婆诃!"将剩余的酥油浇入混合饮料。

向火中浇灌酥油,念诵道:"献给刹帝利性,娑婆诃!"将剩余的酥油浇入混合饮料。

向火中浇灌酥油,念诵道:"献给过去,娑婆诃!"将剩余的酥油浇入混合饮料。

向火中浇灌酥油,念诵道:"献给未来,娑婆诃!"将剩余的酥油浇入混合饮料。

向火中浇灌酥油,念诵道:"献给宇宙,娑婆诃!"将剩余的酥油浇入混合饮料。

向火中浇灌酥油,念诵道:"献给一切,娑婆诃!"将剩余的酥油浇入混合饮料。

向火中浇灌酥油,念诵道:"献给生主,娑婆诃!"将剩余的酥油浇入混合饮料。(3)

然后,接触混合饮料,说道:"你是活动者。你是燃烧者。你是圆满者。你是坚定者。你是唯一的归宿。你制造哼声。你发出哼声。你是歌唱。你歌唱。你召唤。你应答。你是云中闪电。你遍及一切。你统治一切。你是食物。你是光。你是终结。你是总汇。"(4)

注:"哼声"(him)指诵唱娑摩赞歌开始时的发声。

然后,举起混合饮料,说道:"你知道一切。我们也知道你的伟大。因为他是国王,主宰者,统治者,愿他让我成为国王,主宰者,统治者!"(5)

然后,啜饮混合饮料,念诵道:

> 优秀的沙维特利神——
> 风带给正直者甜蜜,
> 河流也带给他甜蜜,
> 愿药草给我们甜蜜!
> 地,娑婆诃!

我们沉思他的光辉——

愿夜晚和早晨甜蜜，

愿大地的尘埃甜蜜，

愿天父给我们甜蜜！

空，娑婆诃！

他激发我们的智慧——

愿树木给我们甜蜜，

愿太阳给我们甜蜜，

愿母牛给我们甜蜜！

天，娑婆诃！

注：以上每首中的第一行，合成一节颂诗，见《梨俱吠陀》3.62.10。每首的中间三行各自为一节颂诗，见《梨俱吠陀》1.90.6—8。

念诵完毕"沙维特利"颂诗和"甜蜜"颂诗后，说道："愿我成为所有这一切，地、空和天，娑婆诃！"最后，喝下混合饮料，洗手，在火的后面躺下，头朝东方。第二天早晨，敬拜太阳，说道："你是四面八方中唯一的白莲花。愿我成为人间唯一的白莲花。"然后，他回来，坐在火的后面，默诵师承。（6）

乌达罗迦·阿卢尼将这些告诉自己的学生婆遮萨奈耶·耶若伏吉耶后，说道："即使有人将这泼洒在枯树桩上，也会长出枝叶。"（7）

婆遮萨奈耶·耶若伏吉耶将这些告诉自己的学生摩杜迦·般吉耶后，说道："即使有人将这泼洒在枯树桩上，也会长出枝叶。"（8）

摩杜迦·般吉耶将这些告诉自己的学生朱罗·跋伽维提后，说道："即使有人将这泼洒在枯树桩上，也会长出枝叶。"（9）

朱罗·跋伽维提将这些告诉自己的学生遮那迦·阿耶斯杜那后，说道："即使有人将这泼洒在枯树桩上，也会长出枝叶。"（10）

遮那迦·阿耶斯杜那将这些告诉自己的学生萨谛耶迦摩·贾巴罗后，说道："即使有人将这泼洒在枯树桩上，也会长出枝叶。"（11）

萨谛耶迦摩·贾巴罗将这些告诉自己的学生们后，说道："即使将这泼洒在枯树桩上，也会长出枝叶。"

不能将这些传授给非儿子或非弟子。（12）

注：强调父子和师生之间秘密传承，也见《歌者奥义书》3.11.5、《白骡奥义书》6.22和《弥勒奥义书》6.29。

有四种优昙木制祭祀用品：优昙木勺、优昙木盆、优昙木柴和一对优昙木搅棒。有十种栽培的谷物：稻米、大麦、芝麻、蚕豆、玉米、芥子、小麦、扁豆、豌豆和荚豆。将这些谷物捣碎后，和上凝乳、蜜和酥油，向祭火供奉酥油祭品。（13）

第 四 梵 书

确实，万物的精华是大地。大地的精华是水。水的精华是植物。植物的精华是花。花的精华是果实。果实的精华是人。人的精华是精液。（1）

生主思忖道："哦，让我为它设计一个安身处吧！"他创造了女人。创造出女人后，他俯身侍奉她。因此，人们应该俯身侍奉女人。他伸展自己前面的石杵，用它使这个女人怀孕。（2）

注："为它设计"，指为精液设计。"石杵"指用于压榨苏摩汁的石杵，这里用作隐喻。

她的阴户是祭坛，阴毛是祭草，表皮是压榨苏摩汁之处，两片阴唇是中间点燃的火。确实，知道这样，与女人交媾，他获得的世界如同举行婆遮贝耶祭祀者获得的世界。他能获取女人的功德。而不知道这样，与女人交媾，则女人获取他的功德。（3）

注："知道这样"，指知道交媾的祭祀意义。

确实，乌达罗迦·阿卢尼知道这样而说过。确实，那迦·莫德伽利耶知道这样而说过。确实，古罗摩·诃利多知道这样而说过。他们说："许多出身婆罗门的人不知道这样，与女人交媾，耗尽精力和功德，离开这个世界。"

人无论在睡眠中或在醒着时，泄出或多或少精液，（4）

他应该接触它，念诵道：

今天，我的精液流入大地，流入

植物，或流入水中，我都要取回，

让精力、威力和光辉都回归我，

让火和祭坛恢复原来的位置！

然后，用无名指和拇指沾取精液，抹在胸脯或双眉中间。（5）

如果在水中看到自己，他应该念诵道："让我保持光辉、精力、名声、财富和功德！"

确实，女人换掉脏衣后，尤其漂亮。因此，应该上前招呼换掉脏衣而光彩熠熠的女人。（6）

如果她不应承，就应该贿赂她。如果她仍然不应承，就应该用

棍棒或手掌击打她,制服她,说道:"我用精力和光辉取走你的光辉。"这样,她就失去光辉。(7)

如果她应承,那就应该说:"我用精力和光辉增加你的光辉。"这样,他俩充满光辉。(8)

如果想要获得她的爱,就应该进入她,用嘴亲她的嘴,抚摩她的阴户,默诵道:

> 你出自我的每个肢体,
>
> 出自心,是肢体的精华,
>
> 让我怀中的这个女人
>
> 迷狂,仿佛中了毒箭!(9)

如果不想让她怀孕,就应该进入她,用嘴亲她的嘴,先呼气,后吸气,说道:"我用精力和精液从你那里取回精液。"这样,她就失去精液。(10)

如果想让她怀孕,就应该进入她,用嘴亲她的嘴,先吸气,后呼气,说道:"我用精力和精液将精液安放在你那里。"这样,她就会怀孕。(11)

如果憎恨妻子的情夫,应该将火安置在一个土坯容器中,逆向铺排芦苇,逆向将酥油浇在芦苇尖上,用它们祭供火,念诵道:

> 你祭供我的火,我取走你的元气和下气,某某!
>
> 你祭供我的火,我取走你的儿子和牲畜,某某!
>
> 你祭供我的火,我取走你的祭祀和功德,某某!
>
> 你祭供我的火,我取走你的希望和期待,某某!

凡遭到具有这种知识的婆罗门诅咒,任何人都会耗尽精力和

功德，离开这个世界。因此，不要勾引具有这种知识的博学婆罗门的妻子。因为他具有这种知识，不可匹敌。（12）

如果妻子来月经，她三天内不能用铜制容器饮水，不能换洗衣服。低级种姓男女不能接近她。三夜过后，沐浴，舂米做饭。（13）

如果想生一个白皮肤的儿子，能吟诵一部吠陀，并活够寿命，那么，应该用牛奶煮饭。拌上酥油，夫妻俩吃下，就会生出这样的儿子。（14）

如果想生一个黄色或褐色皮肤的儿子，能吟诵两部吠陀，并活够寿命，那么，应该用凝乳煮饭。拌上酥油，夫妻俩吃下，就会生出这样的儿子。（15）

如果想生一个黑皮肤和红眼睛的儿子，能吟诵三部吠陀，并活够寿命，那么，应该用水煮饭。拌上酥油，夫妻俩吃下，就会生出这样的儿子。（16）

如果想生一个女儿，聪明博学，并活够寿命，那么，应该用芝麻煮饭。拌上酥油，夫妻俩吃下，就会生出这样的女儿。（17）

如果想生一个儿子，聪明博学，备受赞颂，出席集会，言辞动人，通晓所有吠陀，并活够寿命，那么，应该用肉煮饭。拌上酥油，夫妻俩吃下，就会生出这样的儿子。这肉是小公牛或大公牛的肉。（18）

到了早晨，以煮牛奶粥的方式备好酥油。然后，用牛奶粥祭供火，说道："献给火，娑婆诃！献给阿努摩蒂，娑婆诃！献给沙维特利，娑婆诃！献给创造真实者，娑婆诃！"祭供完毕，吃剩下的牛奶粥。自己先吃，然后给妻子吃。洗手后，用水灌满水罐，向妻子洒

水三次,念诵道:

注:阿努摩蒂(Anumuti)是恩惠女神。沙维特利(Savitṛ)是太阳神。

　　　　毗舍婆苏,起身吧!

　　　　去找别的漂亮女子,

　　　　这里是妻子和丈夫。(19)

注:这首颂诗源自《梨俱吠陀》10.85.22。毗舍婆苏(Viśvavasu)是一位健达缚。

　　然后,他拥抱妻子,念诵道:

　　　　我是 ama,你是 sā,

　　　　你是 sā,我是 ama,

　　　　我是娑摩,你是梨俱,

　　　　我是天空,你是大地。

注:《歌者奥义书》中提到“大地是 sā,火是 ama”(1.6.1)、“语言是 sā,气息是 ama”(1.7.1)等等,同时提到“娑摩被安置在梨俱中”。

　　　　来吧! 让我俩一起开始,

　　　　安放精液,生一个儿子。(20)

　　然后,他分开她的双腿,说道:“分开吧,天和地。”他进入她,用嘴亲她的嘴,顺着头发抚摩她三次,念诵道:

　　　　让毗湿奴建造子宫,

　　　　让天国工匠设计形象,

　　　　让生主为你播撒种子,

　　　　让创造主安放胎儿。

安放胎儿,希尼婆利啊!

安放胎儿,大辩天女啊!

你俩戴着莲花花冠,

双马童啊,安放胎儿吧!

那是双马童用金制

引火木钻出的火,

我们祈求你的胎儿

在第十个月出生。

注:以上三首颂诗源自《梨俱吠陀》10.18.1—3。

如同大地怀有火,

如同天空怀有雨,

如同方位怀有风,

我为你安放胎儿。(22)

即将分娩时,向她洒水,念诵道:

如同风儿在周围,

吹动这座莲花池,

愿你的胎儿躁动,

与胎衣一起生下!

因陀罗的畜舍

装有护栏和门闩,

因陀罗啊,让胎儿

与胎衣一起生下!(23)

注：这两首颂诗源自《梨俱吠陀》5.78.7—8。

胎儿生下后，点燃祭火，将婴儿抱在怀中，在铜杯中混合凝乳和酥油，一勺勺供奉祭火，念诵道：

> 愿我依靠他，家族千倍繁荣增长！
>
> 愿他拥有子孙和牲畜，绵延不绝！
>
> 娑婆诃！
>
> 我将我的气息和思想祭供他！
>
> 娑婆诃！
>
> 如果我的祭祀存在过量或不足，
>
> 请睿智的火神调适，让祭祀圆满！
>
> 娑婆诃！（24）

然后，贴近婴儿的右耳，说三次："语言，语言！"调和凝乳、蜜和酥油，用金匙喂婴儿，而金匙不伸进嘴里，念诵道："我为你安放地，我为你安放空，我为你安放天。我将地、天、空和所有一切安放在你之中。"（25）

然后，给婴儿取名："你是吠陀。"这成为他的秘密名字。（26）

注：依据《摩奴法论》2.30，婴儿正式取名在十天或十二天之后。

然后，将婴儿交给母亲，让她哺乳，念诵道：

> 你的胸脯令人喜悦，永不
>
> 枯竭，蕴藏珍宝，充满财富，
>
> 慷慨布施，养育一切优秀者，
>
> 娑罗私婆蒂啊，请让他吸吮！（27）

注：这首颂诗见《梨俱吠陀》1.164.49。婆罗私婆蒂(Sarasvati)是语言女神。

然后，向婴儿的母亲念诵道：

> 你是伊拉，出自密多罗伐楼那，
>
> 女英雄啊，你已生出一位英雄；
>
> 你使我们成为英雄的父亲，
>
> 愿你成为众多英雄的母亲！

注：伊拉(Ilā)是女神名。

人们对这婴儿说道："啊，你超过你的父亲！啊，你超过你的祖父！"啊，生为具有这种知识的婆罗门的儿子，必定获得至福，享有财富、名誉和梵的光辉。(28)

第 五 梵 书

下面是师承：宝迪摩希耶之子师承迦旃耶尼之子。迦旃耶尼之子师承乔答弥之子。乔答弥之子师承婆罗堕吉之子。婆罗堕吉之子师承巴罗舍利之子。巴罗舍利之子师承奥波斯婆斯蒂之子。奥波斯婆斯蒂之子师承巴罗舍利之子。巴罗舍利之子师承迦旃耶尼之子。迦旃耶尼之子师承憍尸吉之子。憍尸吉之子师承阿兰毗之子和维亚克罗波蒂之子。维亚克罗波蒂之子师承甘维之子和迦比之子。迦比之子(1)

师承阿特雷依之子。阿特雷依之子师承乔答弥之子。乔答弥之子师承婆罗堕吉之子。婆罗堕吉之子师承巴罗舍利之子。巴罗舍利之子师承婆讫之子。婆讫之子师承巴罗舍利之子。巴罗舍利之子师承婆尔迦卢尼之子。婆尔迦卢尼之子师承婆尔迦卢尼之子。婆尔迦卢尼之子师承阿尔多跋吉之子。阿尔多跋吉之子师承肖恩吉之子。肖恩吉之子师承商讫利蒂之子。商讫利蒂之子师承阿兰巴耶尼之子。阿兰巴耶尼之子师承阿兰毗之子。阿兰毗之子师承贾衍蒂之子。贾衍蒂之子师承曼杜迦耶尼之子。曼杜迦耶尼之子师承曼杜吉之子。曼杜吉之子师承香底利之子。香底利之子师承罗提多利之子。罗提多利之子师承跋卢吉之子。跋卢吉之子师承格朗吉基的两个儿子。格朗吉基的两个儿子师承维陀跋利蒂之子。维陀跋利蒂之子师承迦尔舍盖依之子。迦尔舍盖依之子师承波罗吉那约吉之子。波罗吉那约吉之子师承商吉维之子。商吉维之子师承波罗希尼之子。婆罗希尼之子阿苏利婆辛师承阿苏罗耶那。阿苏罗耶那师承阿苏利。阿苏利(2)

　　师承耶若伏吉耶。耶若伏吉耶师承乌达罗迦。乌达罗迦师承阿卢那。阿卢那师承乌波吠希。乌波吠希师承古希利。古希利师承婆遮希罗婆斯。婆遮希罗婆斯师承吉赫瓦文特·巴迪约伽。吉赫瓦文特·巴迪约伽师承阿希多·瓦尔舍伽那。阿希多·瓦尔舍伽那师承诃利多·迦叶波。诃利多·迦叶波师承希尔波·迦叶波。希尔波·迦叶波师承迦叶波·奈达卢维。迦叶波·奈达卢维师承婆遮。婆遮师承安毗尼。安毗尼师承阿迪提耶(太阳神)。这些师承自阿迪提耶(太阳神)的"白夜柔"已由瓦遮萨奈耶·耶若伏吉耶宣示。(3)

　　注:《夜柔吠陀》分为"白夜柔"和"黑夜柔"两种。

　　直至商吉维之子,传承相同。商吉维之子师承曼杜迦耶尼。

曼杜迦耶尼师承曼陀维耶。曼陀维耶师承高蹉。高蹉师承摩希提。摩希提师承瓦摩迦刹耶那。瓦摩迦刹耶那师承香底利耶。香底利耶师承婆蹉。婆蹉师承古希利。古希利师承耶若婆遮斯·罗贾斯丹巴耶那。耶若婆遮斯·罗贾斯丹巴耶那师承杜罗·迦婆塞耶。杜罗·迦婆塞耶师承生主。生主师承梵。梵是自生者。向梵致敬！（4）

歌 者 奥 义 书

第 一 章

一

应该崇拜歌唱为唵这个音节,因为随着唵,开始歌唱。现在对此加以说明。(1)

注:在吠陀中,《梨俱吠陀》用于吟诵,《娑摩吠陀》用于歌唱。唵(Om)是吟诵或歌唱吠陀颂诗时,开头使用的感叹词。这里的"崇拜"(upās)一词兼有尊敬、敬拜和沉思的意义。

万物的精华是地。地的精华是水。水的精华是植物。植物的精华是人。人的精华是语言。语言的精华是梨俱。梨俱的精华是娑摩。娑摩的精华是歌唱。(2)

注:参阅《大森林奥义书》6.4.1。这里译为"精华"的 rasa 一词,原义为液汁,引申为味、精华或本质。

这歌唱是精华中的精华,至高者,终极者,第八者。(3)

注:上述各种精华从地数起,歌唱为第八。

什么是梨俱？什么是娑摩？什么是歌唱？这是人们思索的问题。（4）

语言是梨俱，气息是娑摩。唵这个音节是歌唱。这里成双配对，语言和气息，梨俱和娑摩。（5）

它们在唵这个音节中配对结合。一旦配对结合，两者便互相满足欲望。（6）

知道这样，崇拜歌唱为这个音节，他肯定成为愿望满足者。（7）

确实，这个音节意味允许。因为某人允许某事，就会说："唵！"允许也就意味成功。知道这样，崇拜歌唱为这个音节，他肯定成为愿望成功者。（8）

依靠它，三种知识运作。随着唵，开始召唤。随着唵，开始赞颂。随着唵，开始歌唱。这表示对这个崇高伟大和蕴含精华的音节的崇敬。（9）

注："依靠它"指依靠唵这个音节。"三种知识"指三种吠陀。在祭祀仪式中，诵者祭司（Hotṛ）吟诵《梨俱吠陀》，召唤天神；行祭者祭司（Adhvaryu）吟诵《夜柔吠陀》，执行祭祀；歌者祭司（Udgātṛ）歌唱《娑摩吠陀》，供奉祭品。他们的吟诵和歌唱都以唵起首。

知道这样和不知道这样的两种人都依靠它运作。但有知识和无知识两者不同。凭借知识、信仰和奥义运作，才更有力量。这是对这个音节的说明。（10）

二

天神和阿修罗互相争斗，双方都是生主的后代。天神掌握歌

唱,心想:"依靠这个,我们会战胜他们。"(1)

注:参阅《大森林奥义书》1.3.1。

他们崇拜歌唱为鼻中气息。而阿修罗用罪恶侵袭它。结果,人们嗅到香,也嗅到臭。因为它已受到罪恶侵袭。(2)

然后,他们崇拜歌唱为语言。而阿修罗用罪恶侵袭它。结果,人们说真话,也说假话。因为它已受到罪恶侵袭。(3)

然后,他们崇拜歌唱为眼睛。而阿修罗用罪恶侵袭它。结果,人们看到值得看的,也看到不值得看的。因为它已受到罪恶侵袭。(4)

然后,他们崇拜歌唱为耳朵。而阿修罗用罪恶侵袭它。结果,人们听到值得听的,也听到不值得听的。因为它已受到罪恶侵袭。(5)

然后,他们崇拜歌唱为思想。而阿修罗用罪恶侵袭它。结果,人们想念应该想念者,也想念不应该想念者。因为它已受到罪恶侵袭。(6)

然后,他们崇拜歌唱为口中气息。而阿修罗打击它,结果他们自己粉碎,如同打击坚硬的石头,自己粉碎。(7)

如同打击坚硬的石头,想要加罪和打击知道这样的人,自己粉碎。他是坚硬的石头。(8)

注:"知道这样的人"即上述知道唵这个音节的人。

依靠它,不知道香和臭,因为它不受罪恶伤害。依靠它,吃和喝,从而保护其他气息。最终不再发现它,人便去世。确实,人最终张着嘴巴。(9)

注:"它"指口中气息,即元气。气息分成五种,其他四种是下气、中气、上气和行气。

安吉罗崇拜歌唱为口中气息。人们认为它就是安吉罗(Aṅgi-ras),因为它是肢体(aṅga)的精华(rasa)。(10)

注:安吉罗是拜火祭司。这里将"安吉罗"这个名称解读为"肢体的精华"。

毗诃波提崇拜歌唱为口中气息。人们认为它就是毗诃波提(Bṛhaspati),因为语言伟大(bṛhat),它是语言之主(pati)。(11)

注:毗诃波提是天国祭司。这里将"毗诃波提"这个名字解读为"语言之主"。

阿亚希耶崇拜歌唱为口中气息。人们认为它就是阿亚希耶(Ayāsya),因为它从口(āsya)中呼出(ayate)。(12)

注:阿亚希耶是仙人。这里将"阿亚希耶"这个名字解读为"从口中呼出"。

钵迦·达尔毗耶知道它。他成为飘忽林中人们的歌者。他为他们歌唱愿望。(13)

注:"歌者"即歌者祭司。

任何人知道这样,崇拜歌唱为这个音节,他就成为实现愿望的歌者。以上是关于自我。(14)

注:"关于自我"和下面的"关于天神"参阅《大森林奥义书》1.5.21注。

三

下面是关于天神。应该崇拜歌唱为这个发热者。它升起,为

众生歌唱。它升起,驱除黑暗和恐惧。确实,知道这样,他就成为黑暗和恐惧的驱除者。(1)

注:"发热者"指太阳。

这个和那个相同。这个温暖,那个也温暖。人们称这个为音,称那个为音、回音。因此,应该崇拜歌唱为这个和那个。(2)

注:"这个"指口中气息,"那个"指太阳。这是口语特征,借助手势。这里,"音"(svara)一词中含有"光"(svar)这个词,因此,口中气息有光(热),太阳有光和反光。

然后,应该崇拜歌唱为行气。吸气者是元气。呼气者是下气。这样,元气和下气的结合是行气。行气是语言。因此,说话时不吸气,也不呼气。(3)

语言是梨俱。因此,吟诵梨俱,不吸气,也不呼气。梨俱是娑摩。因此,歌唱娑摩时,不吸气,也不呼气。(4)

还有,那些需要用力的行为,如摩擦取火、赛跑、挽开硬弓、行动时,不吸气,也不呼气。因此,应该崇拜歌唱为行气。(5)

然后,应该崇拜歌唱(udgitha)为 ud、gī 和 tha 这些音节。ud 是气息,因为人们依靠气息站立(uttiṣṭhati)。gī 是语言,因为人们称语言为 gir。tha 是食物,因为一切依靠食物存在(sthita)。(6)

注:ud 是"站立"(uttiṣṭhati)的动词前缀。"语言"(gir)的复数体格是 giḥ,"存在"(sthita,或译确立)的动词词根中含有 tha。

ud 是天空,gī 是空中,tha 是大地。ud 是太阳,gī 是风,tha 是火。ud 是《娑摩吠陀》,gī 是《夜柔吠陀》,tha 是《梨俱吠陀》。知道这样,崇拜歌唱为 ud、gī 和 tha 这些音节,语言就为他产生牛奶,

因为语言是牛奶。他就成为有食物者,吃食物者。(7)

然后,愿望确实成功。应该崇拜这些庇护所。应该追求娑摩,用娑摩赞颂。(8)

应该追求梨俱,颂诗存在它们之中。应该追求仙人,颂诗由他们创作。应该追求天神,赞颂天神。(9)

应该追求诗律,按照诗律赞颂。应该追求颂诗格式,按照颂诗格式赞颂。(10)

应该追求方位,赞颂方位。(11)

最后,应该追求自我,赞颂自我,专心沉思愿望。他的愿望会迅速成功。怀有愿望者应该赞颂,怀有愿望者应该赞颂。(12)

注:"怀有愿望者应该赞颂"重复一次,以示强调。

四

应该崇拜歌唱为唵这个音节。因为随着唵,开始歌唱。现在,对此加以说明。(1)

众天神惧怕死亡,进入三种知识。他们用诗律覆盖自己。因为用它们覆盖(chad),这些诗律名为诗律(chandas)。(2)

注:"三种知识"指三种吠陀。

死亡看到他们在梨俱中,在娑摩中,在夜柔中,就像人们看到鱼在水中。他们知道后,跃出,进入音中。这样,人们吟诵完毕梨俱,发出唵音。吟诵完毕娑摩和夜柔,也是这样。这个音就是这个音节,永恒,无畏。众天神进入它,也就永恒,无畏。(4)

注:"他们知道"指众天神发现死亡看到他们。于是,他们跃出梨俱、娑摩

和夜柔,进入唵音中。

任何人知道这样,发出这个音节,进入这个音节,这个永恒和无畏的音;进入后,便达到永恒,如同永恒的众天神。(5)

五

确实,歌唱是唵音,唵音是歌唱。歌唱是那个太阳,是唵音,因为太阳行进,回响唵音。(1)

憍尸多基对儿子说:"我只歌唱太阳,因此,我只有你这个儿子。你要转向这些光芒,这样就会有很多儿子。"以上是关于天神。(2)

下面是关于自我。应该崇拜歌唱为口中气息。因为口中气息运行,回响唵音。(3)

憍尸多基对儿子说:"我只歌唱口中气息,因此,我只有你这个儿子。你要歌唱多种气息,心想:'我会有很多儿子。'"(4)

确实,歌唱是唵音,唵音是歌唱。从诵者祭司座位那里,唱错之处得到纠正,得到纠正。(5)

注:"得到纠正"重复一次,以示强调。

六

这大地是梨俱。火是娑摩。娑摩被安置在梨俱中。因此,人们歌唱安置在梨俱中的娑摩。大地是 sā,火是 ama,合成为娑摩（saman）。(1)

注:《娑摩吠陀》中的颂诗大多取自《梨俱吠陀》。

空中是梨俱。风是娑摩。娑摩被安置在梨俱中。因此,人们歌唱安置在梨俱中的娑摩。空中是 sā,风是 ama,合成为娑摩 (sāman)。(2)

天空是梨俱。太阳是娑摩。娑摩被安置在梨俱中。因此,人们歌唱安置在梨俱中的娑摩。天空是 sā,太阳是 ama,合成为娑摩 (sāman)。(3)

星星是梨俱。月亮是娑摩。娑摩被安置在梨俱中。因此,人们歌唱安置在梨俱中的娑摩。星星是 sā,月亮是 ama,合成为娑摩 (sāman)。(4)

然后,太阳的白光是梨俱,太阳中深黑的藏青色是娑摩。娑摩被安置在梨俱中。因此,人们歌唱安置在梨俱中的娑摩。(5)

然后,太阳的白光是 sā,深黑的藏青色是 ama,合成为娑摩 (sāman)。然后,看到太阳中这个金人,金须金发,直至指甲尖,全身为金。(6)

他的眼睛宛如红莲花。他的名字是向上(ud),因为他超越(udita)一切罪恶。确实,任何人知道这样,他就超越一切罪恶。(7)

他的歌曲是梨俱和娑摩。因此,他是歌唱,他是歌者,因为他歌唱歌曲。他统治太阳之上的那些世界和众天神的愿望。以上是关于天神。(8)

<h2 style="text-align:center">七</h2>

下面是关于自我。语言是梨俱。气息是娑摩。娑摩被安置在梨俱中。因此,人们歌唱安置在梨俱中的娑摩。语言是 sā,气息

是 ama,合成为娑摩(sāman)。(1)

眼睛是梨俱。自我是娑摩。娑摩被安置在梨俱中。因此,人们歌唱安置在梨俱中的娑摩。眼睛是 sā,自我是 ama,合成为娑摩(sāman)。(2)

耳朵是梨俱。思想是娑摩。娑摩被安置在梨俱中。因此,人们歌唱安置在梨俱中的娑摩。耳朵是 sā,思想是 ama,合成为娑摩(sāman)。(3)

然后,眼睛的白光是梨俱,眼睛中深黑的藏青色是娑摩。娑摩被安置在梨俱中,因此,人们歌唱安置在梨俱中的娑摩。然后,眼睛的白光是 sā,深黑的藏青色是 ama,合成为娑摩(sāman)。(4)

然后,看到眼睛中的这个人。他是梨俱。他是娑摩。他是吟诵。他是夜柔。他是梵。他的形象就是那个人的形象。他的两种歌曲就是那个人的两种歌曲。他的名字就是那个人的名字。(5)

注:这里的"梵"可以读作颂诗或祷词。"那个人"指太阳中的那个人。

他统治眼睛底下的这些世界和凡人的愿望。弹奏琵琶歌唱的人们歌唱他。因此,他们获得财富。(6)

知道这样,歌唱娑摩时,歌唱这两个人。通过歌唱那个人,他获得太阳之上那些世界和众天神的愿望。(7)

通过歌唱这个人,他获得眼睛底下的这些世界和凡人的愿望。因此,知道这样,歌者也就会这样说:(8)

"你有什么愿望,要我为你歌唱?"因为他确实通过歌唱实现愿望。正是知道这样,他歌唱娑摩,歌唱娑摩。(9)

注:"歌唱娑摩"重复一次,以示强调。

八

有三位精通歌唱者。他们是希罗迦·夏罗婆迪耶、遮吉多耶那·达尔毗耶和波罗婆诃那·遮婆利。他们说道:"我们都精通歌唱,让我们一起讨论歌唱。"(1)

"好吧!"他们聚拢坐下。波罗婆诃那·遮婆利说道:"你们两位先生先说。我听你们两位婆罗门讨论。"(2)

注:波罗婆诃那·遮婆利称他们两位为婆罗门,说明他本人是刹帝利。参见下面5.3.5。

希罗迦·夏罗婆迪耶对遮吉多耶那·达尔毗耶说道:"那我就问你了。"后者回答说:"问吧!"(3)

"什么是娑摩的根源?"回答说:"音。""什么是音的根源?"回答说:"气息。""什么是气息的根源?"回答说:"食物。""什么是食物的根源?"回答说:"水。"(4)

"什么是水的根源?"回答说:"那个世界。""什么是那个世界的根源?"回答说:"不可能超出天国世界。我们将娑摩安置在天国世界,因为娑摩在天国歌唱。"(5)

希罗迦·夏罗婆迪耶对遮吉多耶那·达尔毗耶道:"达尔毗耶啊,你的娑摩实在没有根基。如果有人说:'你的头会落地。'那么,你的头确实会落地。"(6)

注:印度古代有辩论双方以断头赌咒的说法。这里意谓夏罗婆迪耶认为达尔毗耶回答错误。

"那么,请先生您告诉我。"回答说:"请听吧!""什么是那个世界的根源?"回答说:"这个世界。""什么是这个世界的根源?"回答说:"不可能有超出这个世界的根源。我们将娑摩安置在这个世界,作为根基,因为娑摩在这个根基中歌唱。"(7)

波罗婆诃耶·遮婆利对他说道:"夏罗婆迪耶啊,你的娑摩实在有限。如果有人说:'你的头会落地。'那么,你的头确实会落地。""那么,请先生您告诉我。"回答说:"请听吧!"(8)

九

"什么是这个世界的根源?"回答说:"空。所有这些事物产生于空,又回归空。空优先于这一切。空是最后归宿。(1)

注:"空"指(ākāśa)空间。

"这歌唱最广阔。它无限。知道这样,崇拜歌唱为最广阔者,他就会成为最广阔者,赢得最广阔的世界。"(2)

阿迪登凡·绍那迦将这个告诉乌陀罗·香底利耶后,说道:"如果你的后代知道这歌唱,他们将在这个世界享有最广阔的生活。(3)

"在另一个世界,同样如此。"知道这样,并崇拜它,就会在这个世界享有最广阔的生活,同样也在另一个世界,另一个世界。(4)

注:"另一个世界"重复一次,以示强调。

十

俱卢族遭遇蝗灾,贫穷的乌舍斯提·贾格罗耶那和妻子阿蒂吉生活在象主村中。(1)

他向一个正在吃饭的象主乞食。象主说："除了我面前的这些，没有别的了。"(2)

他回答说："那就给我一些吧!"象主给了他一些，说道："这里还有水。"他回答说："这样，我就会喝剩水。"(3)

"那么，这些米饭难道不是剩食吗?"他回答说："倘若我不吃这些，就无法活命。而喝水可以随我方便。"(4)

他吃完后，将剩下的一些带给妻子。而妻子此前已乞得食物。于是，她收下藏好。(5)

第二天早晨，他起身，说道："哎! 要是我能吃点食物，就能出去挣点钱财。国王准备举行祭祀。他或许会选择我主持一切仪式。"(6)

妻子对他说："夫君啊，还有这些米饭。"他吃完后，前往那里，祭祀已经开始。(7)

他坐在那些歌者身边，他们正要歌唱。然后，他对引子歌者说道:(8)

"引子歌者啊，如果你歌唱引子赞歌而不知道与它关联的天神，你的头会落地。"(9)

注:"引子歌者"和下面提到的"应答歌者"都是歌者祭司的助手。

他也这样对歌者说："歌者啊，如果你歌唱赞歌而不知道与它关联的天神，你的头会落地。"(10)

同样，他也对应答歌者说："应答歌者啊，如果歌唱应答赞歌而不知道与它关联的天神，你的头会落地。"这样，他们停顿下来，默默坐着。(11)

十　一

然后,祭主说道;"我想知道先生是哪位?"他回答说:"我是乌舍斯提·贾格罗耶那。"(1)

祭主说道:"我本想找你主持一切仪式,但没有找到你,就选择了别人。(2)

"现在就请先生为我主持一切仪式。""好吧! 就让他们按照我的指点歌唱吧! 而给他们多少钱财,同样也要给我。"祭主说道:"好吧!"(3)

然后,引子歌者走近他,说道:"先生刚才对我说:'引子歌者啊,如果你歌唱引子赞歌而不知道与它关联的天神,你的头会落地。'那是哪位天神?"(4)

他回答说:"气息。一切众生都进入气息,出自气息。这位是与引子赞歌关联的天神。如果你歌唱引子赞歌而不知道这位天神,就如同我说的那样,你的头会落地。"(5)

然后,歌者走向他,说道:"先生刚才对我说:'歌者啊,如果你歌唱赞歌而不知道与它关联的天神,你的头会落地。'那是哪位天神?"(6)

他回答说:"太阳。一切众生都歌唱升起的太阳。这位是与赞歌关联的天神。如果你歌唱赞歌而不知道这位天神,就如同我说的那样,你的头会落地。"(7)

然后,应答歌者走向他,说道:"先生刚才对我说:'应答歌者啊,如果你歌唱应答赞歌而不知道与它关联的天神,你的头就会落地。'那是哪位天神?"(8)

他回答说:"食物。一切众生都依靠食物活命。这位是与应答赞歌关联的天神。如果你歌唱赞歌而不知道这位天神,就如同我说的那样,你的头会落地。"(9)

十　二

下面是关于狗的歌唱。钵迦·达尔毗耶,又名伽罗娑·弥勒,出门游学。(1)

一条白狗出现在他前面。其他的狗围在这条狗身边,说道:"先生,请为我们歌唱食物吧! 我们确实饿了,想吃。"(2)

这条白狗对他们说道:"明天早晨,你们到我这里来吧!"钵迦·达尔毗耶,又名伽罗娑·弥勒守候在那里。(3)

就像祭司们准备歌唱跋希湿波婆摩那赞歌,它们互相衔接前行,然后一起坐下,发出哼(him)声。(4)

注:"跋希湿波婆摩那"是一种苏摩祭赞歌。

他们歌唱道:"唵! 让我们吃! 唵! 让我们喝! 唵! 天神伐楼那、生主和沙维特利,带食物来! 食物之主,带食物来! 带来! 带来! 唵!"(5)

十　三

这个世界是音节 hā-u。风是音节 hā-i。月亮是音节 atha。自我是音节 iha。火是音节 ī。(1)

太阳是音节 ū。召唤是音节 e。众毗奢神是音节 au-ho-i。生主是音节 him。气息是 svara("音")。食物是 yā。语言是 virāṭ

（"光辉"）。（2）

第十三个感叹词是 hum，经常出现，不可言说。（3）

注：以上讲述了十二个音节，都是娑摩唱词中的感叹词。前十二个音节的象征意义都有说明，而这个音节的象征意义不可言说。因而，这是第十三个感叹词或称第十三个音节。

知道娑摩的奥义这样，也就知道奥义。语言为他产生牛奶，因为语言是牛奶。他成为有食物者，吃食物者。

第 二 章

一

唵！确实，崇拜全部娑摩为善。确实，人们将善说成是娑摩，将不善说成不是娑摩。（1）

人们还这样说。人们说"带着娑摩走近他"，也就是说"怀着善意走近他"。人们说"不带着娑摩走近他"，也就是说"不怀善意走近他"。（2）

人们还这样说。人们说"啊，我们有娑摩！"也就是遇到好事而说"啊，好事！"人们说"啊，我们没有娑摩！"也就是遇到坏事而说"啊，坏事！"（3）

知道这样，崇拜娑摩为善，种种善法就会迅速走近他，趋向他。（4）

二

应该崇拜娑摩为这些世界上的五种物。音节哼（him）是大地。引子赞歌是火。赞歌是空中。应答赞歌是太阳。结尾赞歌是天空。这些是由下而上。（1）

然后，由上而下。音节哼是天空。引子赞歌是太阳。赞歌是空中。应答赞歌是火。结尾赞歌是大地。（2）

知道这样，崇拜娑摩为这些世界上的五种物，这些由下而上和由上而下的世界就会属于他。（3）

三

应该崇拜娑摩为雨中的五种物。音节哼是风起。引子赞歌是云涌。赞歌是下雨。应答赞歌是电闪雷鸣。（1）

结尾赞歌是雨停。知道这样，崇拜娑摩为雨中的五种物，雨就会为他降下，或他让雨降下。（2）

四

应该崇拜娑摩为所有水中的五种物。音节哼是云涌。引子赞歌是下雨。赞歌是水流向东。应答赞歌是水流向西。结尾赞歌是大海。（1）

知道这样，崇拜娑摩为所有水中的五种物，他就不会溺水身亡，而会拥有充足水源。（2）

五

应该崇拜娑摩为季节中的五种物。音节哼是春季。引子赞歌是夏季。赞歌是雨季。应答赞歌是秋季。结尾赞歌是冬季。（1）

知道这样，崇拜娑摩为季节中的五种物，这些季节就会属于他，让他充分享有季节。（2）

六

应该崇拜娑摩为动物中的五种物。音节哼是山羊。引子赞歌是绵羊。赞歌是牛。应答赞歌是马。结尾赞歌是人。（1）

知道这样，崇拜娑摩为动物中的五种物，这些动物就会属于他，让他充分拥有动物。（2）

七

应该崇拜娑摩为生命中最广阔的五种物。音节哼是呼吸。引子赞歌是语言。赞歌是眼睛。应答赞歌是耳朵。结尾赞歌是思想。这些是最广阔者。（1）

知道这样，崇拜娑摩为生命中最广阔的五种物，这些最广阔者就会属于他，让他赢得最广阔的世界。以上是五种物。（2）

八

然后，七种物。应该崇拜娑摩为语言中的七种物。音节哼是语言中的 hum。引子赞歌是 pra。起首赞歌是 ā。（1）

注：音节哼（him）是象声词，模拟牛或其他动物的低鸣声。音节 hum

（吽）也是象声词，模拟牛或其他动物的鸣声。这些象声词都已在《娑摩吠陀》赞歌中获得神圣化。

赞歌是 ud。应答赞歌是 prati。尾声赞歌是 upa。结尾赞歌是 ni。（2）

注：以上 pra、ā、ud、prati、upa 和 ni 分别是相应赞歌名称的词头。

知道这样，崇拜娑摩为语言中的七种物，语言为他产生牛奶，因为语言产生牛奶。他成为有食物者，吃食物者。（3）

九

然后，确实应该崇拜娑摩为太阳的七种物。太阳永远同样（sama），因而是娑摩（sāman）。人人都说："太阳对着我。"太阳对所有人都同样，因而是娑摩。（1）

应该知道一切众生与这七种物相关。音节哼是太阳升起之前。动物与它相关。因此，它们发出哼声。它们分享娑摩中的音节哼。（2）

然后，引子赞歌（prastāva）是太阳升起。人与它相关。因此，他们渴望赞美（prastuti），渴望歌颂（praśaṁsā）。他们分享娑摩中的引子赞歌。（3）

注："引子赞歌"与"赞美"和"歌颂"音近。

然后，起首赞歌（ādi）是挤奶之时。飞鸟与它相关。因此，它们把握（ādā）自己，无所依傍，自由翱翔空中。它们分享娑摩中的起首赞歌。（4）

然后，赞歌是中午。天神与它相关。因此，他们成为生主后裔

中的优秀者。他们分享娑摩中的赞歌。(5)

然后,应答赞歌(pratihāra)是午后。胎儿与它相关。因此,他们能保住(pratihṛta),不流产。他们分享娑摩中的赞歌。(6)

然后,尾声赞歌(upadrava)是黄昏。野兽与它相关。因此,它们看到人,就跑进(upadravanti)树丛洞穴中。它们分享娑摩中的尾声赞歌。(7)

然后,结尾赞歌(nidhana)是太阳落下。祖先与它相关。因此,人们安葬(nidadhati)祖先。他们分享娑摩中的结尾赞歌。确实,人们崇拜娑摩为太阳的这七种物。(8)

十

然后,确实应该崇拜娑摩为符合它自己计量标准的、超越死亡的七种物。音节哼是三个音节(him、kā 和 ra)。引子赞歌是三个音节(pra、stā 和 va)。这是相同。(1)

起首赞歌是两个音节(ā 和 di)。应答赞歌是四个音节(pra、ti、hā 和 ra)。增一减一,这是相同。(2)

注:四个音节减去一个,两个音节增加一个,也就相同。

赞歌是三个音节(ud、gī 和 tha)。尾声赞歌是四个音节(u、pa、dra 和 va)。三个和三个相同。留下一个,成为三个音节。这是相同。(3)

注:四个音节留下一个,成为三个音节。

结尾赞歌是三个音节(ni、dha 和 na)。这是相同。这样,总共二十二个音节。(4)

凭借二十一个音节,到达太阳。太阳就是第二十一个音节。凭借二十二个音节,赢得超越太阳的天界。那是天穹,无忧之地。(5)

注:十二月、五季(春、夏、雨、秋和冬)和三界(大地、空中和天空)为二十,太阳为第二十一。

知道这样,崇拜娑摩为符合它自己计量标准的、超越死亡的七种物,他就会赢得太阳的胜利,甚至赢得比太阳的胜利更大的胜利。(6)

注:"赢得太阳的胜利"指到达太阳。"赢得比太阳的胜利更大的胜利"指到达比太阳更高的天界。

十　一

音节哼是思想。引子赞歌是语言。赞歌是眼睛。应答赞歌是耳朵。结尾赞歌是气息。伽耶特罗娑摩交织在这些气息中。(1)

知道伽耶特罗娑摩交织在这些气息中,他就会充满生命活力,活够岁数,长命,成为拥有子孙和牲畜的大人物,有名的大人物,思想伟大。这是誓愿。(2)

十　二

音节哼是钻木。引子赞歌是冒烟。赞歌是燃烧。应答赞歌是成炭。结尾赞歌是成灰和熄灭。罗檀多罗娑摩交织在火中。(1)

知道罗檀多罗娑摩交织在火中,他就会充满梵的光辉,成为吃食物者,活够岁数,长命。他会成为拥有子孙和牲畜的大人物,有名的大人物。他不会对着火啜水和吐水。这是誓愿。(2)

注:"梵的光辉"可读为吠陀的光辉。

十 三

音节哼是招呼。引子赞歌是告知。赞歌是与女人一起躺下。应答赞歌是俯伏在女人身上。结尾赞歌是到达时间和到达彼岸。婆摩提维耶婆摩交织在合欢中。(1)

知道婆摩提维耶婆摩交织在合欢中,他就会懂得合欢,通过一次次合欢,生殖繁衍。他会活够岁数,长命,成为拥有子孙和牲畜的大人物,有名的大人物。他不会厌弃任何女人。这是誓愿。(2)

十 四

音节哼是太阳露出。引子赞歌是太阳升起。赞歌是中午。应答赞歌是下午。结尾赞歌是太阳落下。毗诃陀婆摩交织在太阳中。(1)

知道毗诃陀婆摩交织在太阳中,他就会充满光辉,成为吃食物者,活够岁数,长命。他会成为拥有子孙和牲畜的大人物,有名的大人物。他不会埋怨灼热的太阳。这是誓愿。(2)

十 五

音节哼是雾起,引子赞歌是云涌。赞歌是下雨。应答赞歌是电闪雷鸣。结尾赞歌是雨停。维卢波婆摩交织在雨中。(1)

知道维卢波婆摩交织在雨中。他就会拥有各种各样形体的牲畜,活够岁数,长命。他会成为拥有子孙和牲畜的大人物,有名的

大人物。他不会埋怨下雨。这是誓愿。（2）

十 六

音节哼是春季。引子赞歌是夏季。赞歌是雨季。应答赞歌是秋季。结尾赞歌是冬季。维罗阇娑摩交织在这些季节中。（1）

知道维罗阇娑摩交织在这些季节中，他就会光彩熠熠，拥有子孙、牲畜和梵的光辉。他会活够岁数，长命。他会成为拥有子孙和牲畜的大人物，有名的大人物。他不会埋怨这些季节。这是誓愿。（2）

十 七

音节哼是大地。引子赞歌是空中。赞歌是天空。应答赞歌是方位。结尾赞歌是大海。舍格婆利娑摩交织在这些世界中。（1）

知道舍格婆利娑摩交织在这些世界中，他就会拥有世界，活够岁数，长命，成为拥有子孙和牲畜的大人物，有名的大人物。他不会埋怨这些世界。这是誓愿。（2）

十 八

音节哼是山羊。引子赞歌是绵羊。赞歌是牛。应答赞歌是马。结尾赞歌是人。雷婆提娑摩交织在这些动物中。（1）

知道雷婆提娑摩交织在这些动物中，他就会拥有动物，活够岁数，长命，成为拥有子孙和牲畜的大人物，有名的大人物。他不会埋怨这些动物。这是誓愿。（2）

十　九

音节哼是毛发。引子赞歌是皮肤。赞歌是肉。应答赞歌是骨。结尾赞歌是骨髓。耶若耶尼耶娑摩交织在这些肢体中。(1)

知道耶若耶尼耶娑摩交织在这些肢体中，他就会肢体健全，没有缺陷，活够岁数，长命，成为拥有子孙和牲畜的大人物，有名的大人物。他会整年不吃骨髓。这是誓愿。或者，他会永远不吃骨髓。(2)

二　十

音节哼是火。引子赞歌是风。赞歌是太阳。应答赞歌是星星。结尾赞歌是月亮。罗阇那娑摩交织在众天神中。(1)

知道罗阇那娑摩交织在众天神中，他就会进入这些天神的世界，与他们平等相处，团结一致。他会活够岁数，长命，成为拥有子孙和牲畜的大人物，有名的大人物。他不会埋怨婆罗门。这是誓愿。(2)

二十一

音节哼是三种知识。引子赞歌是三个世界。赞歌是火、风和太阳。应答赞歌是星星、飞鸟和光芒。结尾赞歌是蛇、健达缚和祖先。这个娑摩交织在一切之中。(1)

知道这个娑摩交织在一切之中，他就会成为一切。(2)

有偈颂为证：

没有比这些三组五种物

还要更好和更高的事物;(3)

注:"三组"指上述三种知识(即三部吠陀)和三个世界(即天空、空中和大地)等等。

知道这些,也就知道一切,

所有方位都会向他献礼。

应该崇拜这个娑摩为"我是一切"。这是誓愿,这是誓愿。(4)

注:"这是誓愿"重复一次,以示强调。

二十二

我选择歌唱声如同牛鸣的娑摩,也就是属于火神的赞歌。声音不清晰属于生主。声音清晰属于月亮。声音柔软而细腻属于风。声音细腻而有力属于因陀罗。声音如同麻鹬属于毗诃波提。声音混浊属于楼陀罗。应该运用所有这些,而避免楼陀罗的那种。(1)

应该在歌唱时,心想:"我要歌唱,为众天神求得永恒。"应该在赞颂时,专心致志,沉思:"我要歌唱,为祖先求得供品,为人们求得希望,为牲畜求得草和水,为祭祀者求得天国世界,为自己求得食物。"(2)

所有的元音是因陀罗的化身。所有的摩擦音是生主的化身。所有的辅音是死神的化身。如果有人指责他的元音,他可以告诉那个人:"我已归依因陀罗,他会回答你。"(3)

注:摩擦音指咝音和 h。

如果有人指责他的摩擦音,他可以告诉那个人:"我已归依生

主,他会粉碎你。"如果有人指责他的辅音,他可以告诉那个人:"我已归依死神,他会焚烧你。"(4)

所有的元音发声应该响亮有力,心想:"我要给予因陀罗以力量。"所有的摩擦音发声应该展开,不要吞掉或丢失,心想:"我要将自己献给生主。"所有的辅音发声应该细微而不并吞,心想:"我要摆脱死神。"(5)

二十三

有三种正法分支。祭祀、诵习吠陀和布施,这是第一种。苦行是第二种。梵行者住在老师家中,始终控制自我,这是第三种。他们获得功德世界。立足于梵者达到永恒。(1)

生主加热这些世界。从加热的这些世界中,流出三种知识。他又加热这三种知识。从加热的这三种知识中,流出这些音节:bhūḥ(地)、buvaḥ(空)和 svaḥ(天)。(2)

注:"加热"可以引申理解为孵热。"三种知识"指三部吠陀。

他又加热这些音节。从加热的这些音节中,流出音节唵。正像一针贯串所有树叶,音节唵贯串所有语言。音节唵是所有这一切,音节唵是所有这一切!(5)

注:"音节唵是所有这一切"重复一次,以示强调。

二十四

梵论者们说,早晨的祭品属于众婆数神,中午的祭品属于众楼陀罗神,第三时间(黄昏)的祭品属于众太阳神和众毗奢神。(1)

注：众婆薮神（Vasu）是一组神，共八位。众楼陀罗神（Rudra）是一组神，共十一位。众太阳神（Āditya）是一组神，共十二位。众毗奢神（Viśvadeva）是一组神，共十位。

那么，祭祀者的世界在哪儿？若是他不知道，他怎样举行祭祀？因此，应该让他知道，然后举行祭祀。(2)

在早晨祈祷开始前，坐在家主祭火后面，面朝北，歌唱献给婆薮神的娑摩：(3)

注：家主祭火位于祭坛西边。

请打开这个世界之门，让我们

看到你，吽！以求得统治权。(4)

然后，投放祭品，说道："向住在大地、住在世界的火神致敬！请让我这个祭祀者获得世界。我将前往祭祀者的世界。(5)

"那里是祭祀者命终之后前往的地方，娑婆诃！请打开门闩！"说完，起身。众婆薮神赐予他早晨的祭品。(6)

注："娑婆诃"（svāhā）是祈祷中的感叹用词。

在中午祭供开始前，坐在阿耆尼达利耶祭火后面，面朝北，歌唱献给楼陀罗神的娑摩：(7)

注：阿耆尼达利耶祭火位于祭坛北边。

请打开这个世界之门，让我们

看到你，吽！以求得广大统治权。(8)

然后，投放祭品，说道："向住在空中、住在世界的风神致敬！请让我这个祭祀者获得世界。我将前往祭祀者的世界。(9)

"那里是祭祀者命终之后前往的地方,娑婆诃!请打开门闩!"说完,起身。众楼陀罗神赐予他中午的祭品。(10)

在第三时间(黄昏)祭供开始前,坐在阿诃婆尼耶祭火后面,面朝北,歌唱献给太阳神和毗奢神的娑摩:(11)

注:阿诃婆尼耶祭火位于祭坛东边。

> 请打开这个世界之门,让我们
>
> 看到你,吽!以求获得统治权。(12)

这是献给太阳神的。下面是献给婆薮神的:

> 请打开这个世界之门,让我们
>
> 看到你,吽!求取所有统治权。(13)

然后,投放祭品,说道:"向住在天上、住在世界的众太阳神和众婆薮神致敬!让我这个祭祀者获得世界。(14)

"我将前往祭祀者的世界。那里是祭祀者命终之后前往的地方,娑婆诃!请打开门闩!"说完,起身。(15)

众太阳神和众婆薮神赐予他第三时间(黄昏)的祭品。知道这样,知道这样,他就通晓祭祀。(16)

注:"知道这样"重复一次,以示强调。

第　三　章

一

唵!那个太阳是天神的蜂蜜。天空是横梁。空中是蜂巢。那

些光珠是蜂卵。（1）

注："横梁"指蜂巢悬挂处。

太阳东边的那些光芒是东边的那些蜜房。梨俱是酿蜜的蜜蜂，《梨俱吠陀》是花，那些水是甘露。正是这些梨俱，（2）

注："梨俱"指《梨俱吠陀》中的颂诗。"那些水"指祭祀用水。"甘露"指花的蜜汁。

加热《梨俱吠陀》。从加热的《梨俱吠陀》中产生精华，诸如名声、光辉、感官、勇气和食物。（3）

注："感官"（indriya）也可读为活力或精力。

这些精华流出，流向太阳。正是它们形成太阳的红色。（4）

二

然后，太阳南边的那些光芒是南边的那些蜜房。夜柔是酿蜜的蜜蜂，《夜柔吠陀》是花，那些水是甘露。（1）

正是这些夜柔加热《夜柔吠陀》。从加热的《夜柔吠陀》中产生精华，诸如名声、光辉、感官、勇气和食物。（2）

注："夜柔"指《夜柔吠陀》中的祷词。

这些精华流出，流向太阳。正是它们形成太阳的白色。（3）

三

然后，太阳西边的那些光芒是西边的那些蜜房。娑摩是酿蜜的蜜蜂，《娑摩吠陀》是花，那些水是甘露。（1）

正是这些娑摩加热《娑摩吠陀》。从加热的《娑摩吠陀》中产生精华,诸如名声、光辉、感官、勇气和食物。(2)

注:"娑摩"指《娑摩吠陀》中的赞歌。

这些精华流出,流向太阳。正是它们形成太阳的黑色。(3)

四

然后,太阳北边的那些光芒是北边的那些蜜房。阿达婆和安吉罗是酿蜜的蜜蜂,史诗和往世书是花,那些水是甘露。(1)

注:"阿达婆和安吉罗"指《阿达婆吠陀》中的咒语和颂诗。史诗(Itihāsa)主要是历史传说。往世书(Purāṇa)主要是神话传说。

正是这些阿达婆和安吉罗加热史诗和往世书。从加热的史诗和往世书中产生精华,诸如名声、光辉、感官、勇气和食物。(2)

这些精华流出,流向太阳。正是它们形成太阳的深黑色。(3)

五

然后,太阳上方的那些光芒是上方的那些蜜房。秘密教诲是酿蜜的蜜蜂,梵是花,那些水是甘露。(1)

注:"秘密教诲"指奥义。

正是这些秘密教诲加热梵。从加热的梵中产生精华,诸如名声、光辉、感官、勇气和食物。(2)

这些精华流出,流向太阳。正是它们形成太阳中仿佛颤动之物。(3)

确实,它们是精华中的精华。因为那些吠陀是精华,而它们是

那些吠陀中的精华。确实，它们是甘露中的甘露。因为那些吠陀是甘露，而它们是那些吠陀中的甘露。（4）

六

众婆薮神依靠第一种甘露生存，以火为嘴。确实，这些天神不吃，不喝。他们看到这种甘露，便满足。（1）

注："第一种甘露"指《梨俱吠陀》。

他们进入这种色，又从这种色中出现。（2）

知道这种甘露，他就会成为一位婆薮神，以火为嘴。看到这种甘露，便满足。他就会进入这种色，又从这种色中出现。（3）

太阳从东边升起，在西边落下，他会管辖和统领众婆薮神。（4）

七

然后，众楼陀罗神依靠第二种甘露生存，以因陀罗为嘴。确实，这些天神不吃，不喝。他们看到这种甘露，便满足。（1）

注："第二种甘露"指《夜柔吠陀》。

他们进入这种色，又从这种色中出现。（2）

知道这种甘露，他就会成为一位楼陀罗神，以因陀罗为嘴。看到这种甘露，便满足。他就会进入这种色，又从这种色中出现。（3）

太阳从南边升起，在北边落下，双倍于从东边升起，在西边落下，他会管辖和统领众楼陀罗神。（4）

八

然后，众太阳神依靠第三种甘露生存，以伐楼那为嘴。确实，这些天神不吃，不喝。他们看到这种甘露，便满足。（1）

注："第三种甘露"指《娑摩吠陀》。

他们进入这种色，又从这种色中出现。（2）

知道这种甘露，他就会成为一位太阳神，以伐楼那为嘴。看到这种甘露，便满足。他就会进入这种色，又从这种色中出现。（3）

太阳从西边升起，在东边落下，双倍于从南边升起，在北边落下，他会管辖和统领众太阳神。（4）

九

然后，众摩录多神依靠第四种甘露生存，以苏摩为嘴。确实，这些天神不吃，不喝。他们看到这种甘露，便满足。（1）

注："第四种甘露"指《阿达婆吠陀》。摩录多（Marut）是一群风神。苏摩（Soma）是酒神。

他们进入这种色，又从这种色中出现。（2）

知道这种甘露，他就会成为一位摩录多神，以苏摩为嘴。看到这种甘露，便满足。他就会进入这种色，又从这种色中出现。（3）

太阳从北边升起，在南边落下，双倍于从西边升起，在东边落下，他会管辖和统领众摩录多神。（4）

十

然后，众沙提耶神依靠第五种甘露生存，以梵为嘴。确实，这

些天神不吃,不喝。他们看到这种甘露,便满足。(1)

注:"第五种甘露"指奥义。沙提耶(Sādhya)是一群天神。

他们进入这种色,又从这种色中出现。(2)

知道这种甘露,他就会成为一位沙提耶神,以梵为嘴。看到这种甘露,便满足。他就会进入这种色,又从这种色中出现。(3)

太阳从上边升起,在下边落下,双倍于从北边升起,在南边落下,他会管辖和统领众沙提耶神。(4)

十 一

然后,太阳从上方升起后,便不再升起,也不再落下,独自停留在中间。有偈颂为证:(1)

就在那里,太阳不再升起,也不再落下,

诸神啊,凭这真理,让我与梵永不分离。(2)

知道这样的梵的奥义,对于他,太阳不再升起,不再落下;对于他,永远是白天。(3)

梵天将它传给生主,生主传给摩奴。摩奴传给后代。父亲将梵传给长子乌达罗迦·阿卢尼。(4)

注:梵天(Brahman,阳性)是创造神。摩奴(Manu)是人类始祖。

确实,父亲应该将梵传给长子或入室弟子。(5)

不能传给任何别人,即使他赐予大海环绕、充满财富的大地。要知道它高于这一切,高于这一切。(6)

注:"高于这一切"重复一次,以示强调。

十　二

确实,伽耶特利就是存在的所有这一切。伽耶特利(Gāyatrī)是语言。语言歌唱(gāyati)和保护(trāyate)存在的这一切。(1)

注:伽耶特利是一种吠陀诗律。

确实,伽耶特利就是大地。因为存在的这一切立足于它,不超出它。(2)

确实,这大地就是人的身体。因为这些生命气息立足于它,不超出它。(3)

确实,人的身体就是人体内的心。因为这些生命气息立足于它,不超出它。(4)

伽耶特利有四足六种物。有梨俱颂诗为证:(5)

　　　　他的伟大甚至胜过原人,

　　　　他的一足是存在的一切,

　　　　他的三足在永恒的天上。(6)

注:"四足"指伽耶特利诗律有四行。而它实际上只有三行,每行八个音节。关于"四足"或"四行"的说法,参阅《大森林奥义书》5.14。"六种物"即上述一切存在、语言、大地、身体、心和生命气息。"原人"指化为世界的原始巨人。

确实,这梵是人体之外的空。确实,它是人体之外的空。(7)

确实,它是人体之内的空。确实,它是人体之内的空。(8)

确实,它是心中的空,它圆满,不动。知道这样,他就会获得圆满、不动的幸福。(9)

十三

确实,心中有五条通向天神的管道。向东的管道是元气。它是眼睛。它是太阳。应该崇拜它为光辉和食物。知道这样,他就会享有光辉和食物。(1)

然后,向南的管道是行气。它是耳朵。它是月亮。应该崇拜它为吉祥和名声。知道这样,他就会享有吉祥和名声。(2)

然后,向西的管道是下气。它是语言。它是火。应该崇拜它为梵的光辉和食物。知道这样,他就会享有梵的光辉和食物。(3)

然后,向北的管道是中气。它是思想。它是雨云。应该崇拜它为荣誉和优美。知道这样,他就会享有荣誉和优美。(4)

然后,向上的管道是上气。它是风。它是空。应该崇拜它为庄严和伟大。知道这样,他就会享有庄严和伟大。(5)

确实,这五个梵人是天国世界的门卫。知道这五个梵人是天国世界的门卫,英雄就会降生在他的家族。知道这五个梵人是天国世界的门卫,他就会进入天国世界。(6)

然后,在这之上,闪耀着天上之光,高于那些至高无上的世界中的所有一切。确实,它也就是人体之内的光。(7)

接触这个身体,感受到体温,他也就看到它。捂住双耳,仿佛听到响声,仿佛是喧嚣声,仿佛是火焰燃烧声,他也就听到它。应该崇拜这种看到和听到的光。知道这样,知道这样,他就会容貌美观,名声卓著。(8)

注:参阅《大森林奥义书》5.9.1。"知道这样"重复一次,以示强调。

十 四

确实,梵是所有这一切,出生、解体和呼吸都出自它。应该内心平静,崇拜它。确实,人由意欲构成。人在死后成为什么,按照人在这个世界的意欲。因此,应该具有意欲。(1)

由思想构成,以气息为身体,以光为形貌,以真理为意念,以空为自我,包含一切行动,一切愿望,一切香,一切味,涵盖这一切,不说话,不旁骛。(2)

这是我内心的自我,小于米粒,小于麦粒,小于芥子,小于黍粒,小于黍籽。这是我内心的自我,大于地,大于空,大于天,大于这些世界。(3)

包含一切行动,一切愿望,一切香,一切味,涵盖这一切,不说话,不旁骛。这是我内心的自我。它是梵。死后离开这里,我将进入它。信仰它,就不再有疑惑。香底利耶,香底利耶这样说。(4)

注:"香底利耶"重复一次,以示强调。香底利耶是仙人名。

十 五

空间为容量,大地为底部,

方位为角落,天空为顶口,

这宝库不会朽坏,贮藏财富,

世界的所有一切都依靠它。(1)

它的东侧名为祭勺。它的南侧名为征服。它的西侧名为王权。他的北侧名为富裕。它们的幼儿是风。知道这四个方位的幼

儿是风,他就不会为儿子哭泣。我知道这四个方位的幼儿是风,但愿我不会为儿子哭泣。(2)

注:"不会为儿子哭泣"意谓不会为儿子夭折而哭泣。

> 我和这个、这个、这个,求不朽的宝库庇护!
>
> 我和这个、这个、这个,求生命的气息庇护!
>
> 我和这个、这个、这个,求 bhūḥ(地)庇护!
>
> 我和这个、这个、这个,求 bhuvaḥ(空)庇护!
>
> 我和这个、这个、这个,求 svaḥ(天)庇护!(3)

注:"这个"指祈求者的儿子名字,重复三次。

我说我求生命的气息庇护。确实,生命的气息就是存在的所有这一切。因此,我求它庇护。(4)

我说我求 bhūḥ 庇护,我是说我求地庇护,求空庇护,求天庇护。(5)

我说我求 bhuvaḥ 庇护,我是说我求火庇护,求风庇护,求太阳庇护。(6)

我说我求 svaḥ 庇护,我是说我求《梨俱吠陀》庇护,求《夜柔吠陀》庇护,求《娑摩吠陀》庇护。(7)

注:bhūḥ、bhuvaḥ 和 svaḥ 的本义是地、空和天。这里将它们的含义又引申扩大。

十　六

确实,人就是祭祀。他最初的二十四年是早晨祭品。伽耶特利诗律有二十四个音节。伽耶特利颂诗就是早晨祭品。众婆薮神

与它相关。众气息就是众婆薮神（Vasu），因为他们使这一切安居（vāsayanti）。（1）

如果在生命的这个时期，遭遇任何病痛，他可以这样说："众气息啊！众婆薮神啊！让我的早晨祭品延续至中午祭品。但愿我，也就是祭祀，不要毁灭在众气息和众婆薮神中。"然后，他就会恢复，安然无恙。（2）

然后，接着的四十四年是他的中午祭品。特利湿图朴诗律有四十四个音节。特利湿图朴颂诗就是中午祭品。众楼陀罗神与它相关。众气息就是众楼陀罗神（Rudra），因为他们使这一切哭泣（rodayanti）。（3）

如果在生命的这个时期，遭遇任何病痛，他可以这样说："众气息啊！众楼陀罗神啊！让我的中午祭品延续至第三时间（黄昏）祭品。但愿我，也就是祭祀，不要毁灭在众气息和众楼陀罗神中。"然后，他就会恢复，安然无恙。（4）

然后，接着的四十八年是他的第三时间（黄昏）祭品。伽耶底诗律有四十八音节，伽耶底颂诗就是第三时间（黄昏）祭品。众太阳神与它相关。众气息就是众太阳神（Āditya），因为他们取回（ādadate）这一切。（5）

如果在生命的这个时期，遭遇任何病痛，他可以这样说："众气息啊！众太阳神啊！让我的第三时间（黄昏）祭品延续到寿终。但愿我，也就是祭祀，不要毁灭在众气息和众太阳神中。"然后，他就会恢复，安然无恙。（6）

确实，摩希陀娑·爱多雷耶知道这样，他说道："我不会得病而死，你为何用病折磨我？"他活到一百十六岁。任何人知道这样，都

会活到一百十六岁。（7）

注：传说摩希陀娑·爱多雷耶（Mahidāsa Aitareya）是一位婆罗门仙人和低种姓妇女伊多拉（Itarā）生的儿子，故而受到歧视。伊多拉便向大地女神摩希（Mahi）祈求恩惠。依靠摩希的恩惠，摩希陀娑·爱多雷耶能创作梵书和森林书。"摩希陀娑"（Mahidāsa）的词义是"摩希的奴仆"。

十　七

饥，渴，不娱乐，这是他的净化仪式。（1）

然后，吃，喝，娱乐，这是他的准备仪式。（2）

然后，笑，吃，交欢，这是他歌唱赞歌和颂歌。（3）

然后，苦行，布施，正直，不杀生，说真话，这些是他付给祭司的酬金。（4）

因此，人们说："他将压榨苏摩汁。"他榨出了苏摩汁。确实，这是他的再生。祭祀完毕后的沐浴是死亡。（5）

注："苏摩汁"是用于祭供天神的酒。"压榨"（su）一词也可以读解为生殖。

考罗·安吉罗向提婆吉之子黑天讲述这些后，又对这位摆脱欲望者说道："在临终时，应该归依这三者：'你是不可毁灭者，你是不可动摇者，你是气息充沛者。'"这方面，有两首相关的梨俱颂诗：（6）

> 人们看到源自原始种子，
>
> 晨光闪耀，位于天国之上。
>
> 我们看到凌驾黑暗之上的光，

看到更高的光,诸神中的太阳神,

我们到达至高的光,至高的光。(7)

注:这两首颂诗源自《梨俱吠陀》8.6.30 和 1.50.10。

十 八

应该崇拜梵为思想。这是关于自我。然后,关于天神。应该崇拜梵为空。这是关于自我和关于天神的双重教诲。(1)

这梵有四足。语言是一足,气息是一足,眼睛是一足,耳朵是一足。这是关于自我。然后,关于天神。火是一足,风是一足,太阳是一足,方位是一足。这是关于自我和关于天神的双重教诲。(2)

确实,语言是梵的四足之一。它以火和光闪耀和发热。知道这样,他就会以荣誉、名声和梵的光辉闪耀和发热。(3)

确实,气息是梵的四足之一。它以风和光闪耀和发热。知道这样,他就会以荣誉、名声和梵的光辉闪耀和发热。(4)

确实,眼睛是梵的四足之一。它以太阳和光闪耀和发热。知道这样,他就会以荣誉、名声和梵的光辉闪耀和发热。(5)

确实,耳朵是梵的四足之一。它以方位和光闪耀和发热。知道这样,他就会以荣誉、名声和梵的光辉闪耀和发热。(6)

十 九

太阳是梵。这是教诲。对它说明如下。最初,这个世界只是不存在。然后,它变成存在。它发展,变成卵。躺了一年,它裂开。卵壳分成两半,一半是银,一半是金。(1)

银的一半是大地。金的一半是天空。卵的外膜是山岳。卵的内膜是云雾。那些经脉是河流。那些液体是大海。（2）

然后,那个太阳产生。它一产生,欢叫声、一切众生和一切愿望随之兴起。因此,它升起,它落下,欢叫声、一切众生和一切愿望随之兴起。（3）

知道这样,崇拜梵为太阳,欢呼声肯定会涌向他,令他兴奋,令他兴奋。（4）

注:"令他兴奋"重复一次,以示强调。

第 四 章

一

唵！遮那悉如多的曾孙遮那悉如底是一位虔诚的施舍者,慷慨的施舍者,备有大量熟食。他到处建立庇护所,心想:"人们到处可以吃到我的食物。"（1）

然后,一天夜里,一些天鹅飞过。其中一只天鹅对另一只天鹅说道:"嗬！嗬！短见！短见！遮那悉如多的曾孙遮那悉如底的光芒普照如天。别碰着它,免得烧着你。"（2）

另一只天鹅回答说:"嗨！那个人是谁？你把他说得像是驾车人雷格瓦。""那个雷格瓦是怎样的情况？"（3）

"正像点数小的骰子全归点数大的讫利多骰子,全归赢者,众生所做的一切善事全归他。凡是人所知道的,他都知道。我说的就是他。"（4）

注：印度古代骰子有四个点数。讫利多（kṛta）点数最大，四点。其他三个依次为特雷达（tretā），三点；德伐波罗（dvāpara），两点；迦利（kali），一点。

遮那悉如多的曾孙遮那悉如底听到了这个谈话。早晨起身后，他对侍从说道："朋友啊，你说我像那个驾车人雷格瓦。""那个雷格瓦是怎样的情况？"（5）

注："你说我像那个驾车人雷格瓦"，似可理解为使用疑问语气。

"正像点数小的骰子全归点数最大的骰子，全归赢者，众生所做的一切善事全归他。凡是人所知道的，他都知道。我说的就是他。"（6）

侍从出发去寻找，回来报告说："我没有找到。"遮那悉如底告诉他说："嗨！你要到有婆罗门的地方去找他。"（7）

一个人正在车底下搔痒。侍从走近他，说道："先生您是驾车人雷格瓦吗？"他回答说："我就是。"侍从回去报告说："找到了。"（8）

二

遮那悉如多的曾孙遮那悉如底带着六百头母牛、一个金项圈和一辆母骡驾驭的车，前往那里，对他说道：（1）

"雷格瓦啊，这里是六百头母牛、一个金项圈和一辆母骡驾驭的车。先生啊！请教给我您崇拜的那位神。"（2）

而他回答说："嗨，首陀罗！这些和那些母牛，你自己留着吧！"然后，遮那悉如多的曾孙遮那悉如底带了一千头母牛、一个金项圈、一辆母骡驾驭的车和女儿，再次前往那里。（3）

注：首陀罗（Śūdra）是低级种姓。这里用作对遮那悉如底的蔑称。

遮那悉如底对他说道："雷格瓦啊，这里是一千头母牛、一个金项圈、一辆母骡驾驭的车和这个妻子，还有你住的这个村庄。先生，请教给我吧！"（4）

注："妻子"指遮那悉如底将自己的女儿送给雷格瓦做妻子。

他抬起她的脸，说道："啊哈，你的所有这些中，是这张脸说服我告诉你。"这儿是摩诃婆利舍地区名为雷格瓦叶的村庄。雷格瓦就住在这里，为遮那悉如底讲解如下。（5）

三

确实，风是吸收者。一旦火燃尽，便进入风。一旦太阳落下，便进入风。一旦月亮落下，便进入风。（1）

一旦水枯竭，便进入风。因为风确实吸收所有这些。这是关于天神。（2）

下面关于自我。气息确实是吸收者。一旦入睡，语言进入气息，视觉进入气息，听觉进入气息，思想进入气息。因为气息确实吸收所有这些。（3）

这两者确实是吸收者。天神中的风，呼吸中的气息。（4）

曾经，绍那迦·迦贝耶和阿毗波罗达林·迦刹塞林正要进食，一位梵行者向他俩乞食。他们不给他。（5）

注："梵行者"指学习吠陀的学生。

于是，他说道：

"一位神吞食四个灵魂伟大者，

他是谁？这一位世界的保护者；

迦贝耶啊，他居于各处，而凡人

没有看到他，阿毗波罗达林啊！

"确实，这食物属于他，而没有给予他。"(6)

注："一个神吞食四个灵魂伟大者"指上述风吸收火、太阳、月亮和水；气息吸收语言、视觉、听觉和思想。

然后，绍那迦·迦贝耶想了想，回答说：

"众天神的自我，众生的父亲，

他有金牙齿，是智者，食者，

人们说他崇高伟大；他吞食

不是食物者，而他不被吞食。

注："众天神的自我"指风；"众生的父亲"指气息。

"梵行者啊，我们确实崇拜他。你们给这位梵行者食物吧！"(7)

于是，他们给他食物。这五个和那五个构成十个。这是掷骰子中的满数。因此，在所有方位中，十这个掷骰子中的满数就是食物。它是维罗遮，吃食物者。依靠它，所有这一切被看到。知道这样，知道这样，他就看到所有这一切，成为吃食物者。(8)

注："这五个"指上述风、火、太阳、月亮和水。"那五个"指上述气息、语言、视觉、听觉和思想。"维罗遮"(Virāj)原义是光明、统治者或主宰者，这里用作阴性，是指一种吠陀诗律。"知道这样"重复一次，以示强调。

四

曾经，萨谛耶迦摩·贾巴罗对母亲贾芭拉说："妈妈，我想成为

梵行者,请你告诉我,我的族姓是什么?"(1)

母亲对他说:"孩子啊,我不知你的族姓是什么? 我年轻时,是侍女,侍奉过许多人,就这样生下你。我不知道你的族姓是什么。但我的名字是贾芭拉,你的名字是萨谛耶迦摩。这样,你可以称自己为萨谛耶迦摩·贾巴罗。"(2)

然后,他前往诃利德罗摩多·乔答摩那里,说道:"先生,我想成为梵行者。但愿我能成为先生的弟子。"(3)

先生询问他:"好孩子啊,你的族姓是什么?"他回答说:"我不知道我的族姓是什么,先生! 我问过母亲,她对我说:'我年轻时,是侍女,侍奉过许多人,就这样生下你。我不知道你的族姓是什么。但我的名字是贾芭拉,你的名字是萨谛耶迦摩。这样,你可以称自己为萨谛耶迦摩·贾巴罗。'"(4)

注:萨谛耶迦摩·贾巴罗是以母亲名字为姓,也就是贾芭拉之子萨谛耶迦摩。萨谛耶迦摩(Satyakāma)这个名字的含义是"热爱真理"。

先生对他说:"若不是婆罗门,不会这样说话。好孩子,取些柴薪来吧! 我收你为弟子,你不违背真理。"先生收他为弟子后,分出四百头瘦弱的母牛,对他说:"好孩子,你放牧这些母牛吧!"他带着这些母牛出发,说道:"不让它们变成一千头,我就不回来。"这样,他在外边生活了许多年,直到它们达到一千头。(5)

注:先生依据萨谛耶迦摩说话诚实的态度,判断他为婆罗门族姓。柴薪是拜师的礼物。在古代印度,学生住在老师家中,一边侍奉老师,一边学习。因此,萨谛耶迦摩为老师牧牛。

<h2 style="text-align:center">五</h2>

然后,一头公牛呼唤他:"萨谛耶迦摩!"他应答道:"先生!""好

孩子,已经达到一千头了!让我们回老师家吧!"(1)

"让我告诉你梵的一足吧!""先生,请你告诉我!"于是,公牛告诉他说:"东方是一分,西方是一分,南方是一分,北方是一分。好孩子,这是包含四分的梵的一足,名为光明。"(2)

知道这样,崇拜名为光明的、包含四分的梵的一足,他就会在这个世界上充满光芒。知道这样,崇拜名为光明的、包含四分的梵的一足,他就会赢得那些充满光明的世界。(3)

六

"火会告诉你另一足。"第二天早晨,他赶着这些牛出发。太阳下山后,他就地点燃一堆火,围起这些牛。他给火添柴后,坐在火的西面,面朝东。(1)

然后,火呼唤他:"萨谛耶迦摩!"他应答道:"先生!"(2)

"好孩子,让我告诉你梵的一足吧!""先生,请告诉我!"于是,火告诉他说:"大地是一分,空中是一分,天空是一分,大海是一分。好孩子!这是包含四分的梵的一足,名为无限。"(3)

知道这样,崇拜名为无限的、包含四分的梵的一足。他就会在这个世界上成为无限者。知道这样,崇拜名为无限的、包含四分的梵的一足,他就会赢得那些无限的世界。(4)

七

"天鹅会告诉你另一足。"第二天早晨,他赶着这些牛出发。太阳下山后,他就地点燃一堆火,围起这些牛。他给火添柴后,坐在火的西面,面朝东。(1)

然后,天鹅飞近过来,呼唤他:"萨谛耶迦摩!"他应答道:"先生!"(2)

"好孩子,让我告诉你梵的一足吧!""先生,请告诉我!"于是,天鹅告诉他是:"火是一分,太阳是一分,月亮是一分,闪电是一分。好孩子! 这是包含四分的梵的一足,名为光辉。"(3)

知道这样,崇拜名为光辉的、包含四分的梵的一足,他就会在这个世界上充满光辉。知道这样,崇拜名为光辉的、包含四分的梵的一足,他就会赢得那些充满光辉的世界。(4)

八

"水鸟会告诉你另一足。"第二天早晨,他赶着这些牛出发。太阳下山后,他就地点燃一堆火,围起这些牛。他给火添柴后,坐在火的西面,面朝东。(1)

然后,水鸟飞过来,呼唤他:"萨谛耶迦摩!"他应答道:"先生!"(2)

"好孩子,让我告诉你梵的一足吧!""先生,请告诉我!"于是,水鸟告诉他说:"气息是一分,眼睛是一分,耳朵是一分,思想是一分。好孩子! 这是包含四分的梵的一足,名为居处。"(3)

知道这样,崇拜名为居处的、包含四分的梵的一足,他就会在这个世界上有居处。知道这样,崇拜名为居处的、包含四分的梵的一足,他就会赢得那些有居处的世界。(4)

注:以上讲述了梵的四足。"足"(pāda)这个词也有四分之一的意思,因此,梵的一足即梵的四分之一。而梵的每一足又包含四分。"分"(kalā)这个词也有十六分之一的意思。这样,梵有四足十六分。

九

然后,他到达老师的家。老师招呼他:"萨谛耶迦摩!"他应答道:"先生!"(1)

"好孩子,你神采奕奕,好像知道了梵。是谁教给你的?"他回答说:"那些教我者并不是人。我确实希望先生您能教我。(2)

"因为我从像先生一样的人那里听说,唯有从老师那里获得的知识,最可靠有效。"于是,老师教导他,毫不节略,毫不节略。(3)

注:"毫不节略"重复一次,以示强调。

十

曾经,乌波憍萨罗·迦摩罗耶那作为梵行者,住在萨谛耶迦摩·贾巴罗家中。他为老师照看火,已有十二年。萨谛耶迦摩已经允许其他许多学生回家,却没有允许他回家。(1)

妻子对萨谛耶迦摩说:"这位梵行者修炼苦行,精心照看火。你就教他吧!别让那些火责备你。"萨谛耶迦摩依然不教他,而出门去了。(2)

然后,他生病,不进食。师母对他说:"梵行者啊,你吃吧!为何不吃?"他回答说:"这人体中有各种各样欲望。我充满病痛,不想吃。"(3)

然后,那些火互相说道:"这位梵行者修炼苦行,精心照看我们。嗨!让我们教他吧!"于是,它们对他说:"梵是气息,梵是安乐,梵是空。"(4)

他对它们说:"我理解梵是气息。但我不理解梵是安乐和空。"

它们回答说:"安乐就是空,空就是安乐。"接着,它们为他解释气息和空。(5)

十　一

然后,家主祭火教导他说:"大地、火、食物和太阳。在太阳中看到的那个人,他就是我,确实,他就是我。(1)

"知道这样,崇拜他,就会消除罪业,拥有世界,活够岁数,长命,后嗣不会断绝。知道这样,崇拜他,我们就会在这个世界和另一个世界保护他。"(2)

十　二

然后,安婆诃尔耶波遮那祭火教导他说:"水、方位、星星和月亮。在月亮中看到的那个人,他就是我,确实,他就是我。(1)

注:安婆诃尔耶波遮那祭火位于祭坛南边。

"知道这样,崇拜他,就会消除罪业,拥有世界,活够岁数,长命,后嗣不会断绝。知道这样,崇拜他,我们就会在这个世界和另一个世界保护他。"(2)

十　三

然后,阿诃婆尼耶祭火教导他说:"气息、空中、天空和闪电。在闪电中看到的那个人,他就是我,确实,他就是我。(1)

"知道这样,崇拜他,就会消除罪业,拥有世界,活够岁数,长命,后嗣不会断绝。知道这样,崇拜他,我们就会在这个世界和另

一个世界保护他。"(2)

十　四

最后,这些火对他说道:"乌波憍萨罗,好孩子,我们已经教给你关于我们的知识和关于自我的知识。你的老师会为你指点路径。"这时,老师回来。老师招呼他:"乌波憍萨罗!"(1)

他应答道:"先生!""好孩子,你神采奕奕,好像知道了梵。是谁教给你的?""谁能教给我? 先生啊!"他似乎想掩饰,而又对着这些火说:"它们现在这样,方才又另一样。""好孩子,它们教给你了什么?"(2)

他如实作了回答。"好孩子,它们确实为你讲述了这些世界。而我现在要讲给你听这个。知道了这个,罪业就不会沾他,就像水不沾莲花叶。""先生,请讲给我听吧!"于是,他为乌波憍萨罗讲解如下。(3)

十　五

在眼睛中看到的这个人是自我。他永恒、无畏。他是梵。无论酥油或水,滴在他上面,都会流向两边。(1)

人们称他为"聚福",因为一切幸运走向他。知道这样,一切幸运就会走向他。(2)

人们称他为"招福",因为他带来一切幸运。知道这样,他就会带来一切幸运。(3)

人们称他为"闪耀",因为他在一切世界中闪耀。知道这样,他就会在一切世界中闪耀。(4)

对于这样的人,无论人们是否为他们举行葬礼,他们都进入光焰。从光焰进入白天,从白天进入白半月,从白半月进入太阳北行的六个月,从六个月进入年,从年进入太阳,从太阳进入月亮,从月亮进入闪电。那里的这个人不是凡人。他带领他们走向梵。这是通向天神之路,通向梵之路。沿着这条路前进的人们不再返回凡界,不再返回。(5)

注:参阅《大森林奥义书》6.2.15—16。"不再返回"重复一次,以示强调。

十六

确实,这位净化者是祭祀。确实,它运动着,净化所有这一切。因为它运动着,净化所有这一切,所以,它是祭祀。它有思想和语言两种方式。(1)

注:"净化者"指风。

其中一种方式是梵祭司用思想运作。另一种方式是诵者祭司、行祭者祭司和歌者祭司用语言运作。从早晨祈祷开始,至结尾颂诗前,如果梵祭司说话,(2)

那么,他只是采取一种方式,而缺少另一种方式。这样,他的祭祀受损,如同独脚之人行走或独轮之车行进翻倒。祭祀受损,祭主也随之受损。他举行了祭祀,却变得更坏。(3)

注:"梵祭司"(Brahman,阳性)是监督者祭司。他在祭祀中保持沉默,监督仪式进行。如果他开口说话,则舍弃了用思想运作的方式,那么,整个祭祀只是采取一种方式,即用语言运作的方式。

从早晨祈祷开始,至结尾颂诗前,如果梵祭司不说话,那么,他

们是采取两种方式,而不缺少另一种方式。(4)

这样,他的祭祀顺利,如同双脚之人行走或双轮之车行进顺利。祭祀顺利,祭主也随之顺利。他举行了祭祀,变得更好。(5)

十七

生主加热这些世界。他从加热的这些世界中撷取精华。从地中取出火,从空中取出风,从天中取出太阳。(1)

他加热这三位神灵。他从加热的这三位神灵中撷取精华。从火中取出梨俱,从风中取出夜柔,从太阳中取出娑摩。(2)

他加热这三种知识。他从加热的这三种知识中撷取精华。从梨俱中取出 bhūḥ(地),从夜柔中取出 bhuvaḥ(空),从娑摩中取出 svaḥ(天)。(3)

如果祭祀因梨俱受损,应该念诵"bhūḥ,娑婆诃!"向家主祭火中投放祭品。这样,依靠梨俱的精华和梨俱的力量,补救梨俱对祭祀造成的损害。(4)

如果祭祀因夜柔受损,应该念诵"bhuvaḥ,娑婆诃!"向南祭火中投放祭品。这样,依靠夜柔的精华和夜柔的力量,补救夜柔对祭祀造成的损害。(5)

如果祭祀因娑摩受损,应该念诵"svaḥ,娑婆诃!"向阿诃婆尼耶祭火中投放祭品。这样,依靠娑摩的精华和娑摩的力量,补救娑摩对祭祀造成的损害。(6)

正如以盐补救金,以金补救银,以银补救锡,以锡补救铅,以铅补救铜,以铜补救木或以皮补救木。(7)

注:这里分别表示以前者清除后者的污渍。

这样,依靠这些世界、这些神灵和这三种知识的力量,补救祭祀受到的损害。确实,有精通此道的梵祭司在,祭祀便有药可治。(8)

确实,有精通此道的梵祭司在,祭祀向北行进。有一首关于精通此道的梵祭司偈颂:

> 人们前往祭祀返转之处,唯独
>
> 梵祭司,如同母马保护俱卢族。(9)

注:"祭祀返转"指祭祀受到损害,不进而退。这时,需要梵祭司予以补救。"俱卢族"指举行祭祀的人们。

确实,精通此道的梵祭司保护祭祀、祭主和所有的祭司。因此,应该选择精通此道的人担任梵祭司,而非不精通此道的人,而非不精通此道的人。(10)

注:"而非不精通此道的人"重复一次,以示强调。

第 五 章

一

知道最伟大者和最优秀者,他就会成为最伟大者和最优秀者。气息确实是最伟大者和最优秀者。(1)

知道最富有者,他就会成为自己人中最富有者。语言确实是最富有者。(2)

知道根基,他就会在这个世界和另一个世界中有根基。眼睛

确实是根基。（3）

知道成功,他怀有的愿望就会成功,无论是凡人还是天神。耳朵确实是成功。（4）

知道居处,他就会成为自己人的居处。思想确实是居处。（5）

曾经,众气息争论谁更优秀,互相都说:"我更优秀,我更优秀!"（6）

注:这里的"众气息"指上述五种生命因素。

众气息到老祖父生主那里,说道:"尊者啊,我们之中谁最优秀?"他回答说:"谁离开后,这个身体看来似乎状况最差,那么,它在你们之中最优秀。"（7）

于是,语言离开。它外出一年后回来,问道:"没有我,你们生活得怎样?""就像哑巴,不说话,但仍用气息呼吸,用眼睛观看,用耳朵听取,用思想思考。"这样,语言进入身体。（8）

然后,眼睛离开。它外出一年后回来,问道:"没有我,你们生活得怎样?""就像瞎子,看不见,但仍用气息呼吸,用语言说话,用耳朵听取,用思想思考。"这样,眼睛进入身体。（9）

然后,耳朵离开。它外出一年后回来,问道:"没有我,你们生活得怎样?""就像聋子,听不见,但仍用气息呼吸,用语言说话,用眼睛观看,用思想思考。"这样,耳朵进入身体。（10）

然后,思想离开。它外出一年后回来,问道:"没有我,你们生活得怎样?""就像傻子,不思考,但仍用气息呼吸,用语言说话,用眼睛观看,用耳朵听取。"这样,思想进入身体。（11）

然后,气息准备离开。如同一匹骏马拽起那些拴马桩,它拽起

其他那些气息。于是,它们一起上前,对它说:"尊者,留下吧! 你是我们之中最优秀者,别离开!"(12)

注:"其他那些气息"指语言、眼睛、耳朵和思想。

然后,语言对它说:"正像我是最富有者那样,你是最富有者。"接着,眼睛对它说:"正像我是根基那样,你是根基。"(13)

接着,耳朵对它说:"正像我是成功那样,你是成功。"接着,思想对它说:"正像我是居处那样,你是居处。"(14)

确实,人们不称它们为语言、眼睛、耳朵和思想。人们称它们为气息。因为气息变成这一切。(15)

二

气息问道:"我的食物将会是什么?"它们回答说:"这里的所有一切,乃至狗和鸟。"确实,这是气息的食物(anna)。显而易见,它的名字是气息(ana)。知道这样,对他来说,没有什么不是食物。(1)

它又问道:"我的衣服将会是什么?"它们回答说:"水。"因此,人们在吃前和吃后用水覆盖它。这样,它获得衣服,而不裸露。(2)

注:印度古人有饭前和饭后漱口的习惯。本章第一节至本节1—2,参阅《大森林奥义书》第六章第二梵书。

萨谛耶迦摩·贾巴罗将这些告诉高希悉如底·维亚伽罗波底亚耶后,说道:"即使将这些讲给枯树桩听,它也会生出新枝,长出绿叶。"(3)

如果一个人想要变得伟大，就应该在新月之夜举行净化仪式，在满月之夜将各种药草和上凝乳和蜜糖，搅拌成混合饮料，向火中浇灌酥油，念诵道："献给最伟大者，献给最优秀者，娑婆诃！"将剩余的酥油浇入混合饮料。（4）

他应该向火中浇灌酥油，念诵道："献给最富有者，娑婆诃！"将剩余的酥油浇入混合饮料。他应该向火中浇灌酥油，念诵道："献给根基，娑婆诃！"将剩余的酥油浇入混合饮料。他应该向火中浇灌酥油，念诵道："献给成功，娑婆诃！"将剩余的酥油浇入混合饮料。他应该向火中浇灌酥油，念诵道："献给居处，娑婆诃！"将剩余的酥油浇入混合饮料。（5）

然后，退回，双手捧上一掬混合饮料，低声吟诵道："你名为无量，因为你无可限量，所有这一切属于你。因为他是最伟大者，最优秀者，国王，主宰者。但愿他让我成为最伟大者，最优秀者，国王，主宰者，但愿我成为所有这一切。"（6）

然后，吟诵梨俱颂诗，吟诵一行，啜一口混合饮料：

> 我们选择沙维特利（啜一口）
>
> 这位天神的饮食，（啜一口）
>
> 沉思这位最优秀者、（啜一口）
>
> 维持一切者的力量。（啜完）

注：这首颂诗见《梨俱吠陀》5.83.1。

洗涤完毕金制或木制器皿，在火的后面躺下，或躺在皮褥上，或躺在地上，控制语言，放松身体。如果他看见一个女人，他应该知道祭祀已经获得成功。（7）

注："看见"可以理解为梦见。以上 3—7,参阅《大森林奥义书》第六章第三梵书。

有偈颂为证：

> 在祈福的祭祀中,梦见女人,
>
> 他应该知道已经获得成功,
>
> 凭借这个梦境,这个梦境。(8)

三

阿卢尼之子希婆多盖杜来到般遮罗族的集会上。波罗婆诃那·遮婆利询问他:"孩子,你的父亲教你吗?""是的,尊者!"(1)

"你知道人们死后从这里前往哪里?""不知道,尊者!""你知道他们又怎样返回?""不知道,尊者!""你知道天神之路和祖先之路的区分吗?""不知道,尊者!"(2)

"你知道那个世界从不充满吗?""不知道,尊者!""你知道在第五次祭供中,那些水被称为人吗?""完全不知道,尊者!"(3)

"那你怎么说你已经受过教育? 如果不知道这些,怎么能说受过教育?"于是,他神情沮丧,回到父亲那里,说道:"您实际上根本没有教我,却说已经教我。"(4)

"那个刹帝利问了我五个问题,我一个也回答不出。"父亲对他说:"你告诉我的这些问题,我也是一个也回答不出。如果我能回答,我怎么会不教给你呢?"(5)

于是,乔答摩前往国王那里。国王依礼接待他。第二天早晨,他进入会堂。国王对他说:"尊者乔答摩啊,凡是人间的财富,任你选择!"他回答说:"国王啊,人间的财富,你都留着! 请告诉我你对

我的孩子说的那些话吧!"国王感到窘迫。(6)

> 注:乔答摩是希婆多盖杜之父阿卢尼的族姓。

国王嘱咐他多停留些日子。然后,国王对他说:"正如你对我所说,乔答摩啊,在你之前,这种知识从未传给婆罗门。因此,一切世界都由刹帝利统治。"

于是,国王为他讲解如下。(7)

四

确实,乔答摩啊,那个世界是火。确实,太阳是它的燃料。那些光线是烟。白昼是火焰。月亮是火炭。星星是火花。(1)

众天神向这个火中祭供信仰。从信仰这个祭品中,产生苏摩王。(2)

> 注:"苏摩王"指月亮。

五

确实,乔答摩啊,雨是火。确实,风是它的燃料。云是烟。闪电是火焰。雷是火炭。雷声是火花。(1)

众天神向这个火中祭供苏摩王。从苏摩王这个祭品中,产生雨。(2)

六

确实,乔答摩啊,大地是火。确实,年是它的燃料。空是烟。夜晚是火焰。方位是火炭。中间方位是火花。(1)

注:"中间方位"是东南、西南、西北和东北。

众天神向这个火中祭供雨。从雨这个祭品中产生食物。(2)

七

确实,乔答摩啊,人是火。确实,语言是它的燃料。气息是烟。舌头是火焰。眼睛是火炭。耳朵是火花。(1)

众天神向这个火中祭供食物。从食物这个祭品中产生精液。(2)

八

确实,乔答摩啊,女人是火。确实,阴户是她的燃料。对她的招呼是烟。子宫是火焰。进入她是火炭。兴奋是火花。(1)

众天神向这个火中祭供精液。从精液这个祭品中产生胎儿。(2)

九

正是在这第五次祭供中,那些水被称为人。这个胎儿由胎膜覆盖,躺上十个月或九个月,然后出生。(1)

注:"那些水被称为人",也就是说,从精液中产生婴儿。

出生后,他活够自己的岁数。到达命定的岁数死去后,人们带他到火那儿。正是从火中,他形成和出生。(2)

注:"带他到火那儿",也就是为他举行火葬。

十

知道这样,在森林中崇拜信仰和苦行,他们便进入火焰。从火

焰进入白昼。从白昼进入白半月。从白半月进入太阳北行的六个月。（1）

从六个月进入年。从年进入太阳。从太阳进入月亮。从月亮进入闪电。那里的那个人不是凡人。他带领他们进入梵。这是通向天神之路。（2）

而在村庄中崇拜祭祀、善行和布施，他们便进入烟。从烟进入黑夜。从黑夜进入黑半月。从黑半月进入太阳南行的六个月。但六个月不到达年。（3）

从六个月进入祖先世界。从祖先世界进入空。从空进入月亮。它就是苏摩王。它是众天神的食物。众天神享用它。（4）

他们居住那里，直至剩余的功德耗尽。而后，又原路返回。他们返回空。从空返回风。成为风后，成为烟。成为烟后，成为雾。（5）

成为雾后，成为云。成为云后，成为雨，降下。他们在这里生为稻子、麦子、药草、树木、芝麻和豆类。从这些中很难脱出。只有等人吃了食物，洒出精液，才会再次出生。（6）

那些在世上行为可爱的人很快进入可爱的子宫，或婆罗门妇女的子宫，或刹帝利妇女的子宫，或吠舍妇女的子宫。而那些在世上行为卑污的人很快进入卑污的子宫，或狗的子宫，或猪的子宫，或旃陀罗妇女的子宫。（7）

注：旃陀罗（Caṇḍāla）是四种姓之外的贱民。

还有与这两条道路不同者。他们成为微生物，不停地活动着。"生吧！死吧！"这是第三种境况。所以说，那个世界从不充满。因

此应该注意保护自己。有偈颂为证:(8)

注:"那个世界"指另一世界。这个世界的人们有些根本不能到达那里,而有些到达那里又返回,因此,那个世界永不充满。

> 偷窃金子,饮酒,玷污
>
> 老师床笫,杀害婆罗门,
>
> 这四种人,还有同谋者
>
> 是第五种,全部坠落。(9)

知道以上五种火,即使与这样的人共处,他也不会沾染罪恶。知道这样,知道这样,他就会变得纯洁,清净,进入功德世界。(10)

注:"知道这样"重复一次,以示强调。以上第三至第十节,参阅《大森林奥义书》第六章第二梵书。

十一

波罗吉那夏罗·奥波摩尼耶婆、萨谛耶若·宝卢希、因陀罗迪约那·跋罗维耶、遮那·夏尔迦罗奇耶和菩迪罗·阿湿婆多罗希维,这几位大长者和大学者聚在一起,探讨"什么是我们的自我?什么是梵?"(1)

他们产生同样的想法:"诸位尊者啊,乌达罗迦·阿卢尼目前正在研究一切人自我,我们去请教他吧!"于是,他们前往他那里。(2)

注:"一切人自我"(ātmā vaiśvanāraḥ)指属于一切人的自我,或者说,一切人的共同自我,也就是相对于个体自我的至高自我,即梵。

他思忖道:"这些大长者和大学者向我请教,而我看来也不能解答一切,我还是请他们向别人请教吧!"(3)

于是,他对他们说:"诸位尊者啊,阿湿婆波提·竭迦耶目前正在研究一切人自我,我们去请教他吧!"于是他们前往他那里。(4)

他们到达后,他一一依礼接待。第二天早晨起身后,他对他们说道:

　　"我的国土内,没有窃贼,

　　没有吝啬鬼,没有酒鬼,

　　没有不祭火者和无知者,

　　更不用说淫妇和奸夫。

"诸位尊者啊,我正要举行祭祀。我将赐予每位祭司钱财,同样,我也会赐予你们。请诸位尊者住下吧!"(5)

而他们回答说:"人应当说出想做的事。你目前正在研究一切人自我,请你教给我们吧!"(6)

他对他们说:"我明天早晨告诉你们。"于是,第二天早晨,他们手持柴薪,前来拜见。甚至没有举行拜师礼,他就为他们开讲。(7)

十　二

"奥波摩尼耶婆啊,你崇拜什么为自我?"他回答说:"是天,尊敬的国王!""你崇拜的这个自我是称为大光明的一切人自我。因此,在你的家庭中,可以看到经常不断榨取苏摩汁。(1)

"你吃食物,看到可爱的事物。任何人这样崇拜一切人自我,他就会吃食物,看到可爱的事物,梵的光辉会出现在他的家族。"他继续说道:"然而,这只是自我的头。如果你不是来到我这里,你的头就会落地。"(2)

十 三

然后,他询问萨谛耶若·宝卢希:"波罗吉那约基耶啊,你崇拜什么为自我?"他回答说:"是太阳,尊敬的国王!""你崇拜的这个自我是称为一切色的一切人自我。因此,在你的家族中,可以看到各式各样的事物。(1)

"诸如母骡驾驭的车、侍女和金项圈。你吃食物,看到可爱的事物。任何人这样崇拜一切人自我,他就会吃食物,看到可爱的事物,梵的光辉会出现在他的家族。"他继续说道:"然而,这只是自我的眼睛。如果你不是来到我这里,你就会成为瞎子。"(2)

十 四

然后,他询问因陀罗迪约那·跋罗维耶:"你崇拜什么为自我?"他回答说:"是风,尊敬的国王!""你崇拜的这个自我是称为各种路的一切人自我。因此,各种贡物呈给你,各种车队跟随你。(1)

"你吃食物,看到可爱的事物。任何人这样崇拜一切人自我,他就会吃食物,看到可爱的事物,梵的光辉会出现在他的家族。"他继续说道:"然而,这只是自我的气息。如果你不是来到我这里,你的气息就会离去。"(2)

十 五

然后,他询问遮那·夏尔迦罗奇耶:"夏尔迦罗奇耶啊,你崇拜什么为自我?"他回答说:"是空,尊敬的国王!""你崇拜的这个自我是称为丰富的一切人自我。因此,你子孙满堂,财富充足。

"你吃食物,看到可爱的事物。任何人这样崇拜一切人自我,他就会吃食物,看到可爱的事物,梵的光辉会出现在他的家族。"他继续说道:"然而,这只是自我的躯体。如果你不是来到我这里,你的躯体就会破碎。"(2)

十 六

然后,他询问菩迪罗·阿湿婆多罗希维:"维耶伽罗波迪耶啊,你崇拜什么为自我?"他回答说:"是水,尊敬的国王!""你崇拜的这个自我是称为富裕的一切人自我。因此,你繁荣昌盛。(1)

"你吃食物,看到可爱的事物。任何人这样崇拜一切人自我,他就会吃食物,看到可爱的事物,梵的光辉会出现在他的家族。"他继续说道:"然而,这只是自我的膀胱。如果你不是来到我这里,你的膀胱就会破裂。"(2)

十 七

然后,他询问乌达罗迦·阿卢尼:"乔答摩啊,你崇拜什么为自我?"他回答说:"是地,尊敬的国王!""你崇拜的这个自我是称为根基的一切人自我。因此,你有根基,拥有子孙和牲畜。(1)

"你吃食物,看到可爱的事物。任何人这样崇拜一切人自我,他就会吃食物,看到可爱的事物,梵的光辉会出现在他的家族。"他继续说道:"然而,这只是自我的双脚。如果你不是来到我这里,你的双脚就会萎缩。"(2)

十 八

他对他们说:"你们认知的一切人自我各不相同,你们吃食物。而崇拜一切人自我为一拃和无可限量,他就吃一切世界、一切众生和一切自我中的食物。

注:"一拃"指心中。"一拃和无可限量"是指一切人自我既居于每个人的心中,又无可限量,体现个体自我和至高自我的统一。

"这个一切人自我的'大光明'是头,'一切色'是眼睛,'各种路'是气息,'丰富'是躯体,'富裕'是膀胱,双脚是地,胸脯是祭坛,毛发是圣草,心是家主祭火,思想是安婆诃尔耶波遮那祭火,嘴是阿诃婆尼耶祭火。"(2)

注:按照前面的描述,头、眼睛、气息、躯体、膀胱和双脚分别与天、太阳、风、空、水和地对应。

十 九

入嘴的第一口食物应该用于祭供。他祭供第一口食物,应该说道:"献给元气,娑婆诃!"元气得到满足。(1)

元气满足,眼睛也就满足。眼睛满足,太阳也就满足。太阳满足,天也就满足。天满足,天和太阳底下的一切也都满足。他也随之满足,拥有子孙、牲畜、食物、精力和梵的光辉。(2)

注：本节至本章结束，均是这位国王的讲解。

二　十

然后，他祭供第二口食物，应该说道："献给行气，娑婆诃！"行气得到满足。（1）

行气满足，耳朵也就满足。耳朵满足，月亮也就满足。月亮满足，方位也就满足。方位满足，各种方位和月亮底下的一切也都满足。他也随之满足，拥有子孙、牲畜、食物、精力和梵的光辉。（2）

二十一

然后，他祭供第三口食物，应该说道："献给下气，娑婆诃！"下气得到满足。（1）

下气满足，语言也就满足。语言满足，火也就满足。火满足，地也就满足。地和火底下的一切也都满足。他也随之满足，拥有子孙、牲畜、食物、精力和梵的光辉。（2）

二十二

然后，他祭供第四口食物，应该说道："献给中气，娑婆诃！"中气得到满足。（1）

中气满足，思想也就满足。思想满足，雨也就满足。雨满足，闪电也就满足。闪电满足，闪电和雨底下的一切也都满足。他也随之满足，拥有子孙、牲畜、食物、精力和梵的光辉。（2）

二十三

然后,他祭供第五口食物,应该说道:"献给上气,娑婆诃!"上气得到满足。(1)

上气满足,皮肤也就满足。皮肤满足,风也就满足。风满足,空也就满足。空满足,空和风底下的一切也都满足。他也随之满足,拥有子孙、牲畜、食物、精力和梵的光辉。(2)

二十四

不知道这样,举行火祭,那就像抽走火炭,而向灰烬祭供。(1)

知道这样,举行火祭,那就是向一切世界、一切众生和一切自我祭供。(2)

知道这样,举行火祭,一切罪业都会被烧尽,犹如投入火中的芦苇纤维。(3)

因此,知道这样,即使将剩余的食物施与旃陀罗,也是祭供一切人自我。有偈颂为证:(4)

> 正像世上饥饿的孩子们围绕母亲而坐,
> 一切众生围绕祭火而坐,围绕祭火而生。(5)

第 六 章

一

唵!希婆多盖杜是阿卢尼之子。父亲曾对他说:"希婆多盖杜

啊,你成为梵行者吧！好儿子,我们家族中,没有不学习吠陀者,没有徒有其名的婆罗门。"(1)

这样,他十四岁离家求学。他学习了所有吠陀,二十四岁回来,踌躇满志。自认为学得很好,态度傲慢。父亲对他说:"希婆多盖杜啊,好儿子,你踌躇满志,自认为学得很好,态度傲慢。你求教过这种学问吗?(2)

"依靠它,听到未曾听到的,想到未曾想到的,知道未曾知道的。""父亲大人,这种学问什么样?"(3)

"好儿子,正像依靠一个泥团,可以知道一切泥制品。变化者只是所说的名称,真实者就是泥。(4)

"好儿子,正像依靠一颗铜珠,可以知道一切铜制品。变化者只是所说的名称,真实者就是铜。(5)

"好儿子,正像依靠一把指甲刀,可以知道一切铁制品,变化者只是所说的名称,真实者就是铁。好儿子,这种学问就是这样。"(6)

"那些先生确实不知道这种学问。如果他们知道,怎么会不教给我呢？父亲大人,请您教给我吧！"他回答说:"好吧,好儿子!"(7)

二

"好儿子,最初只有存在,独一无二。而有些人说,最初只有不存在,独一无二;从不存在产生存在。"(1)

他继续说道:"这怎么可能呢？好儿子,怎么会从不存在产生存在呢？好儿子,最初确实是只有存在,独一无二。(2)

"它思忖道：'我要变多，我要生殖。'于是，它生出火光。火光思忖道：'我要变多，我要生殖。'于是，火光生出水。因此，人一旦忧伤或出汗，水便产生于火光。（3）

注：这里译为"火光"的 tejas 一词含有多义，如火、光、热和精液等。

"水思忖道：'我们要变多，我们要生殖。'于是，水生出食物。因此，无论何处，只要下雨，食物就丰富。确实，食物产生于水。"（4）

三

"一切众生的种子有三种，故而称为卵生、胎生和芽生。（1）

"这位神灵思忖道：'让我凭借生命自我进入这三个神灵，展示名色吧！'（2）

注："这位神灵"指最初的存在。"生命自我"指个体自我。"这三种神灵"指火光、水和食物。"名色"指名称和形态。

"'让它们每个都具有三重性。'于是，这位神灵凭借生命自我进入这三个神灵，展示名色。（3）

"它让它们每个都具有三重性。好儿子，听我讲解这三个神灵怎样每个都具有三重性。"（4）

四

"火的红色正是这火光的色。白色是水的色。黑色是食物的色。火的火性消失。变化者只是所说的名称，真实者就是这三种色。（1）

"太阳的红色正是这火光的色。白色是水的色。黑色是食物的色。太阳的太阳性消失。变化者只是所说的名称,真实者就是这三种色。(2)

"月亮的红色正是这火光的色。白色是水的色。黑色是食物的色。月亮的月亮性消失。变化者只是所说的名称,真实者就是这三种色。(3)

"闪电的红色正是这火光的色。白色是水的色。黑色是食物的色。闪电的闪电性消失。变化者只是所说的名称,真实者就是这三种色。(4)

"确实,从前的大长者和大学者们正是知道了这个,他们说:'今后,没有人会对我们说任何未曾闻听者、未曾想到者或未曾知道者。'因为他们凭借这些,知道一切。(5)

注:"凭借这些"指凭借这三种色。

"他们知道,凡看似红色者,都是火光的色。他们知道,凡看似白色者,都是水的色。他们知道,凡看似黑色者,都是食物的色。(6)

"他们知道凡看似未知者,都是这三个神灵的混合。好儿子,听我讲解这三个神灵怎样进入人,而具有三重性。"(7)

五

"食物吃下后,分成三部分。其中最粗的成分变成粪,中等的成分变成肉,最细的成分变成思想。(1)

"水喝下后,分成三部分。其中最粗的成分变成尿,中等的成

分变成血,最细的成分变成气息。(2)

"热量吸收后,分成三部分。其中最粗的成分变成骨,中等的成分变成骨髓,最细的成分变成语言。(3)

注:"热量"指麻油和酥油等。

"好儿子,这是因为思想由食物构成,气息由水构成,语言由热量构成。""父亲大人,请继续教我!"他回答说:"好吧,好儿子!"(4)

六

"好儿子,凝乳搅动时,精细的成分上升,变成酥油。(1)

"正是这样,好儿子,食物吃下后,精细的成分上升,变成思想。(2)

"好儿子,水喝下后,精细的成分上升,变成气息。(3)

"好儿子,热量吸收后,精细的成分上升,变成语言。(4)

"好儿子,这是因为思想由食物构成,气息由水构成,语言由热量构成。""父亲大人,请继续教我!"他回答说:"好吧,好儿子!"(5)

七

"好儿子,人有十六分。请你十五天不吃,但可以随意喝水。气息由水构成。只要喝水,就不会断气。"(1)

他十五天不吃。然后,他来到父亲身边,说道:"父亲大人,我说些什么?""好儿子,梨俱、夜柔和娑摩。"他回答说:"父亲大人,它们都不向我显现了!"(2)

父亲对他说:"好儿子,一堆燃烧的大火,只剩下萤火虫般大小的一粒火炭,不可能靠它熊熊燃烧。同样,好儿子,你的十六分只剩下一分。因此,你不可能靠它感知那些吠陀。吃吧!然后,你就会理解我说的话。"(3)

于是,他吃。然后,他来到父亲身边。父亲询问的任何问题,他都能一一回答。(4)

父亲对他说:"好儿子,一堆燃烧的大火,只剩下萤火虫般大小的一粒火炭,如果添上干草,让它燃烧,便又会熊熊燃烧。(5)

"同样,好儿子,你的十六分只剩下一分,而添上食物,它又燃烧。因此,依靠它,你又感知那些吠陀。好儿子,这是因为思想由食物构成,气息由水构成,语言由热量构成。"他理解了父亲的话,他理解了。(6)

注:"他理解了"重复一次,以示强调。

八

乌达罗迦·阿卢尼对儿子希婆多盖杜说道:"好儿子,听我讲解睡眠的本质。一个人确已入睡,好儿子,这时,他与存在结合。他已进入(apīta)自己(sva),故而人们说他入睡(svapiti)。这是因为他已进入自己。

"譬如一只系有绳子的鸟朝各个方向腾飞,找不到别的落脚处,便飞回系缚它的地方。同样,好儿子,思想朝各个方向腾飞,找不到别的落脚处,便飞回气息。好儿子,因为气息系缚思想。(2)

注:"气息系缚思想"指气息维系思想。

"好儿子,听我讲解饥饿和干渴。一个人感到饥饿,那是水带走了他吃下的食物。正像牛的引导者（牧牛人）、马的引导者（驯马人）和人的引导者（国王），人们称水是食物的引导者（饥饿）。好儿子，听我讲解芽的萌发。它不可能没有根。（3）

注："水带走食物"指水消化食物。这里将"饥饿"（aśanā）一词解读为"食物的引导者"（aśanāya）。

"如果不是食物，它的根在哪儿？正是这样，好儿子，以食物为芽，你要找到水是根。好儿子，以水为芽，你要找到火光是根。好儿子，以火光为芽，你要找到存在是根。好儿子，这一切众生都以存在为根，以存在为居处，以存在为根基。（4）

注："它的根"指人体的根。

"一个人感到干渴，那是火光带走了他喝下的水。正像牛的引导者（牧牛人）、马的引导者（驯马人）和人的引导者（国王），人们称火光为水的引导者（干渴）。好儿子，听我讲解芽的萌发。他不可能没有根。（5）

注："火光带走食物"指热量消耗水分。这里将"干渴"（udanyā）解读为"水的引导者"（udanāya）。

"如果不是水，它的根在哪儿？好儿子，以水为芽，你要找到火光是根。好儿子，以火光为芽，你要找到存在是根。好儿子，这一切众生都以存在为根，以存在为居处，以存在为根基。好儿子，前面已经说过这三个神灵怎样进入人，每个都具有三重性。好儿子，人一旦离世，语言返回思想，思想返回气息，气息返回火光，火光返回至高的神灵。（6）

注："它的根"指食物的根。"至高的神灵"指最初的存在。

"这个微妙者构成所有这一切的自我。它是真实,它是自我,它是你,希婆多盖杜啊!""父亲大人,请继续教我!"他回答说:"好吧,好儿子!"(7)

注:"这个微妙者"指至高的神灵,最初或至高的存在,也就是至高的自我,即梵。它是世界一切的自我,故而这里说"它是真实,它是自我,它是你"。以下几节均阐述这个原理。

九

"好儿子,譬如蜜蜂从各种树上采集花蜜,将那些蜜汁合成一种蜜汁。它们在这里不能作出区分:'我是这棵树的蜜汁,我是那棵树的蜜汁。'(1)

"同样,好儿子,一切众生进入存在,但他们不知道'我们进入存在'。(2)

"这世上无论什么,老虎、狮子、豺狼、野猪、蛆虫、飞鸟、蠓虫或蚊子,都变成它。(3)

"这个微妙者构成所有这一切的自我。它是真实,它是自我,它是你,希婆多盖杜啊!""父亲大人,请继续教我!"他回答说:"好吧,好儿子!"(4)

十

"好儿子,那些东边的河流流向东,那些西边的河流流向西。它们出自大海,又返回大海。确实,这就是大海。它们在这里,不知道'我是这条河,我是那条河'。(1)

"同样,好儿子,一切众生出自存在,但他们不知道'我们出自

存在'。这世上无论什么,老虎、狮子、豺狼、野猪、蛆虫、飞鸟、蠓虫或蚊子,都进入它。(2)

"这个微妙者构成所有这一切的自我。它是真实,它是自我,它是你,希婆多盖杜啊!""父亲大人,请继续教我!"他回答说:"好吧,好儿子!"(3)

十 一

"好儿子,这棵大树,如果砍它的树根,它会流出液汁,而依然活着;砍它的树干,它会流出液汁,而依然活着;砍它的树梢,它会流出液汁,而依然活着。生命自我遍布其中,它吸吮着养分,愉快地挺立。(1)

"生命离开一根枝条,这根枝条枯萎;离开第二根枝条,第二根枝条枯萎;离开第三根枝条,第三根枝条枯萎。而离开全部,则全部枯萎。"他继续说道:"好儿子,你要知道,正是这样,(2)

"生命离去,这个就死去,但生命不死。这个微妙者构成所有这一切的自我。它是真实,它是自我,它是你,希婆多盖杜啊!""父亲大人,请继续教我!"他回答说:"好吧,好儿子!"(3)

注:"这个就死去"中的"这个"指人体或一切生物体。"生命"指生命自我。

十 二

"去摘一个无花果来!""这个就是,父亲大人!""剖开它!""剖开了,父亲大人!""你在里面看到什么?""这些很小的种子,父亲大人!""剖开其中的一颗!""剖开了,父亲大人!""你在里面看到什

么?""什么也没有,父亲大人!"(1)

　　然后,父亲对他说:"好儿子,你没有看到这个微妙者,而正是由于这个微妙者,这棵大无花果树得以挺立。请你相信吧,好儿子!(2)

　　"这个微妙者构成所有这一切的自我。它是真实,它是自我,它是你,希婆多盖杜啊!""父亲大人,请继续教我!"他回答说:"好吧,好儿子!"(3)

十　三

　　"将这把盐放在水中。然后,你明天早晨来我这里。"他照这样做了。"你将昨天傍晚放在水中的那把盐取出来。"他寻找那把盐,但找不见,因为全部溶化了。(1)

　　"你从这边尝一尝。怎么样?""咸的。""你从中间尝一尝。怎么样?""咸的。""你从那边尝一尝。怎么样?""咸的。""等你喝完,再坐到我身边。"他照这样做了,感到它始终都在。于是,父亲对他说:"好儿子,你在这里没有看到这个存在,而它确实是在这里。(2)

　　"这个微妙者构成所有这一切的自我。它是真实,它是自我,它是你,希婆多盖杜啊!""父亲大人,请继续教我!"他回答说:"好吧,好儿子!"(3)

十　四

　　"好儿子,譬如有人遭到绑架,被蒙住眼睛,从犍陀罗带到一个荒野,扔在那里。他在那里朝东、朝北、朝南或朝西,发出呼喊:'我

被蒙住眼睛带到这里！我被蒙住眼睛扔在这里！'(1)

"譬如有人为他松绑，告诉他说：'你朝那个方向走，犍陀罗在那个方向。'他聪明睿智，一个村庄一个村庄问路，最终返回犍陀罗。同样，在这世上，拜师学习的人都知道：'我要长久留在这里，直到获得解脱，然后，我能返回。'(2)

"这个微妙者构成所有这一切的自我。它是真实，它是自我，它是你，希婆多盖杜啊！""父亲大人，请继续教我！"他回答说："好吧，好儿子！"(3)

十　五

"好儿子，亲友们围在一个垂危的病人身边，询问：'你认得我吗？你认得我吗？'如果他的语言没有进入思想，思想没有进入气息，气息没有进入火光，火光没有进入至高神灵，那么，他认得。(1)

"如果他的语言进入思想，思想进入气息，气息进入火光，火光进入至高神灵，那么，他不认得。(2)

"这个微妙者构成所有这一切的自我。它是真实，它是自我，它是你，希婆多盖杜啊！""父亲大人，请继续教我！"他回答说："好吧，好儿子！"(3)

十　六

"好儿子，人们带来一个双手被拽住的人。他们叫喊道：'他偷窃，他犯了偷窃罪！为他烧热斧子吧！'如果他已经作案，表明自己是说谎者，那么，他与谎言结合，用谎言覆盖自己。他握住烧热的

斧子,就会受到烧灼。然后,他被处死。(1)

"如果他没有作案,表明自己是诚实者,那么,他与真实结合,用真实覆盖自己。他握住烧热的斧子,就不会受到烧灼。然后,他被释放。(2)

"正像这样,它不会受到烧灼。它构成所有一切的自我。它是真实,它是自我,它是你,希婆多盖杜啊!"他理解了父亲的话,他理解了。(3)

注:以手握烧热的斧子判断是否犯罪,这是古代的神裁法。"他理解了"重复一次,以示强调。

第　七　章

一

那罗陀走近萨那特鸠摩罗,说道:"先生,请您教我。"他回答说:"过来,告诉我你知道什么,然后我会告诉你更高者。"(1)

那罗陀说道:"先生,我学过《梨俱吠陀》、《夜柔吠陀》和《娑摩吠陀》,《阿达婆吠陀》是第四,史诗和往世书是第五,还有吠陀中的吠陀、祭祖学、数学、征兆学、年代学、辩论学、政治学、神学、梵学、魔学、军事学、天文学、蛇学和艺术学。先生,我学过这些。(2)

注:其中,"吠陀中的吠陀"指语法学,"梵学"指礼仪学。

"先生,我知道吠陀颂诗,但不知道自我。我听到像先生这样的人们说,知道自我的人超越忧愁。先生,我怀有忧愁。请先生帮

我超越忧愁,到达彼岸吧!"他回答说:"你学过的所有这些,只是名相。(3)

注:"名相"(nāma)或译名称、名号。

"确实,《梨俱吠陀》、《夜柔吠陀》和《娑摩吠陀》,《阿达婆吠陀》是第四,史诗和往世书是第五,还有吠陀中的吠陀、祭祖学、数学、征兆学、年代学、辩论学、政治学、神学、梵学、魔学、军事学、天文学、蛇学和艺术学,所有这些只是名相。你崇拜名相吧!(4)

"崇拜梵为名相,他就能在名相涉及的范围中随意活动,因为他崇拜梵为名相。""先生,有比名相更伟大的吗?""确实有比名相更伟大的。""请先生告诉我吧!"(5)

二

"确实,语言比名相更伟大。语言让人理解《梨俱吠陀》、《夜柔吠陀》和《娑摩吠陀》,《阿达婆吠陀》是第四,史诗和往世书是第五,还有吠陀中的吠陀、祭祖学、数学、征兆学、年代学、辩论学、政治学、神学、梵学、魔学、军事学、天文学、蛇学和艺术学,天、地、风、空、水、火、天神、凡人、牲畜、飞禽、草木、野兽乃至蛆虫、飞虫和蚂蚁,以及正法和非法、真实和虚假、善和恶、称心和不称心。如果没有语言,也就无法让人理解正法和非法、真实和虚假、善和恶、称心和不称心。语言让人理解这一切。你崇拜语言吧!(1)

"崇拜梵为语言,他就能在语言涉及的范围中随意活动,因为他崇拜梵为语言。""先生,有比语言更伟大的吗?""确实,有比语言更伟大的。""请先生告诉我吧!"(2)

三

"确实,思想比语言更伟大。正像合拳握住两个菴摩勒果、高勒果或骰子果,思想掌握语言和名相。只要心里想要诵习颂诗,他就会诵习;想要举行祭祀,他就会举行;想要儿子和牲畜,他就会去追求。因为思想就是自我,思想就是世界,思想就是梵。你崇拜思想吧!(1)

"崇拜梵为思想,他就能在思想涉及的范围中随意活动,因为他崇拜梵为思想。""先生,有比思想更伟大的吗?""确实,有比思想更伟大的。""请先生告诉我吧!"(2)

四

"确实,意愿比思想更伟大。有了意愿,他就会产生思想。然后,他说出语言,并按照名相说话。颂诗与名相合一。祭祀与颂诗合一。(1)

注:"意愿"(saṅkalpa)或译意念、意志。

"所有这些都以意愿为会合处,以意愿为本质,以意愿为根基。天和地由意愿产生。风和空由意愿产生。水和火由意愿产生。依照它们由意愿产生,雨由意愿产生。依照雨由意愿产生,食物由意愿产生。依照食物由意愿产生,气息由意愿产生。依照气息由意愿产生,颂诗由意愿产生。依照颂诗由意愿产生,祭祀由意愿产生。依照祭祀由意愿产生,世界由意愿产生。依照世界由意愿产生,一切由意愿产生。这就是意愿。你崇拜意愿吧!(2)

"崇拜梵为意愿,他就会永远坚固稳定,赢得符合他的意愿的、永远坚固稳定的世界,他就能在意愿涉及的范围中随意活动,因为他崇拜梵为意愿。""先生,有比意愿更伟大的吗?""确实,有比意愿更伟大的。""请先生告诉我吧!"(3)

五

"确实,心思比意愿更伟大。有了心思,他就会有意愿。然后,他产生思想。然后,他说出语言并按照名相说话。颂诗与名相合一。祭祀与颂诗合一。(1)

"所有这些都以心思为会合处,以心思为本质,以心思为根基。因此,一个人即使富有学问,却毫无心思,人们也会说这个人什么也不是。无论这个人知道什么,如果他真是智者,就不会这样毫无心思。而一个人即使学问不多,却有心思,人们也会愿意听取他的话。因为心思是所有这些的会合处;心思是它们是本质;心思是它们的根基。你崇拜心思吧!(2)

"崇拜梵为心思,他就会永远坚固稳定,赢得符合他的心思的、永远坚固稳定的世界,他就能在心思涉及的范围中活动,因为他崇拜梵为心思。""先生,有比心思更伟大的吗?""确实,有比心思更伟大的。""请先生告诉我吧!"(3)

六

"确实,沉思比心思更伟大。地仿佛在沉思。空仿佛在沉思。天仿佛在沉思。水仿佛在沉思。山仿佛在沉思。神和人仿佛在沉思。因此,在这世上,人中能取得伟大的成就者,仿佛是沉思的一

份报酬。那些小人互相争吵、诬蔑和毁谤。而那些君子仿佛获得
沉思的一份报酬。你崇拜沉思吧！（1）

　　注："沉思"（dhyāna）或译禅、禅定。

　　"崇拜梵为沉思，他就能在沉思涉及的范围中随意活动，因为
他崇拜梵为沉思。""先生，有比沉思更伟大的吗？""确实，有比沉思
更伟大的。""请先生告诉我吧！"（2）

<h2 style="text-align:center">七</h2>

　　"确实，意识比沉思更伟大。依靠意识，人们理解《梨俱吠陀》、
《夜柔吠陀》和《娑摩吠陀》，《阿达婆吠陀》是第四，史诗和往世书是
第五，还有吠陀中的吠陀、祭祖学、数学、征兆学、年代学、辩论学、
政治学、神学、梵学、魔学、军事学、天文学、蛇学和艺术学，天、地、
风、空、水、火、天神、凡人、牲畜、飞禽、草木、野兽乃至蛆虫、飞虫和
蚂蚁，以及正法和非法、真实和虚假、善和恶、称心和不称心、食物
和饮料、这个世界和另一个世界。确实，依靠意识，人们理解这一
切。你崇拜意识吧！（1）

　　注："意识"（vijñāna）或译识、知识、知觉。

　　"崇拜梵为意识，他就会赢得有意识和有智慧的世界，他就能
在意识涉及的范围中随意活动，因为他崇拜梵为意识。""先生，有
比意识更伟大的吗？""确实，有比意识更伟大的。""请先生告诉我
吧！"（2）

<h2 style="text-align:center">八</h2>

　　"确实，力量比意识更伟大。一个有力量的人能使一百个有意

识的人颤抖。有力量，他就能立身。能立身，他就能侍奉。能侍奉，他就能拜师。能拜师，他就能成为见者，成为听者，成为思想者，成为觉醒者，成为行动者，成为认知者。依靠力量，地得以确立。依靠力量，空得以确立。依靠力量，天得以确立。依靠力量，山得以确立。依靠力量，天神和凡人得以确立。依靠力量，牲畜、飞禽、草木、野兽乃至蛆虫、飞虫和蚂蚁得以确立。依靠力量，世界得以确立。你崇拜力量吧！（1）

"崇拜梵为力量，他就能在力量涉及的范围中随意活动，因为他崇拜梵为力量。""有比力量更伟大的吗？""确实，有比力量更伟大的。""请先生告诉我吧！"（2）

九

"确实，食物比力量更伟大。因此，如果有人十天不吃，即使还活着，他也变得不能看，不能听，不能思想，不能觉醒，不能行动，不能认知。然后，他进食，则成为见者，成为听者，成为思想者，成为觉醒者，成为行动者，成为认知者。你崇拜食物吧！（1）

"崇拜梵为食物，他就会获得有食物和饮料的世界，他就能在食物涉及的范围中随意活动，因为他崇拜梵为食物。""先生，有比食物更伟大的吗？""确实，有比食物更伟大的。""请先生告诉我吧！"（2）

十

"确实，水比食物更伟大。因此，雨水不充足，生物就会生病，心想食物会短缺。而雨水充足，生物就会喜悦，心想食物会丰富。

地、空、天、山、天神、凡人、牲畜、飞禽、草木、野兽乃至蛆虫、飞虫和
蚂蚁,这些都是水的形体。确实,这些都是水的形体。你崇拜水
吧!(1)

"崇拜梵为水,他就会实现一切愿望,心满意足,他就能在水涉
及的范围中随意活动,因为他崇拜梵为水。""先生,有比水更伟大
的吗?""确实,有比水更伟大的。""请先生告诉我吧!"(2)

十 一

"确实,光比水更伟大。它抓住风,加热空。因此,人们说:'炎
热,酷热,要下雨了。'这是光展示先兆,然后下雨。伴随向上和横
向的闪电,雷声滚滚。因此,人们说:'闪电,雷鸣,要下雨了。'这是
光展示先兆,然后下雨。你崇拜光吧!(1)

"崇拜梵为光,他就会充满光辉,赢得光辉灿烂、没有黑暗的世
界,他就能在光涉及的范围中随意活动,因为他崇拜梵为光。""先
生,有比光更伟大的吗?""确实,有比光更伟大的。""请先生告诉我
吧!"(2)

十 二

"确实,空比光更伟大。太阳和月亮,还有闪电、星星和火,存
在于空中。依靠空,人呼唤。依靠空,人听到。依靠空,人应答。
人娱乐,在空中;人不娱乐,也在空中。人在空中出生,人向空中出
生。你崇拜空吧!(1)

"崇拜梵为空,他就会赢得充满空间和光明、没有阻碍而广阔
无边的世界,他就能在空涉及的范围中随意活动,因为他崇拜梵为

空。""先生,有比空更伟大的吗?""确实,有比空更伟大的。""请先生告诉我吧!"(2)

十　三

"确实,记忆比空更伟大。因此,如果许多没有记忆的人聚在一起,他们不可能听取什么,思考什么,理解什么。而如果他们有记忆,便能听取,思考,理解。依靠记忆,人们认识儿子。依靠记忆,人们认识牲畜。你崇拜记忆吧!(1)

"崇拜梵为记忆,他就能在记忆涉及的范围中随意活动,因为他崇拜梵为记忆。""先生,有比记忆更伟大的吗?""确实,有比记忆更伟大的。""请先生告诉我吧!"(2)

十　四

"确实,希望比记忆更伟大。正是希望点燃记忆,人们念诵颂诗,举行祭祀,渴望儿子和牲畜,追求这个世界和另一个世界。你崇拜希望吧!(1)

"崇拜梵为希望,他就会依靠希望实现自己所有愿望,他的种种祈求不会落空,他就能在希望涉及的范围中随意活动,因为他崇拜梵为希望。""先生,有比希望更伟大的吗?""确实,有比希望更伟大的。""请先生告诉我吧!"(2)

十　五

"确实,气息比希望更伟大。正像辐条安置在轮毂中,所有一切安置在气息中。生命依靠气息活动。气息赋予生命。气息为了

生命。气息是父亲。气息是母亲。气息是兄弟。气息是姐妹。气息是老师。气息是婆罗门。（1）

"如果有人粗暴地回答父亲、母亲、兄弟、姐妹、老师或婆罗门，人们会对他说：'呸！你是杀父者！你是杀母者！你是杀兄弟者！你是杀姐妹者！你是杀老师者！你是杀婆罗门者！'（2）

"而如果这些人命断气绝，有人用铁叉将他们拢在一起火化。人们不会对他说：'你是杀父者！你是杀母者！你是杀兄弟者！你是杀姐妹者！你是杀老师者！你是杀婆罗门者！'（3）

"因为所有这一切是气息。这样看，这样想，这样理解，他就会成为优秀的论者。如果人们对他说：'你是优秀的论者。'他应该回答说：'我是优秀的论者。'而不必否认。"（4）

十　六

"确实，依靠真实，言谈非凡，他就成为优秀的论者。""先生，但愿我依靠真实，成为优秀的论者。""那么，应该理解真实。""先生，我愿意理解真实。"（1）

十　七

"有认识，才能说出真实。没有认识，不能说出真实。确实，有认识，才能说出真实。因此，应该理解认识。""先生，我愿意理解认识。"（1）

十　八

"有思想，才会有认识。没有思想，不会有认识。确实，有思想,才会有认识。因此,应该理解思想。""先生,我愿意理解思想。"
(1)

十 九

"有信仰才会有思想。没有信仰,不会有思想。确实,有信仰,才会有思想。因此,应该理解信仰。""先生,我愿意理解信仰。"(1)

二 十

"安身才会有信仰。不安身,不会有信仰。确实,安身,才会有信仰。因此,应该理解安身。""先生,我愿意理解安身。"(1)

二十一

"做事,才能安身。不做事,不能安身。确实,做事,才能安身。因此,应该理解做事。""先生,我愿意理解做事。"(1)

二十二

"获得快乐,才会做事。不获得快乐,不会做事。确实,获得快乐,才会做事。因此,应该理解快乐。""先生,我愿意理解快乐。"
(1)

二十三

"快乐是大者。快乐不在小者。确实,快乐是大者。因此,应该理解大者。""先生,我愿意理解大者。"(1)

二十四

"在那里，不看到其他，不听到其他，不知道其他，那就是大者。而在那里，看到其他，听到其他，知道其他，那便是小者。大者不死，而小者必死。""先生，它立足于什么？""它立足于自己的伟大，甚至它也不立足于伟大。(1)

"在这世上，人们称说牛、马、象、金子、奴仆、妻子、田地和房屋伟大。我不这样说，不这样说。"他继续说道："因为所有这些互相立足。"(2)

二十五

"它在下，它在上，它在西，它在东，它在南，它在北。它确实是所有这一切。下面是关于我慢的教诲。我在下，我在上，我在西，我在东，我在南，我在北。我确实是所有这一切。(1)

注："我慢"(ahaṅkāra)指自我意识。这里的"我"(aham)是人称意义上的我。

"下面是关于自我的教诲。自我在下，自我在上，自我在西，自我在东，自我在南，自我在北。自我确实是所有这一切。这样看，这样想，这样理解，娱乐在自我，游戏在自我，合欢在自我，欢喜在自我，他就成为自治者，能在一切世界中随意活动。而那些不知道这样的人，他们成为受他人统治者，生活在那些会毁灭的世界，不能在一切世界中随意活动。"(2)

注：这里的"自我"(ātman)不同于我慢，是灵魂意义上的自我。

二十六

"这样看，这样想，这样理解。确实，气息出自他的自我，希望出自他的自我，记忆出自他的自我，空出自他的自我，光出自他的自我，水出自他的自我，显现和隐没出自他的自我，食物出自他的自我，力量出自他的自我，意识出自他的自我，沉思出自他的自我，心思出自他的自我，意愿出自他的自我，思想出自他的自我，语言出自他的自我，名相出自他的自我，颂诗出自他的自我，祭祀出自他的自我。确实，所有这一切出自他的自我。"(1)

有偈颂为证：

> 这样的见者，不见死亡，
>
> 不见疾病，不见痛苦；
>
> 这样的见者，无论何处，
>
> 看见一切，获得一切。

> 它是唯一，又有三重，
>
> 五重，七重，九重，
>
> 而据说还有十一重，
>
> 一百十一重，两万重。

注：《弥勒奥义书》5.2 有类似表述，可参阅。

食物纯洁，本性纯洁。本性纯洁，记忆稳固。获得这样的记忆，摆脱一切结缚。尊者萨那特鸠摩罗向涤除污垢的人，展示超越黑暗、到达彼岸之路。人们称他为室建陀，称他为室建陀。(2)

注："称他为室建陀"重复一次,以示强调。萨那特鸠摩罗(Sanatkumāra, 或意译为永童)是一位仙人。这里称他为室建陀(Skanda),含义不详。室建陀在后来的史诗神话中是大神湿婆与雪山神女波哩婆提之子,天兵统帅。

第 八 章

一

诃利! 唵! 在这座梵城中,有一座小莲花屋,屋中有小空间。确实,应该寻找和认识其中的那个。(1)

注:"梵城"喻指身体,"小莲花屋"喻指心。

如果人们问他:"在这座梵城中,有一座小莲花屋,屋中有小空间,应该寻找和认识其中的那个是什么?"他应该回答说:(2)

"这心中空间与世界空间等同,

天空和大地两者都容纳其中。

"火和风,太阳和月亮,闪电和星星,

凡它所有和所无,一切都容纳其中。"(3)

如果人们问他:"在这座梵城中,容纳所有这一切,一切众生和一切愿望。一旦它衰老和毁灭,还会剩下什么?"(4)

他应该回答说:

"身体衰老,它不衰老;

身体被杀,它不被杀,

它才是真正的梵城,

其中容纳各种愿望。

"这个自我摆脱罪恶，无老，无死，无忧，不饥，不渴，以真实为欲望，以真实为意愿。正如在这里，众生服从律令，无论追求的目标是国土，还是一片田地，他们都赖以维生；(5)

"正如在这里，依靠行动赢得的这个世界最终消亡，依靠功德赢得的另一个世界同样也最终消亡，这样，他们在这里没有发现自我和这些真实的愿望，去世后，不能在一切世界中随意活动。而那些在这里发现自我和这些真实的愿望的人，他们死后，能在一切世界中随意活动。"(6)

二

如果他向往父亲世界，凭这个意愿，父亲们就会出现。他拥有父亲世界而快乐。(1)

如果他向往母亲世界，凭这个意愿，母亲们就会出现。他拥有母亲世界而快乐。(2)

如果他向往兄弟世界，凭这个意愿，兄弟们就会出现。他拥有兄弟世界而快乐。(3)

如果他向往姐妹世界，凭这个意愿，姐妹们就会出现。他拥有姐妹世界而快乐。(4)

如果他向往朋友世界，凭这个意愿，朋友们就会出现。他拥有朋友世界而快乐。(5)

如果他向往香料和花环世界，凭这个意愿，香料和花环就会出现。他拥有香料和花环世界而快乐。(6)

如果他向往食物和饮料世界，凭这个意愿，食物和饮料就会出

现。他拥有食物和饮料世界而快乐。（7）

如果他向往歌曲和音乐世界，凭这个意愿，歌曲和音乐就会出现。他拥有歌曲和音乐世界而快乐。（8）

如果他向往妇女世界，凭这个意愿，妇女们就会出现。他拥有妇女世界而快乐。（9）

凡他向往的目标，凡他怀抱的愿望，凭他的意愿，都会出现。他得以拥有而快乐。（10）

三

这些真实的愿望受到不真实掩盖。它们本是真实的，却被不真实掩盖。因为无论哪个与他相关的人，一旦去世，他就在这世再也见不到这个人。（1）

然而，无论是在这世还活着或已去世的人，或者其他任何他求之不得的东西，他都可以进入这里获得，因为这些真实的愿望被不真实掩盖。正像埋藏的金库，人们不知道它的地点，一次次踩在上面走过，而毫不察觉。同样，一切众生天天走过这个梵界，而毫不察觉，因为他们受到不真实蒙蔽。（2）

这个自我在心中。这是对它的词源说明：这个（ayam）在心中（hṛdi），因此，称为心（hṛdayam）。知道这样，他就能天天前往天国世界。（3）

这个平静者离开这个身体，上升，抵达至高的光，呈现自己的本相。这是自我。它不死，无畏，它是梵。这个梵，名为真实（satyam）。（4）

它含有三个音节：sat、ti 和 yam。这个 sat 是不死，这个 ti 是

必死，而依靠这个 yam 控制这两者。依靠它控制这两者，因此是 yam。知道这样，他就能天天前往天国世界。（5）

注："真实"（satya）一词的实际构成是由 sat（"存在"）加上后缀 ya。中性体格为 satyam。而在这里拆解为 sat、ti 和 yam。yam 作为动词词根，义为控制。《大森林奥义书》5.5.1 对这个词有另一种拆解读法，可参阅。

四

这个自我是堤坝，是分界，以免这些世界混乱。白昼和黑夜不越过这个堤坝，衰老、死亡、忧愁、善行和恶行也是这样。一切罪恶从这里退回。因为这里是摆脱罪恶的梵界。（1）

因此，越过这个堤坝，盲人不再是盲人，伤者不再是伤者，病人不再是病人。因此，越过这个堤坝，黑夜也变成白昼。因为这个梵界永远明亮。（2）

那些依靠梵行发现这个梵界的人，他们拥有这个梵界。他们能在一切世界中随意活动。（3）

五

人们所说的祭祀（yajña）实际上是梵行。因为凭借梵行，才得知这个人（yaḥ）是知者（jñātā）。人们所说的祭品（iṣṭa）实际上是梵行。因为依靠梵行，通过追求（iṣṭvā），才获得自我。（1）

人们所说的多年祭（sattrāyaṇa）实际上是梵行。因为依靠梵行，才获得那个存在（sat）即自我的保护（trāṇa）。人们所说的沉默誓（mauna）实际上是梵行。因为依靠梵行，才发现自我，思考（manute）自我。（2）

人们所说的斋戒（anāśakāyana）实际上是梵行。因为依靠梵行发现的这个自我不毁灭（na naśyati）。人们所说的林居（araṇyāyana）实际上是梵行。ara 和 ṇya 是梵界中的两座海（arṇa-vau），在第三天界。那里还有爱兰摩迪耶湖，流淌苏摩汁的菩提树，不可战胜的梵城，神主建造的金宫。（3）

那些依靠梵行发现梵界中 ara 和 ṇya 这两座海的人，他们能在一切世界中随意活动。（4）

六

心的这些脉管含有各种精细的色素，褐色，白色，蓝色，黄色，红色。那个太阳也是这样，褐色，白色，蓝色，黄色，红色。（1）

正像大路延伸，贯通两个村庄：这个村庄和另一个村庄。太阳的光芒也贯通两个世界：这个世界和另一个世界。它们从那个太阳进入这些脉管，又从这些脉管进入那个太阳。（2）

如果一个人进入熟睡，彻底平静，不做梦，他就进入了这些脉管。他不再触及任何罪恶。因为这时他已经与光融合。（3）

如果一个人病危无力，围坐在身边的人们问他："你认得我吗？"只要他还没有离开这个身体，那么，他还认得。（4）

一旦他离开这个身体，他就与这些光芒一起上升，或者，随着唵音上升。一念之间，就抵达太阳。确实，那是世界之门，对知者敞开，对不知者关闭。（5）

有偈颂为证：

有一百零一条心脉，

其中一脉通向头顶，

由它向上引向永恒，

其他各脉通向各方。（6）

七

生主说："这个自我摆脱罪恶，无老，无死，无忧，不饥，不渴，以真实为欲望，以真实为意愿。应该寻找它，应该认识它。一旦发现它，认识它，就能获得一切世界，实现一切愿望。"（1）

天神和阿修罗双方都知道了这一点。他们都说："我们要寻找这个自我。找到了它，就能获得一切世界，实现一切愿望。"于是，天神中的因陀罗和阿修罗中的维罗遮那出发。他俩不约而同，手持柴薪，来到生主身边。（2）

他俩过了三十二年梵行者的生活。然后，生主询问他俩："你俩住在这里，想要得到什么？"他俩回答说："这个自我摆脱罪恶，无老，无死，无忧，不饥，不渴，以真实为欲望，以真实为意愿。应该寻找它，应该认识它。一旦发现它，认识它，就能获得一切世界，实现一切愿望。人们说，这些是你说的话。我俩住在这里，想要找到它。"（3）

生主对他俩说："在眼睛中看到的这个人，就是自我。"他又说道："它不死，无畏，它是梵。""那么，尊者，在水中和镜中看到的这个是谁？"他回答说："在所有这些中看到的都是这个。"（4）

八

"你俩看这盆水。如果认不出自我，就告诉我。"于是，他俩看这盆水。然后，生主询问他俩："看到了什么？"他俩回答说："我俩

看到了我俩的整个自我,尊者,连毛发和指甲都一模一样。"(1)

生主对他俩说:"你俩精心打扮,衣着华丽,全身装饰,再来看这盆水。"于是,他俩精心打扮,衣着华丽,全身装饰,再来看这盆水。生主询问他俩:"看到了什么?"(2)

他俩回答说:"正像我俩精心打扮,衣着华丽,全身装饰,尊者,这里的我俩也一样,精心打扮,衣着华丽,全身装饰。"然后,他说道:"这是自我。它不死,无畏,它是梵。"于是,他俩安心地离开。(3)

生主望着他俩,说道:"他俩没有获得自我,没有找到自我,就这样离去。无论天神和阿修罗哪一方,倘若依据这种奥义,必定失败。"确实,维罗遮那安心地回到阿修罗那里,向他们宣讲这种奥义:"在这世上,自我应该受尊敬,自我应该受侍奉。在这世上,尊敬自我,侍奉自我,他就会获得两个世界:这个世界和另一个世界。"(4)

注:维罗遮那将自我认同为身体,因而,他所说的自我,实际是指身体。

因此,直到现在,在这世上,人们提到不施舍者、不信仰者和不祭祀者,就会说:"哎呀!这个阿修罗!"因为这是阿修罗的奥义。他们用乞讨来的衣服和装饰品装饰死者的身体。因为他们以为这样能赢得另一个世界。(5)

九

然而,因陀罗还没有回到众天神那里,就发现其中的危险:"这个身体精心打扮,衣着华丽,全身装饰,它也精心打扮,衣着华丽,全身装饰。那么,同样,这个身体眼瞎,脚跛,残废,它也眼瞎,脚跛,残废。这个身体毁灭,它也毁灭。我实在看不出其中的好处。"(1)

　　于是,他又手持柴薪,返回。生主询问他:"摩伽凡啊,你已经和维罗遮那一起安心地离去,现在又回来,想要什么?"他回答说:"这个身体精心打扮,衣着华丽,全身装饰,它也精心打扮,衣着华丽,全身装饰。那么,同样,这个身体眼瞎,脚跛,残废,它也眼瞎,脚跛,残废。这个身体毁灭,它也毁灭。我实在看不出其中的好处。"(2)

　　他说道:"确实是这样,摩伽凡!但是,我会继续为你讲解。你就再住上三十二年吧!"因陀罗又住了三十二年。然后,生主对他说:(3)

十

　　"它在梦中愉快地活动。这是自我。它不死,无畏,它是梵。"于是,他安心地离去。然而,他还没有回到众天神那里,就发现其中的危险:"即使这个身体眼瞎,它不眼瞎;脚跛,它不脚跛;残废,它不残废;有缺陷,它没有缺陷,(1)

　　"即使身体被杀,它不被杀;身体脚跛,它不脚跛,依然仿佛有些人杀害它,有些人撕剥它衣裳,它会感到不愉快,甚至仿佛在哭泣。我实在看不出其中的好处。"(2)

　　注:这里是说梦中也有不愉快的体验。

　　于是,他又手持柴薪,返回。生主询问他:"摩伽凡啊,你已经

安心地离去，现在又回来，想要什么？"他回答说："即使这个身体眼瞎，它不眼瞎；脚跛，它不脚跛；有缺陷，它没有缺陷，(3)

"即使身体被杀，它不被杀；身体脚跛，它不脚跛，依然仿佛有些人杀害它，有些人撕剥它衣裳，它会感到不愉快，甚至仿佛在哭泣。我实在看不出其中的好处。"他说道："确实是这样，摩伽凡！但是，我会继续为你讲解。你就再住上三十二年吧！"因陀罗又住了三十二年。然后，生主对他说：(4)

十　一

"它进入熟睡，彻底平静，不做梦。这是自我。它不死，无畏，它是梵。"于是，他安心地离去。然而，他还没有回到众天神那里，就发现其中的危险："按照方才所说，它在此刻不知道自己，不知道'我是它'，甚至也不知道其他这些生物。它实际上已经毁灭。我实在看不出其中的好处。"(1)

于是，他又手持柴薪，返回。生主询问他："摩伽凡啊，你已经安心地离去，现在又回来，想要什么？"他回答说："按照方才所说，它在此刻不知道自己，不知道'我是它'，甚至也不知道其他这些生物。它实际上已经毁灭。我实在看不出其中的好处。"(2)

他说道："确实是这样，摩伽凡！但是，我会继续为你讲解。你就再住上五年吧！"因陀罗又住了五年。这样，总共一百零一年。因此，人们说："摩伽凡在生主那里过了一百零一年梵行者的生活。"然后，生主对他说：(3)

十　二

"摩伽凡啊，这个身体由死神掌控，必然死亡。但它是不死的、无身体的自我的居处。有身体者受苦乐爱憎控制。确实，有身体者不能摆脱苦乐爱憎。而苦乐爱憎不接触无身体者。（1）

"风无身体。云、闪电和雷也无身体。它们从空中上升，抵达至高的光，呈现自己的本相。（2）

"同样，这个平静者离开这个身体，上升，抵达至高的光，呈现自己的本相。它是至高原人。他在那里漫游，欢笑，游戏，娱乐，享有妇女、车辆和亲友，而不记得这个附属的身体。正像牲口系于车辆，气息系于身体。（3）

"若是眼睛凝望空中，正是有这位观看的原人，从而眼睛观看。正是这个自我确定：'让我嗅这个吧！'从而鼻子嗅这个。正是这个自我确定：'让我说这个吧！'从而语言说这个。正是这个自我确定：'让我听这个吧！'从而耳朵听这个。（4）

"正是这个自我确定：'让我想想这个吧！'思想是他的天眼。凭借思想这个天眼，他在梵界娱乐，看到这些欢乐。（5）

"确实，众天神崇拜这个自我。因此，他们获得一切世界，实现一切愿望。发现这个自我，认识这个自我，他就能获得一切世界，实现一切愿望。"生主这样说，生主这样说。（6）

注："生主这样说"重复一次，以示强调。

十　三

我从黑暗走向绚丽多彩，从绚丽多彩走向黑暗。正像马挥动

鬃毛,我摒弃罪恶;正像月亮摆脱罗睺之嘴,我摆脱不完美的身体,完美的自我到达梵界,到达梵界。(1)

注:罗睺(Rāhu)是吞食月亮和太阳的阿修罗。"到达梵界"重复一次,以示强调。

十　四

确实,名为空者带来名和色。梵在它们之中。它不死,它是自我。我到达生主的会堂和住处。我是婆罗门们的光荣。我是国王们的光荣。我是吠舍们的光荣。我已经赢得光荣。我是光荣中的光荣。不要让我变成白发和无齿者。不要让我变成无齿、白发和流涎者。不要让我变成流涎者。(1)

十　五

梵天将这传给生主。生主传给摩奴。摩奴传给众生。在老师家中,按照仪轨,在为老师效劳之余,学习吠陀。然后,他返回自己家中,在洁净之处继续诵习。他供养守法的人们,控制一切感官,除了在圣地祭祀,不伤害一切众生。他这样活够岁数后,前往梵界,不再返回,不再返回。(1)

注:"不再返回"重复一次,以示强调。

爱多雷耶奥义书

我的语言立足思想,我的思想立足语言。光辉者啊,请你为我显现!带给我吠陀!别让我失去学问!正是依靠这种学问,我维持日和夜。我将宣说正道,我将宣说真理。但愿它保护我!但愿它保护宣说者!但愿它保护我,保护宣说者,保护宣说者!

唵!和平!和平!和平!

注:以上是开头的和平祷词,旨在祈求神祇保佑,以排除各种障碍,顺利获得智慧。"和平"(Śānti)一词含有平安、平静、安宁和清净等意义。

第 一 章

一

最初,自我就是这个。他是唯一者,没有其他任何睁眼者。他想:"现在让我创造世界吧!"(1)

注:"这个"指这个世界。"唯一者"指自我是世界的唯一存在。参阅《大森林奥义书》1.4.1。

他创造这些世界:水(ambhas)、光、死亡和水(āpa)。水(ambhas)在天上,天是支撑者。光是空。死亡是地。地下是水

（āpa）。（2）

注：这里，前一种水指天上之水，后一种水指地下之水。死亡是地，意谓凡是在地上的都会死去。

他思忖："这些是世界，现在让我创造世界的保护者吧！"于是，他从水中取出原人，赋予形状。（3）

他给原人加热。原人受热后，嘴张开，似卵。从嘴中产生语言，从语言中产生火。鼻孔张开，从鼻孔中产生气息，从气息中产生风。眼睛张开，从眼睛中产生目光，从目光中产生太阳。耳朵张开，从耳朵中产生听觉，从听觉中产生方位。皮肤张开，从皮肤中产生汗毛，从汗毛中产生草木。心张开，从心中产生思维，从思维中产生月亮。肚脐张开，从肚脐中产生下气，从下气中产生死亡。生殖器张开，从生殖器中产生精液，从精液中产生水。（4）

注：《梨俱吠陀》10.90 描写原人（Puruṣa，即原始巨人）化身世界："从他的心中产生月亮，眼中产生太阳，嘴中产生因陀罗和火，呼吸中产生风。从他的肚脐中产生空，头中产生天，脚中产生地，耳中产生方位，组成世界。"可参阅。

二

这些神灵被创造出来后，沉入这个大海。大海用饥渴麻烦他。他们对他说道："请你为我们确定住处，让我们安居那里，吃到食物。"（1）

注："大海"指生死轮回之海。

他为他们牵来牛。他们说道："这对于我们还不够。"他为他们牵来马。他们说道："这对于我们还不够。"（2）

他为他们带来人。他们说道："啊，美好的造物！"人确是美好的造物。他对他们说道："你们进入各自的住处吧！"（3）

火变成语言，进入嘴。风变成气息，进入鼻孔。太阳变成目光，进入眼睛。方位变成听觉，进入耳朵。草木变成汗毛，进入皮肤。月亮变成思维，进入心。死亡变成下气，进入肚脐。水变成精液，进入生殖器。（4）

饥渴对他说道："请你为我俩确定住处。"他对它俩说道："我将你俩安排在众神灵中，成为他们的分享者。"因此，无论哪位神灵获得祭品，饥渴都成为那位神灵的分享者。（5）

三

他思忖："这些是世界和世界保护者。让我为他们创造食物吧！"（1）

他给水加热。从受热的水中产生形态。形态产生食物。（2）

食物被创造出来后，企图逃跑。他想用语言抓住它。但他不能用语言抓住它。如果能用语言抓住它，那么，只要说一下食物，也就饱了。（3）

他想用气息抓住它。但他不能用气息抓住它。如果能用气息抓住它，那么，只要吹一下食物，也就饱了。（4）

他想用目光抓住它。但他不能用目光抓住它。如果能用目光抓住它，那么，只要看一下食物，也就饱了。（5）

他想用听觉抓住它。但他不能用听觉抓住它。如果能用听觉抓住它，那么，只要听一下食物，也就饱了。（6）

他想用皮肤抓住它。但他不能用皮肤抓住它。如果能用皮肤

抓住它,那么,只要接触一下食物,也就饱了。(7)

他想用思维抓住它。但他不能用思维抓住它。如果能用思维抓住它,那么,只要想一下食物,也就饱了。(8)

他想用生殖器抓住它。但他不能用生殖器抓住它。如果能用生殖器抓住它,那么,只要射一下食物,也就饱了。(9)

他想用下气抓住它,果然抓住了它。那是风抓住了食物。风以食物为生命。(10)

他思忖:"缺了我,这一切怎么存在?"他思忖:"我通过哪儿进入?"他思忖:"如果说话通过语言,呼吸通过气息,观看通过目光,谛听通过听觉,接触通过皮肤,沉思通过思维,消化通过下气,射精通过生殖器,那么,我该怎样?"(11)

他裂开头顶,从那个门进入。这个门名为骨缝。它是欢喜。他有三个居处,三种睡眠:这个居处,这个居处,这个居处。(12)

注:"三个居处,三种睡眠"指自我的三种精神意识状态:觉醒状态、梦中状态和熟睡状态。参阅《蛙氏奥义书》。

他出生后,观察众生,心想:"怎么说这里还有另一个?"他看到那个原人,遍及一切的梵,说道:"我看到这个(idam adarśam)。"(13)

因此,他名为伊檀陀罗(Idandra,即"看到这个")。他确实名为伊檀陀罗,而他们使用隐称,称他为因陀罗(Indra),因为众天神似乎喜爱隐称,确实因为众天神似乎喜爱隐称。(14)

注:"他"指自我,即进入身体的个体自我。而梵是宇宙自我。《大森林奥义书》4.2.2也提到因陀罗是隐称,可参阅。

第　二　章

起初,这个在人中成为胎藏。这精液是从所有肢体中聚合的精力。他在自我中维持这个自我。他将它置入女子后,使它出生。这是他的第一生。(1)

注:"这个"指自我。

它成为女子的自我,犹如她自己的肢体。因此,它不伤害她。她滋养进入的、他的这个自我。(2)

她滋养它,因此他也应该滋养她。女子维持这个胎藏。在出生之前和之后,他养育这孩子。他这样在出生之前和之后养育这孩子,也就是养育自我,以维系这些世界,因为这些世界正是这样得到维系。这是他的第二生。(3)

注:前面的"第一生"指成为精液,这里的"第二生"指成为孩子。

他依靠功德确立他的这个自我。然后,他的另一个自我完成任务,寿命终结而离去。他从这里离去,又再生。这是他的第三生。仙人曾说:(4)

注:"另一个自我"指他的父亲。

> 我在胎藏中,就已知道所有这些天神的出生;
>
> 一百个铁城堡守卫我,我也如兀鹰快速腾飞。

瓦摩提婆仙人处在胎藏中时,就曾这样说。(5)

注:"城堡"喻指身体。这首颂诗见《梨俱吠陀》4.27.1。

他知道这样,因此,在身体坏死后,向上腾飞到那个天国世界,实现一切愿望,达到永恒,达到永恒。(6)

注:"达到永恒"重复一次,以示强调。

第 三 章

这是谁?我们尊奉他为自我。这个自我是哪一位?通过他而看,通过他而听,通过他而嗅,通过他而说话,通过他而知道有味和无味。(1)

这是心。这是思维。这是意识,知觉,知识,智慧,智力,见识,坚定,思想,理解,决心,记忆,意图,意志,活力,欲望,控制。所有这些实际都是智慧的名称。(2)

他是梵。他是因陀罗。他是生主,所有天神,五大元素:地、风、空、水和光,各种各样微小的混合物,各种各样的种子,卵生物,胎生物,湿生物,芽生物,马,牛,人,象,任何一种生物:动物、飞禽和植物。这一切以智慧为眼,立足智慧。世界以智慧为眼。智慧即根基。智慧即梵。(3)

注:"卵生物"指鸟禽,"胎生物"指人和哺乳动物,"湿生物"指生于潮湿环境中的昆虫,"芽生物"指草木和植物。

依靠这个智慧的自我,他从这个世界腾飞到那个天国世界,实现一切愿望,达到永恒,达到永恒。(4)

泰帝利耶奥义书

第一语音学章

一

诃利！唵！愿密多罗赐福我们！愿伐楼那赐福我们！愿阿利耶摩赐福我们！愿因陀罗和毗诃波提赐福我们！愿大步跨越的毗湿奴赐福我们！

向梵致敬！风啊,向你致敬！你是可见的梵。我要说你是可见的梵。我要说你是规律。我要说你是真理。

愿它保护我！愿它保护说者！保护我！保护说者！

唵！和平！和平！和平！（1）

注:本节是和平祷词。其中第一段采自《梨俱吠陀》1.90.9。

二

我们现在说明语音学:字母、声调、音量、音力、发音和结合。这便是所谓的语音学。（1）

注："字母"即音素。"声调"分为高调、低调和降调。"音量"指发音时间，以短元音的发音时间为计量标准。"音力"指强调性的重音。"结合"指前后两个音节连接之处音素的结合，也称连声。

三

愿我俩一起获得名声！愿我俩一起获得梵的光辉！我们现在说明结合的奥义。五种结合：关于世界，关于光，关于知识，关于繁殖，关于自我。人们说这些是大结合。

注："我俩"指师生俩。

现在，关于世界。大地是前面的形态，天空是后面的形态，空是结合，风是联系。这是关于世界。（1）

注：这里所谓的"大结合"是对语音学中的连声的引申用法。前面和后面的形态相当于前面和后面的音节。

现在，关于光。火是前面的形态，太阳是后面的形态，水是结合，闪电是联系。这是关于光。（2）

现在，关于知识。老师是前面的形态，学生是后面的形态，知识是结合，言教是联系。这是关于知识。（3）

现在，关于繁殖。母亲是前面的形态，父亲是后面的形态，繁殖是结合，生育是联系。这是关于繁殖。（4）

现在，关于自我。下颚是前面的形态，上颚是后面的形态，语言是结合，舌头是联系。这是关于自我。（5）

任何人知道这里所说明的这些大结合，他就会与子孙、牲畜、梵的光辉、食物以及天国世界结合。（6）

四

颂诗中的雄牛，宇宙的形象，产生自颂诗和永恒者，愿这位因陀罗赐予我智慧！神啊，愿我具备永恒性！

愿我的身体充满活力！愿我的舌头极其甜蜜！愿我的耳朵听取大量学问！

你是梵鞘，覆盖着智慧，愿你保护我的学问！（1）

女神繁荣，经常迅速地为自己和为我产生衣服、牛、食物和饮料。愿你带给我财富，毛皮动物和牲畜，娑婆诃！

注：娑婆诃（svāhā）是感叹词。

愿梵行者们从各地来到我这里，娑婆诃！

愿梵行者们纷纷来到我这里，娑婆诃！

愿梵行者们以正确的方式来到我这里，娑婆诃！

愿梵行者们能够自制，娑婆诃！

愿梵行者们能够平静，娑婆诃！（2）

注："梵行者"（brahmacārin）指学生。

愿我在众人中享有名声，娑婆诃！

愿我比富有者更富有，娑婆诃！

尊者啊，愿我进入你，娑婆诃！

尊者啊，愿你进入我，娑婆诃！

你的分支数以千计，尊者啊，我在你之中，得到净化，娑婆诃！

犹如水沿坡流下，月份走向年份，维持者啊，愿梵行者们从各地来到我这里，娑婆诃！

你是庇护所,照亮我! 来到我!（3）

五

菩诃(bhūḥ)、菩婆诃(bhuvaḥ)和苏婆诃(suvaḥ)是三个专门用语。而摩诃遮摩息耶提出第四个,即摩诃(mahaḥ)。那是梵,那是自我。其他的天神都是肢体。菩诃是这个世界。菩婆诃是空中。苏婆诃是那个世界。（1）

注:"专门用语"(vyāhṛti)指祭祀仪式中的专门用语或神秘用语。

摩诃是太阳。正是凭借太阳,一切世界变得伟大。或者,菩诃是火。菩婆诃是风。苏婆诃是太阳。摩诃是月亮。正是凭借月亮,一切星体变得伟大。或者,菩诃是梨俱。菩婆诃是娑摩。苏婆诃是夜柔。（2）

摩诃是梵。凭借梵,一切吠陀变得伟大。或者,菩诃是元气。菩婆诃是下气。苏婆诃是行气。摩诃是食物。正是凭借食物,一切气息变得伟大。它们每组四个,有四组。这样,四个一组,有四组专门用语。知道这些,也就知道梵。所有的天神都向他进贡。（3）

六

这个原人由思想构成,永恒,金色,在心内空间中。似乳头,悬挂在上颚两脉之间,那是因陀罗的出生处。他在头发分缝处,穿透头盖骨而出。他居于名为菩诃的火中,名为菩婆诃的风中。（1）

注:这里描述原人居于人心中,向上经过上颚,穿透头顶而出。

他居于名为苏婆诃的太阳中,名为摩诃的梵中。他成为自主者。他成为思想之主,语言之主,眼睛之主,耳朵之主,知识之主。进而,他成为梵,以空为身体,以真理为自我,热爱生命,喜欢思想,充满平静而永恒。波罗吉那约基那啊,你要这样崇拜他!(2)

注:波罗吉那约基那是聆听老师教导的学生名。

七

大地、空中、天空、方位和中间方位,火、风、太阳、月亮和星星,水、药草、树木、空和自我。这些是关于万物。

注:"方位"指东南西北上下。"中间方位"指东南、西南、西北和东北。这里提到的"自我"可以读解为身体。

然后,关于自我。元气、行气、下气、上气和中气,眼睛、耳朵、思想、语言和触觉,皮、肉、筋、骨和骨髓。作出这种安排,仙人解释说:"这所有一切都是五重结构。依靠五重获得五重。"(1)

八

唵是梵。唵是这一切。唵是应允。因为说:"哦(O),请吟诵!"人们便吟诵。随同唵,吟诵娑摩。随同唵(Om)和颂(Som),吟诵祷词。随同唵,行祭者祭司应答。随同唵,梵祭司开始吟诵。随同唵,允许火祭开始。婆罗门先说"唵",然后说:"愿我获得梵!"他确实获得梵。(1)

注:在重大的祭祀仪式中,有四位祭官:诵者祭司、歌者祭司、行祭者祭司和监督者祭司(即梵祭司)。"行祭者祭司应答"指应答诵者祭司。

九

规律,学习和教学。真理,学习和教学。苦行,学习和教学。自制,学习和教学。平静,学习和教学。火,学习和教学。火祭,学习和教学。客人,学习和教学。人性,学习和教学。繁殖,学习和教学。生育,学习和教学。后嗣,学习和教学。

注:这里强调在认识和把握世界中,学习和教学的重要性。

说话真实的罗提多罗说:"真理。"坚持苦行的宝卢希湿迪说:"苦行。"摆脱痛苦的莫德伽利耶确认学习和教学,因为那就是苦行,那就是苦行。(1)

十

"我是树的摇动者,名声高似山顶,崇高而纯洁,如同太阳。我是永恒者,光辉的财富,聪明睿智,永生,不衰竭。"特利商古依据吠陀这样说。(1)

注:这里的"树"指宇宙之树或轮回之树,也就是《伽陀奥义书》2.3.1 和《弥勒奥义书》6.4 中提到的"菩提树"(Aśvattha)。《摩诃婆罗多》6.37.1 称这树为"菩提树",14.47.13 称这树为"梵树"(Brahmavṛkṣa),可参阅。特利商古是仙人名。

十 一

老师向学生传授吠陀后,教导他说:

你要说真话,遵行正法,不要放松学习。在赠送老师可爱的财物后,你不要断绝后嗣。不要忽视真理,不要忽视正法,不要忽视

幸福，不要忽视繁荣，不要忽视学习和教学，不要忽视供奉天神和祖先。（1）

你要奉母亲为神。你要奉父亲为神。你要奉老师为神。你要奉客人为神。你要从事那些不受非议的事，而非其他。你要遵奉我们之中的善行，而非其他。（2）

那些优于我们的婆罗门，你要请他们入座休息。你要虔诚地供奉，而非不虔诚地供奉。你要慷慨地供奉，羞愧地供奉。你要敬畏地供奉，同情地供奉。（3）

如果你对事情有疑惑，或对行为有疑惑，那么，你就按照那些婆罗门的方式去做。这些婆罗门善于思考，自我约束而不受他人约束，不苛刻，热爱正法。（4）

还有，对于受指责者，你也要按照那些婆罗门的方式去做。这些婆罗门善于思考，自我约束而不受他人约束，不苛刻，热爱正法。（5）

这是教导。这是教诲。这是吠陀的奥义。这是教诫。应该遵照执行，应该遵照执行。（6）

十　二

愿密多罗赐福我们！愿伐楼那赐福我们！愿阿利耶摩赐福我们！愿因陀罗和毗诃波提赐福我们！愿大步跨越的毗湿奴赐福我们！

向梵致敬！风啊，向你致敬！你是可见的梵。我要说你是可见的梵。我要说你是规律。我要说你是真理。

愿它保护我！愿它保护说者！保护我！保护说者！

唵！和平！和平！和平！（1）

第二梵欢喜章

愿他保护我俩！愿他欣赏我俩！愿我俩勇健精勤！愿我俩学业辉煌！愿我俩不怨怼！

唵！和平！和平！和平！

一

唵！知梵者达到至高者。有诗为证：

梵是真理、知识和无限，

居于洞穴中，至高的空中；

谁知道这样，便和睿智

的梵一起，实现一切愿望。

注："洞穴中"指心中。

从它或从这个自我中产生空。从空中产生风。从风中产生火。从火中产生水。从水中产生地。从地中产生药草。从药草中产生食物。从食物中产生人。

这个人由食物的精华构成。这是他的头。这是右侧。这是左侧。这是自我。这是下体，根基。有偈颂为证：（1）

二

这些众生依赖大地，全都从食物中产生，

然后，他们依靠食物生活，最终又返回它；

食物在生物中最古老，被称为一切的药草。

凡是崇拜梵为食物，他们获得所有的食物，

食物在生物中最古老，被称为一切的药草。

生物从食物中产生后，又依靠食物生长，

食物被吃，也吃生物，故而被称为食物。

注：食物（anna）这个名词源自动词词根"吃"（ad）。

这内在的自我由气息构成，不同于由食物精华构成的人。人体充满气息。气息也呈现人的模样。它的人的模样效仿人体的人的模样。元气是它的头。行气是右侧。下气是左侧。空是自我。地是下体，根基。这也有偈颂为证：(1)

三

众天神随着气息呼吸，人和牲畜也是如此；

气息是众生寿命，故而被称为一切的寿命。

凡是崇拜梵为气息，他们获得全部的寿命；

气息是众生寿命，故而被称为一切的寿命。

这确实是前者的有身自我。这内在的、由思想构成的自我，不同于由气息构成的自我。气息充满思想。思想也呈现人的模样。它的人的模样效仿气息的人的模样。夜柔是它的头。梨俱是右侧。娑摩是左侧。教导是自我。阿达婆和安吉罗是下体，根基。这也有偈颂为证：(1)

注："前者的有身自我"这个短语中，"前者"指人的身体；"有身自我"指存在于身体中的自我。阿达婆和安吉罗是两位拜火祭司名。这两个名字的合称用于指称《阿达婆吠陀》。

四

语言和思想不能到达而从那里返回，

如果知道梵的欢喜，他就无所畏惧。

这确实是前者的有身自我。这内在的、由知识构成的自我，不同于由思想构成的自我。思想充满知识。知识也呈现人的模样。它的人的模样效仿思想的人的模样。信仰是它的头。规律是右侧。真理是左侧。瑜伽是自我。摩诃是下体，根基。这也有偈颂为证：（1）

注："瑜伽"（Yoga）指修炼身心的方法。

五

知识指导祭祀，知识也指导行动，

一切天神崇拜最古老的梵为知识。

如果知道梵是知识，而不懈怠放逸，

摒弃身体的罪恶，就实现一切愿望。

这确实是前者的有身自我。这内在的、由欢喜构成的自我，不同于由知识构成的自我。知识充满欢喜。欢喜也呈现人的模样。它的人的模样效仿知识的人的模样。可爱是它的头。欢欣是右侧。喜悦是左侧。欢喜是自我。梵是下体，根基。这也有偈颂为

证：(1)

注：以上将自我分成由食物、气息、思想、知识和欢喜构成的自我,步步深入。

六

如果他知道梵是不存在,

那么,他自己也不存在;

如果他知道梵是存在,

那么,人们知道他存在。

这确实是前者的有身自我。由此产生疑问:

任何不知者死后前往那个世界吗?

或任何知者死后前往那个世界吗?

注："不知者"指不知梵者,"知者"指知梵者。

他产生愿望:"我要变多,我要繁殖。"他实施了苦行,创造这一切。创造了所有这一切,他进入其中。进入了其中,他成为存在者和无形者,可言说者和不可言说者,居处和非居处,知识和非知识,真实和非真实。真实成为所有这一切。人们称之为真实。这也有偈颂为证:(1)

注：这里的"他"指至高自我,也就是梵。

七

最初,这一切不存在,而从它产生存在;

它自己创造自我,因此,它被称为善行。

这确实是善行,确实是本质。获得这种本质,也就获得欢喜。如果空中没有这种欢喜,谁会吸气? 谁会呼气? 因为它确实导致欢喜。因为一旦在这不可见者、无形体者、不可言说者和非居处者中发现无所畏惧是根基,他就会达到无所畏惧。而一旦在它之中制造哪怕细微的裂缝,他就会产生恐惧。确实,缺乏思考的知者怀有恐惧。这也有偈颂为证:(1)

八

出于惧怕它,风儿吹拂,

出于惧怕它,太阳升起,

火,因陀罗,死亡为第五,

出于惧怕它,迅速跑动。

下面是对欢喜的探究。若有一个青年,是个好青年,勤奋好学,行动敏捷,意志坚定,身体强健,这个大地和所有财富全都属于他,这算作一个凡人的欢喜。

一百个凡人的欢喜构成一个凡人健达缚的欢喜,也就是精通吠陀而不受欲望伤害者的欢喜。

注:健达缚(或译乾达婆)是天国歌伎。"凡人健达缚"指由凡人变成的健达缚。

一百个凡人健达缚的欢喜构成一个天神健达缚的欢喜,也就是精通吠陀而不受欲望伤害者的欢喜。

一百个天神健达缚的欢喜构成一个居于永久世界的祖先的欢

喜,也就是精通吠陀而不受欲望伤害者的欢喜。

　　一百个居于永久世界的祖先的欢喜构成一个天生天神的欢喜,也就是精通吠陀而不受欲望伤害者的欢喜。

　　注:"天生天神"指出生在天上的天神。

　　一百个天生天神的欢喜构成一个业报天神的欢喜,也就是精通吠陀而不受欲望伤害者的欢喜。

　　注:"业报天神"指依靠善业升入天国的天神。

　　一百个业报天神的欢喜构成一个天神的欢喜,也就是精通吠陀而不受欲望伤害者的欢喜。

　　一百个天神的欢喜构成一个因陀罗的欢喜,也就是精通吠陀而不受欲望伤害者的欢喜。

　　注:因陀罗是众天神之主。

　　一百个因陀罗的欢喜构成一个毗诃波提的欢喜,也就是精通吠陀而不受欲望伤害者的欢喜。

　　注:毗诃波提是天国祭司和众天神的老师。

　　一百个毗诃波提的欢喜构成一个生主的欢喜,也就是精通吠陀而不受欲望伤害者的欢喜。

　　注:生主是创造主。以上参阅《大森林奥义书》4.3.33。

　　他在这里的人中,在那里的太阳中,是同一者。若知道是这样,在死后,就从这个世界达到那个由食物构成的自我,达到那个由气息构成的自我,达到那个由思想构成的自我,达到那个由知识

构成的自我,达到那个由欢喜构成的自我。这也有偈颂为证:(1)

九

语言和思想不能到达而从那里返回,

如果知道梵的欢喜,他就无所畏惧。

他确实不会为此烦恼:"我怎么会没有行善?我怎么会作恶?"知道这样,他就能使自我摆脱这两者。确实,知道这样,他使自我摆脱这两者。这就是奥义。(1)

注:"两者"指善和恶。"摆脱这两者"指摆脱关于善和恶的烦恼,即超越善和恶。

第三婆利古章

一

婆利古是伐楼那之子。他走近父亲伐楼那,说道:"尊者啊,请教给我梵。"于是,伐楼那告诉他:"食物,气息,眼睛,耳朵,思想,语言。"接着,又对他说:"这些众生从它那里产生;产生后,依靠它生活;后又返回它,进入它。你努力认识它吧! 它就是梵。"

他实施苦行,完毕苦行。(1)

二

他认识到食物是梵。因为这些众生确实从食物中产生;产生后,依靠食物生活;后又返回食物,进入食物。认识了它,他又走近父亲伐楼那,说道:"尊者啊,请教给我梵。"伐楼那告诉他:"你努力依靠苦行认识梵吧!苦行就是梵。"

他实施苦行,完毕苦行。(1)

三

他认识到气息是梵。因为这些众生确实从气息中产生;产生后,依靠气息生活;后又返回气息,进入气息。认识了它,他又走近父亲伐楼那,说道:"尊者啊,请教给我梵。"伐楼那告诉他:"你努力依靠苦行认识它吧!苦行就是梵。"

他实施苦行,完毕苦行。(1)

四

他认识到思想是梵。因为这些众生确实从思想中产生;产生后,依靠思想生活;后又返回思想,进入思想。认识了它,他又走近父亲伐楼那,说道:"尊者啊,请教给我梵。"伐楼那告诉他:"你努力依靠苦行认识梵吧!苦行就是梵。"

他实施苦行,完毕苦行。(1)

五

他认识到知识是梵。因为这些众生确实从知识中产生;产生后,依靠知识生活;后又返回知识,进入知识。认识了它,他又走近父亲伐楼那,说道:"尊者啊,请教给我梵。"伐楼那告诉他:"你努力依靠苦行认识梵吧!苦行就是梵。"

他实施苦行,完毕苦行。(1)

六

他认识到欢喜是梵。因为这些众生确实从欢喜中产生;产生后,依靠欢喜生活;后又返回欢喜,进入欢喜。

这是婆利古和伐楼那的学问,安居于至高的空。知道这样,他就获得安居。他拥有食物,吃食物。他拥有后嗣、牲畜和梵的光辉而伟大,声誉卓著。(1)

七

不应该贬损食物。这是誓言。气息是食物,身体是吃食物者。身体安居于气息中,气息安居于身体中。故而,食物安居于食物中。知道食物安居于食物中,他就获得安居。他拥有食物,吃食物。他拥有后嗣、牲畜和梵的光辉而伟大,声誉卓著。(1)

八

不应该鄙视食物。这是誓言。水是食物,火是吃食物者。火安居于水中,水安居于火中。故而,食物安居于食物中。知道食物安居于食物中,他就获得安居。他拥有食物,吃食物。他拥有后嗣、牲畜和梵的光辉而伟大,声誉卓著。(1)

九

应该多制作食物。这是誓言。地是食物,空是吃食物者。空安居于地中,地安居于空中。故而,食物安居于食物中。知道食物安居于食物中,他就获得安居。他拥有食物,吃食物。他拥有后

嗣、牲畜和梵的光辉而伟大,声誉卓著。(1)

十

不应该拒绝任何求宿的客人。这是誓言。因此,应该以任何方式备足食物。他们会说:"已经为他备好食物。"以上等方式备好食物者,食物以上等方式回馈他。以中等方式备好食物者,食物以中等方式回馈他。以末等方式备好食物者,食物以末等方式回馈他。(1)

人们知道这样。它是语言中的安妥,元气和下气中的吐纳,双手的动作,双脚的行走,肛门的排泄。这些涉及人的想法。还有,涉及神的想法。它是雨中的满足,闪电中的威力。(2)

牲畜中的名气,星宿中的光芒,生殖器中的后嗣、永生和欢喜,空中的一切。若崇拜它为根基,就会获得根基。若崇拜它为伟大,就会变得伟大。若崇拜它为思想,就会富有思想。(3)

若崇拜它为致敬,各种愿望就会向他致敬。若崇拜它为梵的毁灭力,仇视他的敌人会死去,他所憎恨的人也会死去。

他在这里的人中,他在那里的太阳中,是同一者。(4)

若知道这样,在死后,他就从这个世界达到那个由食物构成的自我,达到那个由气息构成的自我,达到那个由思想构成的自我,达到那个由知识构成的自我,达到那个由欢喜构成的自我。在这些世界中漫游,随意进食,随意变形。他坐着吟唱这首娑摩歌:哈呜!哈呜!哈呜!(5)

我是食物,我是食物,我是食物!

我吃食物,我吃食物,我吃食物!

我作偈颂,我作偈颂,我作偈颂!

注:"我作偈颂"(slokakṛt)也可读为"我是结合者",意谓既是食物,又是吃食物者,主体和客体的结合者。

我是规律的第一位出生者,

先于众天神,在永恒的肚脐。

施与我者也会这样保护我,

我是食物,也是吃食物者。

我已经征服一切世界,

我光辉灿烂如同太阳。

人们知道这样。这就是奥义。(6)

自在奥义书

唵！那圆满，这圆满，圆满出自圆满，

从圆满获得圆满，始终保持圆满。

唵！和平！和平！和平！

注：以上是开头的和平祷词。其中的"圆满"指梵。

自在居住在活动于这个世界的所有这一切中；

你应该通过弃绝享受，不要贪图任何人的财富。（1）

注：自在(Īśā)指主宰世界一切的神，至高的自我或灵魂。"弃绝"指摆脱对一切虚妄事物的执着。

人应该在这世上做事，渴望长命百岁；

你就这样，而非别样，业不会沾染人。（2）

注："做事"或译作业。业(karma)指行动，尤其指祭祀活动。一个人只要按照经典从事行动，业就不会沾染或玷污他。

那些名为阿修罗的世界，笼罩蔽目的黑暗，

那些戕害扼杀自我的人，死后都前往那里。（3）

注："阿修罗的世界"即魔的世界。参阅《大森林奥义书》4.4.11。

唯一者不动，却比思想更快，

　　　　始终领先，众天神赶不上它；

　　　　它站着，却超越其他奔跑者，

　　　　在它之中，风支持所有的水。（4）

注："唯一者"指自我，也指梵。"众天神"代表各种感官，"风"代表生命气息，"水"代表各种生命活动。

　　　　它既动又不动，既遥远又邻近，

　　　　既在一切之中，又在一切之外。（5）

　　　　在自我中看到一切众生，在一切

　　　　众生中看到自我，他就不会厌弃。（6）

注："不会厌弃"指不会厌恶或惧怕一切众生。

　　　　对于知者来说，自我即是一切众生；

　　　　他看到唯一性，何来愚痴？何来忧愁？（7）

注："知者"指知道自我者。

　　　　他遍及一切，光辉，无身躯，无伤痕，

　　　　无筋腱，纯洁无瑕，不受罪恶侵袭；

　　　　他是圣贤，智者，遍入者，自在者，

　　　　在永恒的岁月中，如实安置万物。（8）

注："他"指自我，也指梵。"圣贤"（kavi）指吠陀仙人，即洞悉一切者，吠陀颂诗的创作者。后来，kavi 一词用于指称诗人。

　　　　那些崇尚无知的人，陷入蔽目的黑暗，

　　　　那些热衷知识的人，陷入更深的黑暗。（9）

注：这里，"无知"（avidyā）指行动，尤其指祭祀活动。"知识"（vidyā）指智

慧,尤其指关于天神的知识。前一种人有行动,无智慧;后一种人有智慧,无行动。这颂见《大森林奥义书》4.4.10。

我们听到智者们向我们解释说:

那不同于无知,也不同于知识。(10)

同时知道无知和知识这两者的人,

凭无知超越死,凭知识达到不死。(11)

注:只有行动和智慧相结合,才能通过行动超越死,通过智慧达到不死,即达到永恒。

那些崇尚不生成的人,陷入蔽目的黑暗,

那些热衷生成的人,陷入更深的黑暗。(12)

注:"不生成"指不显现者,即不显现的原初物质(prakṛti)。"生成"指显现者,即由原初物质衍生的现象世界。这里意谓不显现的原初物质和显现的现象世界,两者不能割裂。

我们听到智者们向我们解释说:

那不同于生成,也不同于不生成。(13)

同时知道生成和不生成这两者的人,

凭毁灭超越死,凭生成达到不死。(14)

注:凡显现的生成者都会毁灭,返回不显现的原初物质。

真理的面容覆盖着金盘,普善啊!

我遵奉真理,请你揭开它,让我看到。(15)

注:普善(Pūṣan,词义为养育者)是太阳神之一。

普善! 唯一的仙人! 控制者! 太阳!

生主之子！请放出光芒，聚合光辉！

我看到了你的极其美好的形象，

那个，其中那个原人，我就是他。（16）

注：这里意谓在太阳中看到原人。"原人"指至高自我。"我就是他"，意谓个体自我与至高自我同一。

风永不停息，永不灭寂，

而身体最终化为灰烬，

唵！心啊！请记住这事！

心啊！记住，记住这事！（17）

注："风"指维持生命的气息。这里译为"心"的 kratu 一词是个多义词，含有祭祀、智力、决心和意志等意义。

火啊！带我们遵循正道，走向繁荣，

天神啊！你知道我们的一切行为；

请你为我们驱除阴险的罪恶吧，

我们会献给你至高无上的赞歌。（18）

注：这首颂诗见《梨俱吠陀》1.189.1。以上 15—18，见《大森林奥义书》5.15.1—4。

由 谁 奥 义 书

但愿我的肢体、语言、呼吸、眼睛、耳朵以及体力和感官健壮!

奥义书中的梵是一切。但愿我不抛弃梵,但愿梵不抛弃我。但愿它不抛弃,但愿我不抛弃。

但愿奥义书中的那些正法活存在热爱自我的我之中!

唵! 和平! 和平! 和平!

第 一 章

由谁的意愿和指令,思想出现?

由谁促使最初的生命气息启动?

由谁的意愿,人们说这样的语言?

是哪位天神,安排这眼睛和耳朵? (1)

他是眼睛的眼睛,思想的思想,

语言的语言,生命气息的气息,

耳朵的耳朵;智者们超脱一切,

离开这个世界后,达到永恒。 (2)

注:"他"指自我。"智者们"指那些认识到自我寓于一切之中的人。参阅

《大森林奥义书》4.4.18。

> 眼睛看不到，语言说不到，思想想不到；
>
> 我们不清楚，我们不知道该怎样说明它。（3）

注："它"指梵。这里意谓梵不可目睹，不可言说，不可思议。

> 我们听到前贤向我们解释说：
>
> 它不同于已知，也不同于未知。（4）

注：参阅《自在奥义书》10。

> 不是凭语言表达它，而是语言由它表达；
>
> 你要知道它就是梵，而非人们所崇拜者。（5）

注：第5至第9颂是指出梵不同于人们崇拜的天神。

> 不是凭思想思考它，而是思想由它思考；
>
> 你要知道它就是梵，而非人们所崇拜者。（6）

> 不是凭眼睛观看它，而是眼睛由它观看；
>
> 你要知道它就是梵，而非人们所崇拜者。（7）

> 不是凭耳朵谛听它，而是耳朵由它谛听；
>
> 你要知道它就是梵，而非人们所崇拜者。（8）

> 不是凭气息呼吸它，而是气息由它呼吸；
>
> 你要知道它就是梵，而非人们所崇拜者。（9）

第 二 章

> 如果你认为自己知道，而你实际上

对梵的形态的了解，也是微乎其微，

无论是它涉及你，还是涉及众天神，

因此你应该探索，即使你认为知道。（1）

注：这里是老师对学生说的话，意思是对梵的认知不能局限于人和天神的范围。

我不认为我知道，我也不知道我不知道；我们

之中，知道它者知道它，他也不知道他不知道。（2）

不思考它者知道，思考它者不知道；

认知它者不认知，不认知它者认知。（3）

注：以上旨在说明对梵的认识不同于一般的认识。

若凭觉悟知道它，他便获得永恒性；

他凭自我获得勇气，凭智慧达到永恒。（4）

如果在这世知道它，则获得真实，

如果在这世不知道它，则损失巨大；

那些智者在万事万物中辨认出它，

他们死后离开这个世界，达到永恒。（5）

第 三 章

梵为众天神赢得胜利。在这梵的胜利中，众天神兴高采烈。他们思忖道："这是我们的胜利，这是我们的伟大。"（1）

梵知道他们的想法。于是，梵向他们显形。而他们不认识梵，

问道:"这是哪个药叉?"(2)

注:药叉(Yakṣa,词义为值得尊敬者)是一类精灵。

他们对火神说道:"知生者啊,你去了解一下,这是哪个药叉?""好吧!"(3)

注:知生者(Jātavedas)是火神的称号。

他走向前去。梵询问他:"你是谁?"他说道:"我是火神,我是知生者。"(4)

"你有什么本领?""我能焚烧大地上所有这一切。"(5)

梵将一根草放在他前面,说道:"焚烧它吧!"他快速上前,但不能焚烧这根草。于是,他转回,说道:"我无法得知这是哪个药叉。"(6)

然后,众天神对风神说道:"风神啊,你去了解一下,这是哪个药叉?""好吧!"(7)

他走向前去。梵询问他:"你是谁?"他说道:"我是风神,我是摩多利希凡。"(8)

注:摩多利希凡(Mātariśvan)是风神的称号。

"你有什么本领?""我能卷走大地上所有这一切。"(9)

梵将一根草放在他前面,说道:"卷走它吧!"他快速上前,但不能卷走这根草。于是,他转回,说道:"我无法得知这是哪个药叉。"(10)

然后,众天神对因陀罗说道:"摩伽凡啊,你去了解一下,这是哪个药叉?""好吧!"他走向前去。然而,梵从他面前消失

了。(11)

注:摩伽凡(Maghavan)是因陀罗的称号。

就在空中那个地点,他遇见一位女子,也就是漂亮美丽的雪山之女乌玛。他询问她:"这是哪个药叉?"(12)

第　四　章

她说道:"那是梵。依靠梵的胜利,你们兴高采烈。"于是,他当即知道了"那是梵"。(1)

因此,火神、风神和因陀罗这些天神远远胜过其他天神。因为他们最接近地接触到它,因为他最先知道它是梵。(2)

注:这里,"他最先知道"中的"他",按照句义应该是"他们"。原文如此。

因此,因陀罗远远胜过其他天神。因为他最接近地接触到它,因为他最先知道它是梵。(3)

这是关于它的教诲。对于众天神,它如同闪电闪烁,如同眼睛眨动。(4)

注:"它"指梵。

而对于自我,思想仿佛走向它;通过思想回忆它,经常想念它。(5)

它确实是可爱者。应该作为可爱者受到崇尚。有人知道它这样,一切众生都会仰慕他。(6)

"先生啊,请教给我奥义!""已经教给你奥义。我们已经教给

你关于梵的奥义。"（7）

　　苦行、自制和行动是它的基础。诸吠陀是它的所有肢体。真实是它的居所。（8）

　　注："它"指奥义。

　　有人这样知道奥义，他就会涤除罪恶，安居在无限的、不可战胜的天国世界。（9）

伽 陀 奥 义 书

但愿他保护我俩！但愿他欣赏我俩！但愿我俩勇健精勤！但愿我俩学业辉煌！但愿我俩不怨怼！

唵！和平！和平！和平！

注："我俩"指老师和学生。

第 一 章

一

人们说，婆遮湿罗婆心怀愿望，施舍一切财富。他有个儿子名叫那吉盖多。（1）

注：婆遮湿罗婆在祭祀中施舍一切财富，希望获得果报。

谢礼被带走时，虽然他只是一个少年，但心生信仰。他思忖：（2）

注："谢礼"指施舍给婆罗门祭司的财物，以答谢他们主持祭祀仪式。

"已经饮过水，已经吃过草，

已经被挤奶，感官已衰竭，

施舍它们的人走向名为

'没有欢乐'的那些世界。"(3)

注:"它们"指那些作为谢礼的母牛。它们已经衰竭，不再能喝水、吃草和产奶，也不再能生育牛犊。因而，施舍这种母牛的人，只能再生在"没有欢乐"的世界。

他对父亲说:"父亲啊，你将我施舍给谁?"他重复说了一次，二次。父亲便说道:"我将你施舍给死神。"(4)

注:那吉盖多觉得父亲这样的施舍不能获得好的果报。于是，他愿意将自己也作为谢礼施舍。

"众人之中我领先，

众人之中我居中，

今天父亲要通过我，

对阎摩尽什么职责?(5)

注:这颂和下一颂是那吉盖多的内心独白。他觉得自己的品行在众人中或领先，或居中，不知父亲为何要将他送给死神阎摩。

"请看看前辈人，请想想后来人，

凡人如谷物成熟，如谷物再生。"(6)

注:这里，那吉盖多思考人的生死轮回。

婆罗门客人如火进入家中，他们

安抚他，说:"太阳之子，取水来!"(7)

注:"太阳之子"指阎摩。那吉盖多到达阎摩家中，阎摩家人提醒阎摩取水接待婆罗门客人。

对于不供奉食品的愚人，

婆罗门客人剥夺他这一切：

愿望和期盼，团结和友谊，

祭祀和善行，儿子和牲畜。（8）

注：这里强调热情接待婆罗门客人的重要性。可以视为叙述者的话，也可视为阎摩家人的话。

"婆罗门啊，你是尊敬的客人，

在我家住了三夜，没有进食；

我向你致敬！也祝愿我吉祥！

因此，我请你选择三个恩惠。"（9）

注：这是阎摩对那吉盖多说的话。据传说，那吉盖多到达阎摩家时，阎摩有事在外，三天后才相见。以下是那吉盖多和阎摩的对话。

"但愿乔答摩忧虑得以平息，

心情愉快，对我的怒气消失，

欢迎你释放我回家，死神啊！

三个恩惠，我选择这第一个。"（10）

注：乔答摩是家族名，指那吉盖多的父亲。

"奥达罗吉·阿卢尼因我

施恩，会像以前一样愉快；

他看到你摆脱死神之嘴，

会消除怒气，夜夜安睡。"（11）

注：奥达罗吉·阿卢尼也是吉盖多父亲的名字。

"在天国世界，没有任何恐惧，

因你不在那里，而无衰老之虑；

摆脱饥饿和焦渴，超越忧愁，

安居在天国世界，充满欢愉。（12）

"你知道天国之火，死神啊！

请告诉我这怀有信仰之人；

那些天国居民享有永恒性，

这是我选择的第二个恩惠。"（13）

"这天国之火，那吉盖多啊！

我知道，我告诉你，让你知道；

它是根基，靠它达到无限世界，

你要知道，它深藏在洞穴中。"（14）

注：这里意谓火是一切存在的根基和底蕴。

死神告诉他火是世界之源，

告诉他祭坛的用砖及数量；

他如实复述听到的这些话，

死神很满意，继续向他讲述。（15）

灵魂高尚的死神高兴地说：

"我今天再赐给你这个恩惠：

凭你的名字就能知道这火，

并请接受这个多色的项链。（16）

注："多色的项链"指项链为一，色为多。"项链"（sṛṅkā）一词的另一词义

是道路。这样,也引申理解为在同一条道路上有多种行动("业")。

> "举行三次那吉盖多祭,与三
>
> 结合,履行三业,超越生和死,
>
> 知道和沉思这位知梵生尊神,
>
> 他便达到无限的和平宁静。(17)

注:"那吉盖多祭"即火祭。前一颂中提到"凭你的名字就能知道这火"。因此,那吉盖多是火的别名。"与三结合"中的"三"指父、母和老师,或指吠陀、传承和善人。"三业"指祭祀、学习和施舍。"知梵生"指知道一切由梵而生。"知梵生尊神"指火。

> "智者完成三次那吉盖多祭,
>
> 知道这三,沉思那吉盖多火,
>
> 他破除了前面的死亡罗网,
>
> 超越忧愁,享受天国的快乐。(18)

> "这是你的通向天国之火,
>
> 也就是你选的第二个恩惠;
>
> 人们将会称说这火属于你,
>
> 那吉盖多,请选第三个恩惠!"(19)

> "有个关于死去之人的疑惑:
>
> 人们或说存在,或说不存在;
>
> 我想要知道这个,请你指教!
>
> 这是我选择的第三个恩惠。"(20)

> "甚至古代天神也对此困惑,
>
> 其中的法则微妙,不易理解;

那吉盖多啊,请你另选恩惠!

抛弃这个疑问,不要为难我。"(21)

"确实众天神也对此困惑,

死神啊,你也说这不易理解,

而像你这样的说者不可得,

也没有别的恩惠与此相等。"(22)

"你选择子子孙孙长命百岁,

大量的牲口、象、马和金子!

你选择广阔的领地,而你

自己活多少年,随你的心愿!(23)

"如果你认为这恩惠相等,

那就选择财富和长寿吧!

那吉盖多啊,你统治大地,

我让你满足所有的愿望。(24)

"人间难以实现的任何愿望,

随你的心意,提出请求吧!

这些美女,连同车辆和乐器,

都是尘世凡人难以获得的,

由我赠送,让她们侍奉你吧!

那吉盖多,别问我死亡问题。"(25)

"凡人的生存结束就在明天,

死神啊,一切感官活力衰竭;

所有的生命无不转瞬即逝，

留着你的车辆，你的歌舞！（26）

"凡人无法靠财富得到满足，

而看到你，我们怎能获得财富？

我们的生命全在你的掌控中！

因而，我仍然选择这个恩惠。（27）

"在下界衰老的凡人，若知道

和看透美色、爱欲和欢悦，

他已走近不老和不死世界，

怎么还会热衷过长的寿命？（28）

"这是人们的困惑，请你说明

浩茫未来这个问题，死神啊！

这个问题涉及深藏的奥秘，

那吉盖多不选择别的恩惠。"（29）

二

"至善一回事，欢乐另一回事，

两者束缚人，而目标不相同；

选取其中至善者，达到圆满，

选取其中欢乐者，失去目的。（1）

"至善和欢乐，同时走近人，

智者仔细观察，认真辨别，

因而智者选至善，不选欢乐，

愚者则选欢乐,不选至善。(2)

"你经过深思熟虑,抛弃

形态可爱的欲望和欢乐,

远离财富之路,那吉盖多啊!

尽管众多凡人沉溺其中。(3)

"智者们明白无知和知识,

这两者的指向迥然有别;

我认为那吉盖多渴求知识,

众多的欲望不能动摇你。(4)

"始终生活在无知之中,

却自认是智者和学者,

愚人们徘徊在歧路,

犹如盲人引导盲人。(5)

"痴迷财富,幼稚,任性,

未来不向这些愚人显示;

认为只有这世,别无其他,

这样的人一再受我控制。(6)

"许多人甚至不能听到他,

而即使听到,也不知道他;

听到而善于说出者是奇迹,

知道而善于教诲者是奇迹。(7)

"平庸之人讲述他,设想他

多种多样，也就变得不可理解；

而不依靠他人讲述，也没有出路，

因为他不可思辨，比微妙更微妙。（8）

注："不依靠他人讲述，也没有出路"，也就是说唯有依靠知者（即知道梵我同一者）讲述，别无出路。

"依靠思辨不能获得这信念，

依靠他人讲述，则容易理解；

最可爱的人啊，你坚持真理，

已经获得它，那吉盖多啊！

愿我们有你这样的提问者。（9）

"我知道财富无常，不可能

依靠无常者获得永恒者；

因此，我用无常的物质集成

那吉盖多火，而获得永恒者。（10）

"看到欲望的满足，世界的根基，

祭祀的无穷果报，无惧的彼岸，

伟大的歌颂赞美，那吉盖多啊！

你聪明睿智，坚定地抛弃一切。（11）

"那位古老的天神难以目睹，

深藏在洞穴之中，隐而不露；

智者依靠自我瑜伽，沉思

这位天神，摆脱快乐和忧愁。（12）

注："洞穴"喻指心。"自我瑜伽"指沉思自我。

　　"听到他,把握他,看清本质,

　　　获得这个微妙者,凡人喜悦,

　　　因为获得了应喜悦者;我认为

　　　这座福宅已为那吉盖多敞开。"(13)

　　"不同于正法,不同于非法,

　　　不同于已做,不同于未做,

　　　不同于过去,不同于未来,

　　　你所看到者,请你告诉我。"(14)

　　"所有吠陀宣告这个词,

　　　所有苦行称说这个词,

　　　所有梵行者向往这个词,

　　　我扼要告诉你这个词:

　　　它就是唵!(15)

　　"这个音节是梵,这个音节是至高者,

　　　知道这个音节,他便得以心遂所愿。(16)

　　"这是最好依托,这是最高依托,

　　　知道这个依托,在梵界享受尊贵。(17)

　　"这位智者不生,也不死,

　　　不来自哪儿,不变成什么,

　　　不生,永恒,持久,古老,

　　　身体被杀,它也不被杀。(18)

注:"这位智者"指自我。

"如果杀者认为杀它,

被杀者认为它被杀,

两者的看法都不对,

它既不杀,也不被杀。(19)

"这自我深藏在众生心穴中,

比微小更微小,比巨大更巨大;

无欲望者看到它,摆脱忧愁,

感官平静,认识到自我伟大。(20)

"它坐着也能远行,

它睡着也能周游,

除了我,有谁知道这位

喜悦或不喜悦的天神?(21)

注:参阅《自在奥义书》4—5。

"身体中的无身体者,

不安定中的安定者,

知道自我遍及一切,

伟大,智者不会忧愁。(22)

"获得这自我,不依靠言教,

不依靠智力,不依靠博闻,

那是依靠自我选中而获得,

自我向他展示自己的性质。(23)

"如果不戒绝恶行，不凝思静虑，

思想不平静，凭智慧也不能获得。"(24)

"婆罗门和刹帝利是它的食物，

死亡是调料，谁知道它在哪里？"(25)

三

"五火和那吉盖多三火，

那些知梵者指出这影和光

进入至高领域的洞穴中，

饮用善行世界的规律。(1)

注："五火"指在祭祀中供奉的五火。"影和光"喻指五火和那吉盖多三火，分别代表个体自我和至高自我。"规律"指果报。

"愿我们把握那吉盖多火，

它是不灭的、至高的梵，

祭祀者的津梁，让愿望

渡海者达到无惧的彼岸。(2)

"要知道自我是车主，身体是车辆，

要知道智慧是车夫，思想是缰绳。(3)

"智者们说感官是马匹，感官对象是领域，

与身体、感官和思想联系的自我是享受者。(4)

"缺乏智慧的人，思想经常不受约束，

他的感官犹如车夫难以驾驭的野马。(5)

"富有智慧的人,思想始终受到约束,

他的感官犹如车夫易于驾驭的驯马。(6)

"缺乏智慧,思想轻浮,常受污染,

他达不到那个境界,陷入轮回中。(7)

"富有智慧,思想沉稳,始终纯洁,

他达到那个境界,也就不会再生。(8)

"人以智慧为车夫,以思想为缰绳,

他到达目的地,毗湿奴的最高之步。(9)

注:毗湿奴(Visnu)在吠陀时期是一位太阳神,以跨越三大步著称。

"感官对象高于感官,思想高于感官对象,

智慧高于思想,而伟大的自我高于智慧。(10)

注:"伟大的自我"指个体自我。

"未显者高于伟大的自我,原人高于未显者,

没有比原人更高者,那是终极,至高归宿。(11)

注:"未显者"指原初物质。"原人"指至高自我。

"这个自我深藏在一切众生中,隐而不露,

而目光微妙者凭无上微妙的智慧能看见。(12)

注:"这个自我"指原人,即至高自我。

"智者将语言控制在思想中,

将思想控制在智慧自我中,

将智慧自我控制在伟大自我中,

将伟大自我控制在平静自我中。（13）

"起来！醒来！已获

恩惠,应该知道剃刀

刀刃锋利,难以越过,

圣贤们说此路难行。（14）

"知道它无声,无触,无色,

无味,无香,不变,稳定,

无始无终,高于伟大自我,

永恒,他便摆脱死神之嘴。"（15）

死神讲述的这个永恒的那吉盖多故事,

智者宣讲它,听取它,在梵界享受尊贵。（16）

若在婆罗门集会上,或者在葬礼上,

宣示这个至高奥秘,他便达到永恒,

他便达到永恒。（17）

第 二 章

一

自生者向外凿通那些感官,

因此人向外看,不看内在自我,

然而,有的智者追求永恒性,

他转过眼睛,向内观看自我。（1）

注:"自生者"指自我。

愚人们追随外在的欲望，

自己投身张开的死亡之网，

然而，智者们知道永恒性，

不在不稳定中寻求稳定。（2）

色、味、香、声、触和交欢，

靠它感受，认知，岂有他者？

这就是它。（3）

靠它感受梦中和觉醒，智者知道

这遍及一切的伟大自我，不会忧愁。（4）

知道眼前这位食蜜者，自我，生命，

过去和未来之主宰，他不会厌弃。

这就是它。（5）

它生于苦行之前，生于水之前，

进入洞穴之中，通过众生观看。

这就是它。（6）

阿底提是众神之母，与元气共存，

进入洞穴之中，与众生一起出生。

这就是它。（7）

火藏两片木中，似胎儿受孕妇保护，

人们每天醒来，奉上祭品，祭供这火。

这就是它。（8）

注:这首颂诗见《梨俱吠陀》3.29.2。

> 太阳从那里升起,在那里落下,
>
> 众天神之居处,谁也不能超越。
>
> 这就是它。(9)

注:参阅《大森林奥义书》1.5.23。

> 这里有,也在那里有,
>
> 那里有,同样这里有;
>
> 若在这里看似不同,
>
> 他从死亡走向死亡。(10)
>
> 唯有依靠思想得知,
>
> 在这里没有任何不同;
>
> 若在这里看似不同,
>
> 他从死亡走向死亡。(11)

注:参阅《大森林奥义书》4.4.19。

> 原人大似拇指,居于自我中,若知道
>
> 这是过去未来之主,也就不会厌弃。
>
> 这就是它。(12)

注:这里的"自我"可理解为身体。居于身体中的原人(即自我或灵魂)拇指般大小,这样的描写也见《白骡奥义书》3.13 和 5.8,《弥勒奥义书》6.38。在《摩诃婆罗多》中著名的莎维德丽故事中,这样描写阎摩取走萨谛梵的灵魂:"牵出一个系上套索的、拇指大的小人儿"。(3.281.16)

> 原人大似拇指,犹如无烟之火,

过去未来之主,同是今日明日。

这就是它。(13)

险峰绝顶上的雨水沿着山坡分流,

视万法相异者也是这样追随万法。(14)

净水流入净水,变成同样,乔答摩之子啊!

牟尼明白这个道理,他的自我也是这样。(15)

二

思想不扭曲的无生者,

有一座十一门的城堡,

控制它,则没有忧愁,

摆脱它,则获得解脱。

这就是它。(1)

注:"无生者"指自我。"城堡"指身体。"十一门"指双眼、双耳、双鼻孔、嘴、肛门、生殖器、肚脐和头顶。"控制它"和"摆脱它"中的"它"指城堡。

如同天鹅居于天空中,婆薮居于空中,

祭司居于祭坛中,客人居于苏摩酒罐中,

伟大规律居于人中,神中,规律中,空中,

生于水,生于牛,生于规律,生于山。(2)

注:"天鹅"喻指太阳。婆薮(Vasu)是神名。"伟大规律"指自我。这首颂诗见《梨俱吠陀》4.40.5。

引导元气向上,引导下气向后,

这侏儒坐中间,众天神侍奉他。(3)

注：自我大似拇指，故而又称为侏儒。

　　一旦居于身体的有身者离开，

　　摆脱身体，这里还会留下什么？

　　这就是它。（4）

注："有身者"指自我。

　　凡人活着，并非依靠元气和下气，

　　而是依靠这两者所依靠的那个。（5）

　　我将告诉你永恒的梵这个奥秘，

　　人死后，自我怎样，乔答摩之子！（6）

　　一些有身者进入子宫，从而获得身体，

　　另一些追随不动者，依照业和学问。（7）

　　这个原人在睡眠者中醒着，

　　创造种种愿望；它是纯洁者，

　　是梵，被称为不死的永恒者，

　　不可超越；一切世界依靠它。

　　这就是它。（8）

　　火原本是一个，进入世界之后，

　　依据所遇色，形成各种相应色，

　　同样，唯一的自我在一切众生中，

　　形成各种相应色，而又居于外。（9）

　　风原本是一个，进入世界之后，

　　依据所遇色，形成各种相应色，

同样,唯一的自我在一切众生中,

形成各种相应色,而又居于外。(10)

太阳是所有一切世界的眼睛,

不受外界各种错误的视觉污染,

同样,唯一的自我在一切众生中,

不受世界的痛苦污染,超然于外。(11)

唯一的主宰,一切众生的自我,

它使一种色成为多种色;智者们

知道它居于自我中,正是他们,

而不是其他人,获得永恒的幸福。(12)

无常中的恒常,知觉中的知觉,

满足众人愿望的唯一者;智者们

知道它居于自我中,正是他们,

而不是其他人,获得永恒的幸福。(13)

人们认为"这是它",这至高幸福不可言说,

怎样可以知道它?它照耀,还是不照耀?(14)

那里,太阳不照耀,星月不照耀,

那些闪电不照耀,更不必说这火;

一旦它照耀,一切都随之照耀,

依靠它的光芒,所有这些才照耀。(15)

三

这棵永恒的菩提树,树根

向上,枝条向下;它是纯洁者,

是梵,被称为不死的永恒者,

不可超越;一切世界依靠它。

这就是它。(1)

世界上的所有这一切,

出生和活动在元气中;

它是大恐怖,高举的雷杵,

人们知道它,便获得永恒。(2)

出于惧怕它,火燃烧,

出于惧怕它,太阳发热,

因陀罗,风,死亡为第五,

出于惧怕它,迅速跑动。(3)

注:参阅《泰帝利耶奥义书》2.8.1。

能在这世身体瓦解前知道它,

此后在创造世界中获得身体。(4)

在自我中见它,如在明镜中,

在祖先世界中见它,如在梦中,

在健达缚世界中见它,如在水中,

在梵界中见它,如在光和影中。(5)

知道感官的各种形态和起源,

出现和消失,智者不会忧愁。(6)

思想高于感官,本质高于思想,

大我高于本质，未显者高于大。（7）

注："大我"或"大"均指自我。

原人遍及一切，无相，高于未显者，

人知道它，便获得解脱，走向永恒。（8）

它的形态超越视觉，

无人能凭眼睛看到它；

凭心、智和思想理解它，

知道它，人们达到永恒。（9）

五种感官知觉连同思想，全都停止，

智慧也不动，人们说这是至高境界。（10）

人们认为这是瑜伽，牢牢把持感官，

不会迷乱，因为瑜伽就是来去生灭。（11）

不能用语言、思想和眼睛得知，

除了说"它存在"，还能怎么得知？（12）

注："它存在"也可译为"它在"或"它是"。

它存在和它的真实性，由这两方面认知；

确认了它存在，它的真实性也就会清晰。（13）

一旦摒弃盘踞心中的所有欲望，

凡人达到永恒，就在这里获得梵。（14）

注：这颂见《大森林奥义书》4.4.7。

一旦割断缠绕心中的所有缚结，

凡人达到永恒。这些便是教诲。（15）

一百零一条心脉，其中一脉通向头顶，

由它向上引向永恒，其他各脉通向各方。（16）

注：这颂见《歌者奥义书》8.6.6。

大似拇指的原人，这内在自我，

经常居于人心中；应该坚决地

将它与自己的身体作出区分，

犹如区分蒙遮草的草茎和草；

应该知道它是纯洁者，永恒者，

应该知道它是纯洁者，永恒者！（17）

注：这颂末行重复一次，以示强调。

那吉盖多获得死神讲述的

这种知识，完整的瑜伽法，

摆脱污垢和死亡，达到梵，

其他知道自我者也是这样。（18）

疑问奥义书

天神啊！愿我们凭耳朵听到吉祥，
尊神啊！愿我们凭眼睛看到吉祥；
愿我们的肢体和身躯结实健壮，
赞颂天神，享受天神赋予的寿命。

愿声誉卓著的因陀罗赐福我们，
愿通晓一切的普善赐福我们，
愿车轮坚固的达尔刹耶赐福我们，
愿天国导师毗诃波提赐福我们。

唵！和平！和平！和平！

第 一 问

婆罗堕遮之子苏盖舍，尸毗之子萨谛耶迦摩，苏尔耶之孙伽尔吉耶，阿湿婆罗之子憍萨利耶，维达巴国跋尔伽婆，迦迪耶之子迦般提，他们全都信奉梵，立足于梵，追求至高的梵。他们手持柴薪，走近尊者毕波罗陀，心想："他会向我们讲述一切。"(1)

注："柴薪"是学生拜见老师的礼物。

这位仙人对他们说:"你们要在这里住上一年,修炼苦行,恪守梵行和信仰。然后,依照你们的心愿提问。只要我知道,我会全部告诉你们。"(2)

然后,迦迪耶之子迦般提走近问道:"尊者啊,这些众生从何而生?"(3)

注:"然后"指一年后。

他回答说:"那是生主渴望生育。他修炼苦行。他完成苦行,产生物质和生命这一对。他想:'它俩会以各种方式为我创造众生。'(4)

"这太阳是生命。这物质是月亮。物质是有形和无形的这一切。因此,形体肯定是物质。(5)

注:"物质"分成粗大物质和微妙物质。粗大物质有形,微妙物质无形。

"太阳升起,进入东方,让东方所有生命笼罩在阳光中。太阳也照亮所有南方、西方、北方、下方、上方以及那些中间方位,让所有生命笼罩在阳光中。(6)

注:中间方位指东南、西南、西北和东北。这样,总共有十个方位。

"这就出现一切人,一切形,生命,火。这正是梨俱颂诗所说:(7)

注:"一切人"(Vaiśvānara,词义为与所有人相关的,或适合所有人的)是火或太阳的称号。这里,"一切人"、"一切形"、"生命"和"火",均指太阳。

"有一切形,辉煌,通晓万物,

至高的归宿,唯一的光和热,

有千道光芒，有百种转动，

众生之生命，这太阳升起。"(8)

"生主也就是年。他有南北两道。那些信奉祭祀和行善的人赢得月界。他们肯定还会返回。因此，渴望生育的仙人们遵循南道。这是祖先之道，也就是物质。(9)

"那些依靠苦行、梵行、信仰和知识追求自我的人遵循北道，赢得太阳。这是生命居处。它永恒，无畏。它是至高归宿。他们不再从那里返回。这是寂灭。有偈颂为证：(10)

注：关于"南北两道"的描述，参阅《大森林奥义书》6.2.15—16，《歌者奥义书》5.10.1—7。

"一些人说他是父亲，有五足，

十二形，位于天国上部，充满水，

而另一些人说他是全知者，

乘坐配有六辐的七轮之车。"(11)

注："五足"指五季。印度古代一般将一年分为六季：春季、夏季、雨季、秋季、霜季和寒季。五季意谓将其中的霜季和寒季合并为冬季。"十二形"指十二月。"充满水"指太阳吸水，又放水。"六辐"指六季。"七轮"指太阳乘坐的七匹马。这首颂诗见《梨俱吠陀》1.164.12。

"生主也就是月。他的黑半月是物质，白半月是生命。因此，这些仙人在白半月祭祀，而另一些人在黑半月。(12)

"生主也就是白天和夜晚。他的白天是生命，夜晚是物质。在白天交欢，是消耗生命，而在夜晚交欢，则是梵行。(13)

"生主也就是食物。从食物产生精子。从精子产生众生。(14)

"奉行生主的誓愿,他们生育双双对对。

"他们恪守苦行、梵行和

真理,这梵界属于他们;(15)

"不诡诈,不虚伪,不欺诳,

这纯洁的梵界属于他们。"(16)

第 二 问

然后,维达巴国跋尔伽婆询问他:"尊者啊,有多少天神维持众生？哪些天神照亮这个？而其中谁最优秀？"(1)

注:依据下面一句,可知"照亮这个"意谓照亮这个身体。

他回答说:"空这位天神,还有风、火、水、地、语言、思想、眼睛和耳朵。他们照亮,并说道:'我们支持和维持这个身体。'(2)

"最优秀的生命对他们说:'你们别陷入痴迷！那是我将自己分成五种,支持和维持这个身体。'(3)

注:"生命"(prāṇa)指生命气息。"五种"指五种气息:元气、行气、下气、中气和上气。

"他们不相信。仿佛出于骄傲,他升腾向上。而他升腾时,他们都随之升腾。他停下时,他们也都随之停下。正如蜜蜂们随蜂王翻飞而翻飞,随蜂王停下而停下,语言、思想、眼睛和耳朵也是这样。他们心悦诚服,赞颂生命道:(4)

注:关于生命气息与其他感官谁最优秀的争论,参阅《大森林奥义书》

6.1.7—14,《歌者奥义书》5.1.6—15。

　　　　"这是燃烧的火，太阳，

　　　　这是雨云，摩伽凡，风，

　　　　这是大地，物质，天神，

　　　　这是有和无，永恒者。（5）

　注：摩伽凡是因陀罗的称号。"有和无"或译存在和不存在。

　　　　"梨俱、夜柔、娑摩和祭祀，

　　　　还有刹帝利和婆罗门，

　　　　如同辐条固定在轮毂中，

　　　　他们全都立足于生命。（6）

　　　　"你作为生主，生命啊！

　　　　活动在胎藏，并生下；

　　　　你与那些气息同在，

　　　　众生为你取来食物。（7）

　　　　"你是天神的优秀输送者，

　　　　你是祖先的首位祭供者，

　　　　你是仙人们真实的行为，

　　　　安吉罗和阿达婆的后裔。（8）

　注："输送者"和"祭供者"指向天神和祖先提供祭品。安吉罗和阿达婆是拜火祭司。

　　　　"你是光辉的因陀罗，

　　　　你是保护者楼陀罗，

你是众星之主太阳，

行进在空中，生命啊！（9）

"一旦你降下雨水，

这些众生生气勃勃，

他们喜形于色，心想：

食物将会令人满意。（10）

"生命啊，你是纯洁者，食者，

唯一的仙人，一切存在之主，

我们是你的食物提供者，

风啊，你是我们的父亲。（11）

"你的形体在语言中，

在耳朵中，在眼睛中，

更是长久留在思想中，

请赐予吉祥，别离开！（12）

"安居于这天国之中的

所有一切都受生命控制，

就像母亲保护儿子们，

请赐予我们吉祥和智慧！"（13）

第 三 问

然后，阿湿婆罗之子憍萨利耶询问他："尊者啊，这生命产生于哪儿？他怎样来到这个身体中？他怎样分配自己，确立自己？又

怎样离开？怎样维持外在之物？与自我是怎样的关系？"（1）

他回答说："你询问了太多问题。考虑到你信奉梵，我便告诉你。（2）

"这生命产生于自我。犹如影子附随人，思想附随生命。生命通过思想活动来到这个身体中。（3）

"正如君王指定官吏管辖这些或那些村庄，生命也是这样，为那些气息确定各自的位置。（4）

"下气在肛门和生殖器中，生命元气自己在眼睛、耳朵、嘴和鼻孔中。中气在中部，因为它要平等地分送供奉的食物。由此，产生七种火焰。（5）

注："七种火焰"不详。或说是指双眼、双耳、双鼻孔和嘴。这七个感官获得食物滋养，产生活力。《剃发奥义书》2.1.8中也提到"七种火焰"，可参阅。

"这自我在心中。这里有一百零一脉。每条脉有一百支脉。每条支脉有七万二千细脉。行气在这些脉中运转。（6）

注：关于心中的这些脉管，参阅《大森林奥义书》2.1.19，《歌者奥义书》8.6.6。

"然后，向上的上气通过其中一脉，由善业引向善界，由恶业引向恶界，由善业和恶业引向人间凡界。（7）

"太阳是外在的元气。它升起，帮助眼睛中的元气。大地之神支持人的下气。天地之间的空是中气。风是行气。（8）

"火是上气。因此，一旦火熄灭，人便与进入思想的感官一起再生。（9）

"人依据思想进入生命。生命与火相连，与自我一起，引向所

想的世界。(10)

"智者知道生命如此,他的后嗣不会断绝,他会达到永恒。有偈颂为证:(11)

　　　"产生,来到,居处,管辖,

　　　五种气息,与自我的关系,

　　　凡知道生命的这些情形,

　　　他达到永恒,他达到永恒。"(12)

注:"产生"指生命产生于自我。"来到"指生命依据思想活动来到这个身体中。"居处"指生命的五种气息所处的身体各个部分。"管辖"指生命管辖五种气息。

第 四 问

然后,苏尔耶之孙伽尔吉耶询问他:"尊者啊,哪些在人中入睡?哪些在人中保持清醒?哪一位天神看见那些梦?谁享受这种快乐?所有一切安居在什么中?"(1)

他回答说:"伽尔吉耶啊,太阳落下西山时,所有的光线在那个光轮中合为一体,而当太阳再次升起,它们又开始活动。就像这样,所有一切在至高之神思想中合为一体。由此,这个人在这时不听,不看,不嗅,不品尝,不接触,不说话,不执取,不享乐,不排泄,不行动。人们说这是入睡。(2)

"而在这个城堡中,那些生命之火保持清醒。家主祭火是下气,南祭火是行气。东祭火引自家主祭火。由于'引自'(praṇay-ana),东祭火得名元气(prāṇa)。(3)

注:"城堡"喻指身体。"家主祭火"是家庭中日常供奉的火。"南祭火"是祭祖之火。"东祭火"是祭神之火。

"中气(samāna)得名于平等地(sama)引导吸气和呼气这两种祭品。而思想是祭祀者。祭祀的成果是上气。它天天引导祭祀者走向梵。(4)

"这位天神在梦中体验到尊贵伟大。他看到已经看到过的事物。他听到已经听到过的事物。他感受到在不同地点和方位已经感受过的事物。曾见和不曾见,曾听和不曾听,曾感受和不曾感受,存在和不存在,他看到所有一切。他作为所有一切,看到所有一切。(5)

注:"这位天神"指思想。

"如果这位天神被光焰征服,他就看不见那些梦。这时,在这个身体中,出现快乐。(6)

注:这是描述无梦的熟睡状态。

"贤士啊,正如鸟儿回巢栖息,所有一切进入至高自我栖息。(7)

"地和地元素,水和水元素,火和火元素,风和风元素,空和空元素,眼和可见者,耳和可听者,鼻和可嗅者,味和可品尝者,皮肤和可接触者,语言和可言说者,双手和可执取者,生殖器和可享乐者,肛门和可排泄者,双脚和可行走者,思想和可思考者,智慧和可理解者,我慢和可意识者,心和可思议者,光和可照亮者,气息和可维持者。(8)

注:"我慢"(ahaṅkāra)指自我意识。这里描述所有一切都进入至高自我

栖息。

"他是见者,听者,嗅者,品尝者,思想者,智者,行动者,知觉的自我,原人。他进入至高的、不灭的自我。(9)

注:"他"指个体自我。"至高的、不灭的自我"指梵。

"确实,任何人知道它无形,无体,无色,纯洁,不灭,也就达到这个至高的不灭者,贤士啊,他成为知一切者,一切者。有偈颂为证:(10)

"知觉的自我和一切天神,

各种气息和元素安居其中,

贤士啊,若知道这个不灭者,

便成为全知者,进入一切中。"(11)

第 五 问

然后,尸毗之子萨谛耶迦摩询问他:"尊者啊,在人中,始终沉思唵(Om)这个音节,直到去世,他由此赢得哪个世界?"(1)

他回答说:"萨谛耶迦摩啊,唵这个音节是上梵和下梵。因此,知者依此获取两者之一。(2)

"如果沉思一个音素,他由此觉知,得以迅速来到世界。梨俱颂诗引导他进入人间凡界。在这里,他具备苦行、梵行和信仰,享有尊贵。(3)

注:"一个音素"指 a。"来到世界"指死后返回人间凡界。

"如果沉思两个音素,夜柔祷词引导他进入空中月界。他在月界享有威力,然后再返回。(4)

注:"两个音素"指 a 和 u。

"而如果运用三个音素构成的唵这个音节,沉思至高原人,他便进入光中,太阳中。就像蛇蜕皮,他摆脱罪恶。娑摩颂歌引导他进入梵界。在那里,他看到比至高生命更高的、居于身体中的原人。有两首偈颂为证:(5)

注:"三个音素"指 a、u 和 m,构成 Om(唵)这个音节。按照"上梵和下梵"的区分,"沉思一个音素"和"沉思两个音素"是"下梵",这里沉思"三个音素构成的唵这个音节"是"上梵"。对于"上梵和下梵",也可参阅《剃发奥义书》1.1.5 中对"上知和下知"的说明。

> "这三个音素分别与死亡相连,
>
> 如果它们紧密结合,互不分离,
>
> 在外在、内在和中间行为中,
>
> 正确运用,知者便不会动摇。(6)

注:"外在、内在和中间行为"不详。或说是指觉醒、梦中和熟睡三种状态。

> "凭梨俱达到这个世界,凭夜柔达到
>
> 空中,凭娑摩达到圣贤所说的世界,
>
> 而凭唵这个音节,知者便由此达到
>
> 至高世界,平静,不老,不死,无畏。"(7)

第 六 问

然后，婆罗堕遮之子苏盖舍询问他："尊者啊，憍萨罗国王子金毅走近我，询问这个问题：'婆罗堕遮之子啊，你知道那个有十六分的原人吗？'我告诉这位王子说：'我不知道这个原人。我若知道这个原人，怎会不告诉你？说谎的人会连根枯萎。因此，我不说谎。'他默默登车离去。我就问你这个问题，这个原人在哪儿？"（1）

他回答说："这个原人就在这里，在身体里，贤士啊！这十六分就在他之中。（2）

"他思忖：'谁起来时，我也起来？谁停下时，我也停下？'（3）

"他创造生命，从生命产生信仰、空、风、光、水、地、感官、思想和食物，从食物产生勇气、苦行、颂诗、行动、世界和世界的名称。（4）

注：这些便是十六分，或称十六分支。《大森林奥义书》1.5.14提到生主含有十六分，可参阅。

"那些河流流向大海，到达大海后，消失不见。它们的名色消解，只被称为大海。同样，这位目睹一切者的十六分以原人为归宿，到达原人后，消失不见。它们的名色消解，只被称为原人。他是无分者，永恒者。有偈颂为证：（5）

注："名色"（nāmarupa）指名称和形态。"目睹一切者"指原人。参阅《歌者奥义书》6.10.1。

"如同辐条置入轮毂，

这些分支安居其中，

你要知道应知者原人，

但愿死亡不折磨你们！"(6)

他对他们说："我知道的至高的梵就是这样，没有比它更高者。"(7)

他们赞颂他："你是我们的父亲，带领我们渡过无知之海，到达彼岸。向至高的仙人们致敬！向至高的仙人们致敬！"(8)

剃发奥义书

第 一 章

一

梵天位居众天神之首,

宇宙创造者,世界保护者;

他向长子阿达婆传授梵学,

那是一切知识的根基。(1)

梵天将这梵学传给阿达婆,阿达婆

传给安吉罗,安吉罗传给婆罗堕遮

之子萨谛耶婆诃,婆罗堕遮之子又

传给安吉罗娑,它包含上知和下知。(2)

大家主绍那迦按照仪轨,走近安吉罗娑,问道:"尊者啊,知道了什么,便知道所有一切?"(3)

他回答说:"知梵者们说应该知道两种知识:上知和下知。(4)

"其中,下知是梨俱吠陀、夜柔吠陀、娑摩吠陀、阿达婆吠陀、语

音学、礼仪学、语法学、词源学、诗律学和天文学。然后，是上知。依靠它，认识不灭者。"(5)

> 智者们认为它不可目睹，
>
> 不可把握，无族姓，无种姓，
>
> 无手无脚，永恒，遍及一切，
>
> 微妙，不变，万物的源泉。（6）

> 正如蜘蛛吐丝和纳丝，
>
> 正如大地上长出药草，
>
> 正如人身上长出毛发，
>
> 所有一切源自不灭者。（7）

> 苦行积聚梵，由此产生食物，由食物产生
>
> 生命、思想、真理、诸世界、诸业和永恒。（8）

注："苦行"也有热量和沉思的含义。

> 它是全知者，通晓一切，苦行由知识构成，
>
> 因此，由它产生这梵、名称、形态和食物。（9）

二

> 这是那个真理：
>
> 诗人们在颂诗中看到的祭祀，
>
> 以各种方式展现在三吠陀中；
>
> 你们热爱真理，经常举行祭祀，
>
> 沿着这条道路，走向善业世界。（1）

注："三吠陀"一词在原文中只是一个"三"（treta）字。因此，这个"三"字也可解读为"三分时代"。按照印度古代的历史循环论，每个大时代由四个时代组成：圆满时代、三分时代、二分时代和迦利时代。

一旦祭火点燃，火苗跃动，应该满怀

虔诚，在浇灌两勺酥油间，投放祭品。（2）

举行火祭而缺乏新月祭和满月祭，

缺乏四月祭和收获祭，不招待客人，

不供奉众天神，或不按照规则供奉，

这样的行为将毁坏他的七个世界。（3）

注："七个世界"指包括自己在内，上溯三代，下延三代。

黑色，恐怖，神速，艳红，烟色，火花，

完美女神，这些是七种跃动的火舌。（4）

注："完美女神"喻指通体发亮而优美的火苗。

在这些闪耀的火舌中，

及时行祭，供奉祭品，

那些太阳光线引领他，

到达唯一的神主居处。（5）

注："太阳光线"指祭品，意谓那些祭品在火舌中化为太阳光线。"神主"指天王因陀罗。

那些闪光的祭品召唤祭祀者：

"来，来！"用太阳光线带领他，

尊敬他，以可爱的语言告诉他：

"这是你们行善获得的梵界。"（6）

为数十八的这些祭祀仪式，

如同破船，被认为是低下之业，

那些愚者视为至福，满心欢喜，

结果是再次返回衰老和死亡。（7）

注："为数十八"指十六位祭司加上祭祀者夫妇。

始终生活在无知之中，

却自认是智者和学者，

愚者们到处蒙受伤害，

犹如盲人引导盲人。（8）

注：参阅《伽陀奥义书》1.2.5。

愚者们陷身各种各样的无知中，

而自以为"我们已经达到目的"，

祭祀者出于贪着，不知道这些，

以致从耗尽的世界坠落而痛苦。（9）

注：祭祀者通过祭祀获得果报，再生在更好的世界（如天国），而一旦功德耗尽，又从那个世界坠落。

愚者以为祭祀和善行最好，

不知道还有比这些更好者；

他们靠善行享受天国之后，

又进入这个或更低的世界。（10）

在森林中恪守苦行和信仰，

平静的知者们遵循比丘行；

他们涤尽污垢，经由太阳门，

走向灵魂不变的永恒原人。（11）

注："比丘行"即乞食生活。

考察了那些由业积聚的世界，

婆罗门心生厌弃：无非业所成；

应该手持柴薪，去向通晓吠陀、

立足于梵的老师求教这种知识。（12）

注："无非业所成"（nāstyakṛtaḥ kṛtena），即一切由业造成。但按原文也可解读为"不被创造者"（梵）不依靠"被创造者"（业），也就是说，不能依靠业获得梵。"柴薪"是学生拜见老师的礼物。

按照仪轨走向前来，思想

平静，沉着镇定，知者如实

向他讲述梵学，让他据此

知道真正的、不灭的原人。（13）

第　二　章

一

这是那个真理：

从熊熊燃烧的火中，迸出

数以千计与火相似的火花，

同样，各种各样生物，贤士啊！

　　从不灭者中产生，又回到那里。（1）

注：这里的"不灭者"指原初物质。

　　原人神圣，没有形体，

　　既在外，又在内，不生，

　　无呼吸，无思想，纯洁，

　　比至高的不灭者更高。（2）

　　由他产生呼吸、思想和一切感官，

　　空、风、光、水和承载一切的地。（3）

　　他的头是火，双眼是月亮和太阳，

　　耳朵是方位，语言是展示的吠陀，

　　呼吸是风，心是宇宙，双足产生

　　大地，他是一切众生的内在自我。（4）

　　由他产生火，太阳是引火木，

　　月亮产生雨，药草生于大地，

　　男人向女人们播撒种子，

　　这样，众生产生于原人。（5）

　　由他产生梨俱、娑摩和夜柔，

　　净化仪式、一切祭祀和酬金，

　　年份、祭祀者和献祭的牲畜，

　　月亮净化和太阳照亮的世界。（6）

注："酬金"指支付给婆罗门祭司的酬金。

　　由他产生各种各样天神，

神灵、凡人、走兽和飞禽，

上气、下气、稻、麦和苦行，

信仰、真理、梵行和仪轨。（7）

由他产生七种气息，七种火焰，

七种柴薪，七种祭品，七种世界，

藏在洞穴中的那些气息运行在

这些世界中，七种与七种相应。（8）

注："七种气息"指七种感官：双眼、双耳、双鼻孔和嘴。"七种火焰"指这七种感官的活动。"七种柴薪"指感官对象。"七种祭品"指对感官对象的感知。"七种世界"指感官活动的世界。"洞穴"指心。

由他产生所有海洋和山岳，

由他产生各种流动的河流，

由他产生一切药草和液汁，

因此，内在自我与万物同在。（9）

这个原人就是世界这一切，

业，苦行，至高永恒的梵；

若是知道他藏在洞穴中，

贤士啊，便斩断无知缚结。（10）

二

它显现，就在附近，确实活动在洞穴中，

伟大的归宿，所有动者、呼吸者和眨眼者

都安置其中；要知道它是存在和不存在，

最高心愿,超越知识,众生中的至高者。(1)

它明亮,比微小者更微小,一切世界和

世界上的一切安置其中;它是不灭的梵,

它是生命、语言、思想、真理和永恒者,

贤士啊,你要知道它是应该命中的目标。(2)

握住奥义书之弓,这伟大武器,

安上由沉思磨尖的箭,贤士啊!

凭借思考其性质的思想挽开弓,

你要知道,以这不灭者为目标。(3)

唵是弓,自我是箭,梵是目标,

应该准确命中,与它合一似箭。(4)

天空,大地,天地之间,思想,

与一切气息,都交织在它之中,

摒弃其他的说法,要知道它是

唯一的自我,通向永恒的桥梁。(5)

经脉汇集处,犹如辐条汇集轮毂,

它在其中活动,变得多种多样;

你们要这样沉思这自我:"唵!"

祝福你们,越过黑暗,到达彼岸。(6)

注:"经脉汇集处"指心。

通晓一切,知道一切,大地的伟大属于它,

因为这自我安居空中,安居神圣的梵城中。(7)

> 充满思想，居于食物中，
>
> 引导生命和身躯，控制心，
>
> 智者们凭借知识看到它，
>
> 这位永恒者呈现欢喜状。（8）

> 看到或高或低的它，心结解开，
>
> 一切的疑惑都消除，诸业终结。（9）

> 知道自我者都知道梵在至高金鞘中，
>
> 无尘垢，不可分，星体中最亮的星体。（10）

注："金鞘"或译金库，喻指心。

> 那里，太阳不照耀，星月不照耀，
>
> 那些闪电不照耀，更不必说这火；
>
> 一旦它照耀，一切都随之照耀，
>
> 依靠它的光芒，所有这些才照耀。（11）

注：这颂见《伽陀奥义书》2.2.15。

> 梵确实是永恒者，在这里，
>
> 向前，向后，向右，向左，
>
> 向下，向上，梵遍及一切，
>
> 梵就是这一切，至高无上。（12）

第 三 章

一

两只鸟儿结伴为友，

栖息在同一棵树上，

一只鸟品尝毕钵果，

另一只鸟不吃，观看。（1）

注：这首颂诗见《梨俱吠陀》1.164.20。

在同一棵树上，这个人消沉，

不能自主，陷入愚痴而忧愁；

一旦看到那个神主受到崇拜，

崇高伟大，他也就摆脱忧愁。（2）

见到这位金色的创造者，

神主，原人，梵的源泉，

见者成为知者，摆脱罪恶，

消除污染，直达这至高者。（3）

它是生命，在一切众生中闪耀，

知道它，便成为知者，不再多说；

游戏自我，热爱自我，有所作为，

由此，他成为最优秀的知梵者。（4）

获得这自我，永远依靠

真理、苦行、正知和梵行；

它在身体中，光辉，纯洁，

无垢的苦行者能看到。（5）

真理无往不胜，而非谎言，

神道依靠真理之路展现；

仙人们由此前往，实现愿望，

到达至高的真理蕴藏地。（6）

神圣伟大，形象不可思议，

却又显得比微小更微小，

在见者眼中，比远处更远，

却又在附近，藏在洞穴中。（7）

把握它，不依靠眼睛，不依靠语言，

也不依靠其他天神、苦行和作业；

唯有依靠智慧恩宠，心地纯洁，

沉思入定，才能看到这位无分者。（8）

注：“其他天神”喻指感官。“无分者”指不可分割为部分的完整者。

应该凭借思想知道这微妙的自我，

生命分成五种气息进入它之中；

众生的整个思想与这些气息交织，

只有思想得到净化，这自我才显现。（9）

只要心地纯洁，他无论心中向往

什么世界，也无论怀有什么愿望，

这些世界和愿望都能实现，因此，

渴望繁荣者应该崇拜知道自我者。（10）

二

他知道这梵的至高居处，

世界一切安置其中而闪光；

那些智者已经摆脱贪欲，

崇拜原人，得以超越精子。（1）

注："超越精子"即摆脱生死轮回，不再出生。

怀有愿望，念念不忘愿望，

依照愿望，出生这里那里，

一旦愿望实现，自我实现，

就在这世，一切愿望消逝。（2）

获得这自我，不依靠言教，

不依靠智力，不依靠博闻，

那是依靠自我选中而获得，

自我向他展示自己的性质。（3）

注：这颂见《伽陀奥义书》1.2.23。

缺乏力量，懈怠放逸，修炼

无谓的苦行，不能获得自我，

而智者努力运用那些方法，

他的自我进入梵的居处。（4）

仙人们获得它，智慧满足，

自我实现，无欲而平静；

智者们获得遍及一切的它，

把握自我，进入一切之中。（5）

苦行者们通晓吠檀多知识，

实施遁世瑜伽，心地纯洁，

他们在最终时刻，升入梵界，

达到至高永恒而彻底解脱。（6）

注："吠檀多知识"指关于吠陀的终极知识，也就是奥义书。

十五分都返回自己的根基，

所有天神返回相应的天神，

各种业和充满知识的自我，

一切与至高的不变者合一。（7）

注："十五分"指生命、信仰、空、风、光、水、地和感官等。参阅《疑问奥义书》6.4中提到的十六分。"所有天神"喻指各种感官。"返回相应的天神"，参阅《大森林奥义书》3.2.13。

犹如条条江河流入大海，抛弃

自己名称和形态，消失不见，

知者也摆脱自己的名称和形态，

到达比至高更高的神圣原人。（8）

注：参阅《歌者奥义书》6.10.1,《疑问奥义书》6.5。

知道这至高的梵，他便成为梵。他的家族中也不会出生不

知梵者。他超越忧愁，超越罪恶，摆脱洞穴中的缚结，达到永恒。（9）

这正如梨俱颂诗所说：

　　　有所作为，通晓吠陀，立足梵，

　　　怀着信仰，亲自祭供唯一仙人，

　　　按照规则，履行"头顶誓言"，

　　　应该向这些人宣讲这种梵学。（10）

注："唯一仙人"指祭火。"头顶誓言"指发誓将火举在头顶上。

这便是从前安吉罗娑宣讲的真理。不履行誓言的人不能学习它。向至高的仙人致敬！向至高的仙人致敬！（11）

蛙氏奥义书

　　唵(Om)这个音节是所有这一切。对它说明如下：过去、现在和未来的一切只是唵(Om)这个音节。超越这三时的其他一切也只是唵(Om)这个音节。（1）

　　注：唵(Om)这个音节原本是在吟诵吠陀时，用于开头和结束的感叹词，这里将它视为神圣的音响符号，象征宇宙、自我和梵以及这三者的同一。

　　因为所有这一切是梵。这自我是梵。这自我有四足。（2）

　　注："四足"，或译四部分，也就是下面所说的四种精神意识状态：觉醒状态、梦中状态、熟睡状态和第四状态。《歌者奥义书》3.18 和 4.5—8 提到"梵有四足"，但所指与这里不同，可参阅。

　　觉醒状态，认知外在，有七支，十九嘴，享受粗食，这是"一切人"(Vaiśvānara)，第一足。（3）

　　注：在觉醒状态，自我认知外在对象。"七支"不详。《歌者奥义书》5.18.2中提到自我有十一支：头、眼睛、呼吸、躯体、膀胱、脚、胸、头发、心、意和嘴。"十九嘴"指五知根——眼、耳、鼻、舌和身，五作根——语言、手、脚、肛门和生殖器，五气——元气、行气、下气、中气和上气，意、觉、我慢（"自我意识"）和心。"一切人"是火的称号，见《大森林奥义书》1.1.1 和 5.9.1。

　　梦中状态，认知内在，有七支，十九嘴，享受细食，这是"光明"(Taijasa)，第二足。（4）

注:在梦中状态,自我认知内在对象。

入睡后,无所欲,无所梦,这是熟睡。熟睡状态,合为一体,智慧密集,充满欢喜,享受欢喜,以心为嘴,这是"具慧"(Prājña),第三足。(5)

注:在熟睡状态,内外合为一体。

他是一切之主。他是全知者。他是内在控制者。他是一切之子宫。因为他是众生的生和灭。(6)

不认知内在,不认知外在,不认知内在和外在这两者。不是智慧密集,不是认知,也不是不认知。不可目睹,不可言说,不可执取,无特征,不可思议,不可名状,以确信唯一自我为本质,灭寂戏论,平静,吉祥,不二。这被认为是"第四"(Caturtha)。这是自我。这是应知者。(7)

注:"第四"状态是对以上三种状态的综合和超越。"戏论"(prapañca)指对世界现象的虚妄认识。"不二"(advaita)指唯一、同一,超越双重或对立。

这自我,就音节而言,就是唵(Om)这个音节。就音素而言,足是音素,音素是足,即阿音(a)、乌音(u)和摩音(m)。(8)

注:Om 这个音节由 a、u 和 m 这三个音素组成。

觉醒状态即"一切人",是阿音(a),第一音素,或出于获取(āpti),或出于位居第一(ādimattva)。知道这样,他就会获得一切愿望,成为第一。(9)

注:"获取"(āpti)和"位居第一"(ādimattva)的词头是阿音(a)。

梦中状态即"光明",是乌音(u),第二音素,或出于提高

（utkarṣa），或出于双重性（ubhayatva）。知道这样，他就会不断提高智慧，成为平等者，不知梵者不会出生在他的家族。（10）

注："提高"（utkarṣa）和"双重性"（ubhayatva）的词头是乌音（u）。"双重性"含义不详。或可理解为居于觉醒和熟睡两者之间。"平等者"指平等对待一切，对万物一视同仁。

熟睡状态即"具慧"，是摩音（m），第三音素，或出于建立（miti），或出于淹没（apīti）。知道这样，他就会建立这一切，又淹没这一切。（11）

注：建立（miti）的词头是摩音（m）。

无音素，"第四"（状态），不可言说，灭寂戏论，吉祥，不二。这样，唵（Om）这个音节是自我。知道这样，他就会自己进入自我。（12）

注：前三种状态的音素分别是 a、u 和 m，而第四种状态无音素，意谓对前三种状态的超越，即自我与梵同一。

白骡奥义书

第 一 章

梵论者们说：

　　何为原因？何为梵？我们从哪里产生？

　　我们依靠什么生活？我们安居在哪儿？

　　众位知梵者啊，我们按照既定的情况，

　　生活快乐或不快乐，这一切由谁主宰？（1）

　　时间，自性，必然，偶然，元素，

　　子宫，原人，均在考虑之列，还有，

　　它们的结合，但都不是，因为自我存在，

　　而自我对于苦乐的原因，也不能自主。（2）

　　注："自性"指事物的固有性质。"元素"指空、风、火、水和地五大元素。
"原人"和"自我"在这里都指个体自我。这里指出上述这些以及它们的结合，
甚至包括个体自我，都不是终极原因或最高主宰。

　　那些修行禅瑜伽的人看到，

　　那个隐藏在自己性质中的

神的自我能力，这个唯一者，

主宰从时间到自我的一切原因。（3）

我们知道它为一个轮毂，有三重轮箍，

有十六顶端，五十辐条，二十副辐条，

六组八种物，呈现万象的一条绳索，

三条道路，出自两个原因的一种愚痴。（4）

注：这里将梵比作轮毂。"三重轮箍"指善性、忧性和暗性。"十六顶端"指五大元素、五种感觉器官（眼、耳、鼻、舌和身）、五种行动器官（语言、手、足、肛门和生殖器）和心。"五十辐条"指五十种状态：五种颠倒、二十八种无能、九种满意和八种成功。"二十副辐条"指十种感官和十种感官对象。十种感官即上述五种感觉器官和五种行动器官。十种感官对象指色、声、香、味、触、说话、抓取、行走、排泄和交媾。"六组八种物"包括：一、原初物质的八种衍生物：五大元素、心、觉和我慢（"自我意识"）；二、八种身体构成因素：表皮、内皮、血、肉、脂肪、骨、骨髓和精液；三、八种瑜伽神通：变小、变轻、变大、获得力、意欲力、控制力、自在力和如意力；四、八种状况：正法、非法、知识、无知识、执着、不执着、神通和无神通；五、八种神灵：梵天、生主、天神、健达缚、药叉、罗刹、祖先和毕舍遮；六、八种品德：慈悲、宽容、不妒忌、纯洁、自如、慷慨、知足和无贪欲。"一条绳索"指欲望，而欲望表现多种多样。"三条道路"指正法、非法和智慧。"两个原因"指善业和恶业。业是导致生死轮回的原因。

有五种水流的河，五个源头，迅猛，

曲折，以五种气息为波浪，以五种觉

为根源，有五种旋涡，以五种痛苦

为激流，有五十条支流，五个区域。（5）

注：这里将梵比作河。"五种水流"指眼、耳、鼻、舌和身。"五个源头"指空、风、火、水和地。"五种气息"指元气、行气、下气、中气和上气。"五种觉"指五种感官知觉。"五种旋涡"指色、声、香、味和触。"五种痛苦"指处胎、生、

老、病和死。"五十条支流"即前面五十辐条指称的五十种状态。"五个区域"
指无知、我执、贪爱、憎恨和执着。

> 在这大梵轮中，一切得以生存，
>
> 一切得以安居，天鹅飞行其中，
>
> 认识到自己不同于这位驱动者，
>
> 满怀喜悦，由此获得永恒性。（6）

注："天鹅"指个体自我，"驱动者"指驱动梵轮的至高之神。

> 这至高的梵受到赞颂，它含有
>
> 三重物，是坚实的根基，不灭者，
>
> 那些知梵者知道其中的不同，
>
> 沉潜梵中，专心致志，摆脱再生。（7）

注："三重物"指个体自我、世界和至高之神。

> 自在之神支撑世界这一切，它们是
>
> 可灭和不灭、显现和不显现的结合；
>
> 自我不是神，作为享受者而受束缚，
>
> 而认识到这位神，便摆脱一切束缚。（8）

> 两种不生者：知者和不知者，神和非神，
>
> 享受者和享受对象的结合是另外一种
>
> 不生者，还有无限的自我，呈现万象，
>
> 不行动；一旦知道这三者，也就知道梵。（9）

注："两种不生者"指神和个体自我。"另外一种不生者"指原初物质。
"无限的自我"指至高自我。

　　　　原初物质可灭,诃罗永恒不灭,

　　　　这唯一的神主宰可灭者和自我;

　　　　沉思他,与他结合,进而与他的

　　　　本质合一,最终摆脱一切幻觉。(10)

注:"诃罗"(Hara)指至高之神。

　　　　认识到这位神,便解除一切束缚,

　　　　消除烦恼,摆脱生死;身体瓦解时,

　　　　沉思他,达到主宰一切的第三状态,

　　　　从而成为唯一者,愿望获得实现。(11)

　　　　应该知道它永远居于自我中,

　　　　没有任何比它更高的可知者,

　　　　享受者认清享受对象和驱动者,

　　　　这就是所说的一切,三重的梵。(12)

注:"享受者"指自我,"享受对象"指原初物质,"驱动者"指至高之神,这三者都是梵的表现形式。

　　　　火在胎藏中,无形而不可见,

　　　　但是它的特征并没有消失;

　　　　使用引火木,便可从胎藏中

　　　　钻取,身体和唵也是如此。(13)

注:这里以使用引火木钻取胎藏中的火,比喻依靠唵认知身体中的自我。

　　　　以自己的身体作为下引火木,

　　　　以唵这个音节作为上引火木,

依靠沉思，不断地转动钻取，

便能看到如同隐藏其中的神。（14）

正如芝麻中的油，凝乳中的酥油，

正如河流中的水，引火木中的火，

自身中的自我也是这样得到把握，

依靠真理，依靠苦行，得以目睹。（15）

自我遍及一切，犹如乳中酥油，

它是自我知识和苦行的根基；

这便是梵，至高无上的奥义，

这便是梵，至高无上的奥义！（16）

第　二　章

沙维特利为求真谛，

首先控制思想和智慧，

然后确认火就是光，

将它从大地中取出。（1）

注：沙维特利（Savitṛ）是一位太阳神。

我们在天神沙维特利的激励下，

控制思想，企盼获得天国和能力。（2）

用思想和智慧控制

前往天国的众天神，

　　　　沙维特利激励他们

　　　　创造伟大的光辉。（3）

　　注：这里的"众天神"喻指感官。

　　　　那些圣贤中的伟大圣贤，

　　　　他们控制思想，控制智慧；

　　　　而唯独沙维特利通晓仪轨，

　　　　安排祭祀，受到普遍赞颂。（4）

　　　　我怀着敬意，向你们提供古老的梵，

　　　　这些偈颂沿着太阳之路向前行进，

　　　　但愿永恒者的所有儿子都能聆听，

　　　　还有那些已经居住在天国的人们。（5）

　　注：这里的"梵"指颂诗或祷文。"永恒者的所有儿子"指创造主创造的众生。

　　　　在那儿，火摩擦燃起，风吹拂，

　　　　苏摩汁充溢，由此，思想产生。（6）

　　注："在那儿"指在祭祀活动中。

　　　　在沙维特利的激励下，

　　　　人人会喜爱古老的梵，

　　　　你要从这里获得本源，

　　　　这样，功德不会亏待你。（7）

　　　　保持身体平衡，三部分挺直，

　　　　依靠思想，将感官收入心中，

智者便能乘坐梵船,渡过

所有一切充满恐怖的河。(8)

注:"三部分"指胸、颈和头。

抑制体内呼吸,控制动作,

让鼻孔中的呼吸渐渐减弱,

智者约束思想,毫不放松,

仿佛控制野马驾驭的车辆。(9)

应该选择一个避风的洞穴,

平坦清洁,没有沙、石和火,

那里有水声等等,令思想

随顺自如,也不刺激视觉。(10)

注:这里描述修习瑜伽的适宜地点。

瑜伽中,雾、烟和太阳,

风、火、萤火虫和闪电,

玻璃和月亮,这些是

先于梵而显现的形象。(11)

一旦地、水、光、风和空,

这五重的瑜伽之德出现,

他的身体便由瑜伽之火

构成,不再有病、老和死。(12)

轻松健康,摆脱贪欲,

容光焕发,声音和悦,

气息清净,排泄减少,

这是瑜伽的最初表现。(13)

犹如一面镜子沾染尘土,

一旦擦拭干净,又光洁明亮,

同样,有身者看清自我本质,

也就达到目的,摆脱忧愁。(14)

注:"有身者"指人。

依靠自我本质,如同凭借灯光,

在这里看清梵的本质,知道

这位神不生,永恒,不受一切

性质污染,他就摆脱一切束缚。(15)

这位神遍及所有的方向,

既最先出生,又处在胎中,

既是过去生,又是未来生,

既居于人中,又面向一切。(16)

这位神在火中,在水中,

进入一切存在之物中,

在药草中,在树林中,

向这位神致敬!致敬!(17)

第 三 章

这位唯一者掌握着罗网,

凭借支配力统治一切世界，

这位唯一者出现和产生，

人们知道他，便达到永恒。（1）

楼陀罗是唯一者，独一无二，

凭借支配力统治这些世界；

他是保护者，居于众生中，

创造世界万物，劫末又收回。（2）

注：楼陀罗（Rudra）也就是前面 1.10 中提到的诃罗。楼陀罗后来演变成湿婆（Śiva）大神。

眼睛遍及一切，面孔遍及一切，

双臂遍及一切，双脚遍及一切，

这位唯一的神创造天国和大地，

他依靠双臂和羽翼进行锻造。（3）

注：这里用工匠锻造器具比喻唯一的神创造天地。"羽翼"指工匠用于煽风的工具。这首颂诗见《梨俱吠陀》10.81.3。

楼陀罗是大仙人，万物主，

众天神的源头和产生者，

是他在从前创造出金胎，

愿他赐予我们纯洁的智慧。（4）

注："金胎"（Hiraṇyagarbha）指原初的创造主。

楼陀罗啊，你形态吉祥，

不恐怖，不呈现恶相，

山居者啊，请向我们

展示你的吉祥的形体。（5）

注："山居者"是楼陀罗的称号。

山居者啊，你手中持箭待发，请让它保持

吉祥平安，不要伤害人和动物，护山者啊！（6）

比这更高者是梵，至高，伟大，

依照类别，隐藏在一切众生中，

知道这位囊括一切的唯一者，

这位自在之神，也就达到永恒。（7）

我知道这位伟大的原人，

色泽如同太阳，超越黑暗；

知道了他，就能超越死亡，

前往那里，别无其他之路。（8）

没有比他更高者，没有比他

更小者，更大者，这唯一者

如同坚固的树，屹立在天国，

这位原人充满所有这一切。（9）

比这更高者无形无病，知道它，

人们达到永恒，否则走向痛苦。（10）

注："比这更高者"指梵。

他是一切之脸、头和颈，

居于一切众生的洞穴中；

这位尊神遍及一切,因此,

他是进入一切的吉祥者。(11)

注:"洞穴"指心。"吉祥者"(Śiva)作为神名,也可译为湿婆,即前面提及的楼陀罗。在以上一些描述中,楼陀罗(湿婆)、原人和梵几乎互相等同。

原人确是伟大主宰,

一切存在的启动者,

纯洁无瑕的目的地,

自在者,不灭之光。(12)

原人是内在自我,大似拇指,

永远居于众生的心中,这位

知识之主由心中的思想确定,

人们知道他,也就达到永恒。(13)

原人有千头、千眼和千足,

覆盖整个大地,还超出十指。(14)

注:"十指"是量度。这里是说原人的长度或宽度超出大地十个指头。这首颂诗见《梨俱吠陀》10.90.1。

原人是过去和未来的所有一切,

他是永生之主,依靠食物增长。(15)

注:"依靠食物增长"指所有一切依靠食物增长。这首颂诗见《梨俱吠陀》10.90.2。

手足遍及一切,眼、头和脸遍及一切,

耳朵遍及一切,他在世界上覆盖一切。(16)

似乎具有一切感官性质，

而实际上摒弃一切感官；

它是自在者，一切的主宰，

也是一切的伟大庇护所。（17）

这个有身的天鹅居于

九门城中，又飞行在外，

它控制整个世界以及

所有的动物和不动物。（18）

注："天鹅"喻指至高自我。"九门城"喻指人体，以双眼、双耳、双鼻孔、嘴、肛门和生殖器为九门。

无手能抓取，无脚能快行，

无眼能观看，无耳能谛听，

他知道一切，而无人知道他，

人们称他为伟大的太初原人。（19）

比微小更小，比伟大更大，

这自我居于众生的洞穴中；

受创造主恩惠，看到这无欲者

伟大而自在，也就摆脱忧愁。（20）

我知道它是一切的自我，

不老又古老，凭其遍布性

而遍及一切，梵论者们说

它阻断再生，称为永恒。（21）

第　四　章

这唯一者无色,而施展多种能力,

怀有隐藏的目的,安排各种色彩;

世界一切先是聚合,最终又解体,

愿这位神赐予我们纯洁的智慧。(1)

那是火,是太阳,是风,是月亮,

是纯洁者,是梵,是水,是生主。(2)

注:"纯洁者"(śukra)是多义词,也可译为光、光明或精液。

你是女人,你是男人,

你是少男,你是少女,

你是老人,拄杖而行,

你一出生就面向一切。(3)

注:这颂见《阿达婆吠陀》10.8.27。

你是青鸟,红眼绿鹦鹉,

藏有闪电者,季节,海洋,

你无起始,而有遍布性,

世界所有一切产生于你。(4)

注:"藏有闪电者"指乌云。

一头母羊有红、白和黑色,

她生出许多同样的羊羔;

一头公羊兴奋地与她做伴，

另一头公羊享受后，离开她。（5）

注：这里译为"公羊"的 aja 一词兼有"不生者"这个词义。"不生者"指自我。"母羊"喻指原初物质。"红、白和黑"三色代表火、水和地，或者代表原初物质的忧性、善性和暗性。这样，"一头公羊"指没有摆脱原初物质的自我，"另一头公羊"指摆脱原初物质的自我。

两只鸟儿结伴为友，

栖息在同一棵树上，

一只鸟品尝毕钵果，

另一只鸟不吃，观看。（6）

注：这里对两只鸟儿的描写，含义同上。这首颂诗见《梨俱吠陀》1.164.20，也见《剃发奥义书》3.1.1。

在同一棵树上，这个人消沉，

不能自主，陷入愚痴而忧愁；

一旦看到那个神主受到崇拜，

崇高伟大，他也就摆脱忧愁。（7）

注：这颂见《剃发奥义书》3.1.2。

在梨俱的至高不灭的空中，

那里居住着所有的天神；

若不知道它，梨俱又有何用？

若是知道它，人们达到圆满。（8）

注："梨俱"指颂诗诗节，尤其指《梨俱吠陀》。这首颂诗见《梨俱吠陀》1.164.39。

颂诗、祭祀、祭供、誓愿、

过去、未来和吠陀所说者，

有幻力者创造所有这一切，

另一个也被幻力拘于其中。（9）

注："有幻力者"（māyin）指梵或创造之神。"幻力"（māyā）指原初物质。梵是至高自我，"另一个"指个体自我。

应知幻力是原初物质，

有幻力者是大自在天，

正是他的各部分，遍布

整个世界的所有一切。（10）

注：大自在天（Maheśvara）指创造之神。世界一切源自梵，而由创造之神具体创造。

这位唯一者支配每个子宫，

一切在他之中聚合又解体；

知道赞颂这位赐予恩惠的

自在神，便获得永恒的平静。（11）

楼陀罗是大仙人，万物主，

众天神的源头和产生者，

是他亲眼目睹金胎出生，

愿他赐予我们纯洁的智慧。（12）

他是天神之主，他是一切

世界的依靠，他统治世上

所有的两足和四足生物，

我们应该祭供这位天神。（13）

注：这首颂诗源自《梨俱吠陀》10.121.3。

比微妙更微妙，处在混沌中，

创造这一切，形式多种多样，

知道这位遍及一切的唯一者，

吉祥者，便获得永恒的平静。（14）

他确实是一切的主宰，及时地

保护世界，隐藏在一切众生中，

婆罗门仙人和众天神接近他，

知道他这样，便斩断死亡套索。（15）

知道这位吉祥者似凝乳浮沫，

极其微妙，隐藏在一切众生中；

知道这位神是遍及一切者，

唯一者，也就摆脱一切束缚。（16）

这位神创造一切，灵魂伟大，

永远居于一切众生的心中，

由心中的智慧和思想确定，

人们知道他，也就达到永恒。（17）

那时没有黑暗，没有昼夜，没有

存在和不存在，唯有这位吉祥者，

独一无二；那是沙维特利崇尚的

不灭者，古代的智慧从这里流出。（18）

无法从上面、从侧面

或者从中间抓取他，

也没有与他相像者，

他的名字是"大名"。(19)

他不在视域之中，没有人

能凭眼睛看到他的形象，

而凭心中的思想知道他

在心中，人们便达到永恒。(20)

想到你是不生者，有人怀着

敬畏之心，前来寻求庇护，

楼陀罗啊，但愿你那和蔼

可亲的面容永远保护我！(21)

不要伤害我们的子孙和寿命，

还有我们的牛和马，楼陀罗啊！

不要发怒杀害我们的那些勇士，

因为我们经常召唤你，祭供你。(22)

注：这首颂诗见《梨俱吠陀》1.114.8。

第　五　章

在不灭而无限的梵城中，

隐藏着知识和无知这两者，

无知可灭，知识永恒，控制

知识和无知者是另一位。（1）

这位唯一者控制每个子宫，

控制一切形式，一切起源；

在太初，看到仙人迦比罗

出生，用各种知识充实他。（2）

注："迦比罗"（Kapila）一词的词义为金黄色，故而可能是指金胎，而非后来的数论创始者迦比罗。参阅前面 3.4 和 4.12。

这位神在田野上，以各种方式

撒开一张又一张网，然后收拢；

这位灵魂伟大的主宰者再次

创造各位主人，而他凌驾一切。（3）

注："田野"指世界。"网"指生死轮回之网。

正如太阳照亮所有方向，

无论上面、下面或侧面，

这位崇高的尊神，唯一者，

控制所有的子宫和自性。（4）

注："子宫"指事物的起源。"自性"指事物的固有性质，即本性。

他是万物子宫，促使自性成熟，

让一切应该成熟者变得成熟；

作为唯一者，主宰所有这一切，

由他安排分配各种事物性质。（5）

梵天知道他是梵的子宫，隐藏

在蕴含吠陀奥秘的奥义书中，

古代的天神和仙人都知道他，

因而具有他的性质，达到永恒。（6）

注：这里的"他"指梵，即至高自我。因而，"梵的子宫"应读为吠陀的子宫。

他具有性质，制造和享受业果，

呈现所有的形式和三种性质，

作为生命之主，遵行三条道路，

依随自己种种业行游荡活动。（7）

注：这里的"他"指个体自我。"三种性质"指善性、忧性和暗性。"三条道路"指正法、非法和智慧，或指天神、祖先和凡人。

大似拇指，形状似太阳，

具有意念和自我意识，

凭借智慧和自我的性质，

又看似别样，大似锥尖。（8）

应该知道这生命自我，

微小似头发末梢分成

一百份，再分成一百份，

但又被认为大到无限。（9）

他非女性，非男性，非中性，

而受到获得的任何身体保护。（10）

通过意图、接触、观看、痴迷

和丰富的饮食，自我出生和增长；

这个有身者按照自己的行为，

依次在各种境遇呈现各种形态。（11）

注：这里的"有身者"指个体自我。

这个有身者按照自己的性质，

选择各种形态，或粗大，或细小，

通过行为的性质和自我的性质，

他成为结合的原因，看似别样。（12）

注："看似别样"指不同于自己的本来面目。

无始又无终，处在混沌中，

创造一切，形式多种多样，

知道这位遍及一切的神，

唯一者，便摆脱一切束缚。（13）

依靠精神把握，名为无形者，

这位吉祥者创造存在和不存在，

创造十六分以及天下万物，

知道这位神，也就舍弃身体。（14）

注："十六分"指从生命至世界名称的十六种事物。参阅《疑问奥义书》
6.4。

第　六　章

有一些智者声称是自性，

另一些同样糊涂，说是时间，

实际上，那是神的伟大，

在世界上转动这个梵轮。（1）

这位智者永远囊括这一切，

是时间创造者，有性质者，

全知者，主导行动的运转，

也就是地、水、光、风和空。（2）

他完成这个工作，便停息，

然后又与真实的本质结合，

通过一、二、三或八者，

时间和微妙的自我性质。（3）

注："一者"指原人，"二者"指原人和原初物质，"三者"指善性、忧性和暗性，"八者"指地、水、光、风、空、心、觉和我慢（"自我意识"）。

他开始这些具有性质的工作，

安排一切状态，直至它们消亡，

所有创造的事业毁灭和终结，

这时他才真正有别于这些。（4）

他是起始，结合的原因，超越三时，

看来不可分，却又呈现一切现象，

产生万物；首先要崇拜这位居于

我们自己心中的、值得崇拜的神。（5）

注："超越三时"指超越过去、现在和未来。

他有别于和高于宇宙树和时间，

世界万象出自他；要知道他是

幸运之主，永恒者，一切的根基，

居于自我，带来正法，驱除罪恶。（6）

自在天中至高的大自在天，

天神中至高的天神，君主中

至高的君主，我们知道这位

可敬的世界神主至高无上。（7）

没有发现他有行动和行动器官，

也没有看到与他相同或更高者，

而听说他至高的能力多种多样，

那是他内在智慧和力量的作用。（8）

在这世界上，没有控制他的

主人和统治者；他没有标志，

而他是原因，感官之主之主，

他既没有父母，也没有主子。（9）

注："感官之主之主"指一切具有感官者的主人。

这位唯一者出于自己本性，

用原初物质的种种产物，

如同蜘蛛吐丝，覆盖自己，

但愿他允许我们融入梵中。（10）

这位唯一者隐藏在一切众生中，

遍及一切,成为众生的内在自我;

他居于一切众生,是行为监督者,

见证者,智者,独一无二,无性质。(11)

他是许多不行动者的唯一控制者,

他促使唯一的种子变得多种多样,

智者们看到他就在他们的自我中,

是他们,而非别人,获得永恒幸福。(12)

注:"不行动者"指个体自我,相对于行动的感官而言。

永恒中的永恒,知觉中的知觉,

也是唯一的满足众人愿望者,

他是原因,依靠数论瑜伽理解,

知道这位神,便摆脱一切束缚。(13)

注:参阅《伽陀奥义书》2.2.13。"数论"(Sāṃkhya)一词的原义是计数,引申为包括计数在内的分析研究方法。"瑜伽"(Yoga)一词的原义是联系或驾驭,引申为修炼身心的方法。

在那里,太阳不照耀,星月不照耀,

那些闪电不照耀,更不必说这火;

一旦他照耀,一切都随之照耀,

依靠他的光芒,所有这些才照耀。(14)

注:这颂见《伽陀奥义书》2.2.15。

他是世界的唯一天鹅,

也是潜藏在水中的火,

知道他，就能超越死亡，

别无其他的可行之路。（15）

注："唯一天鹅"喻指至高自我。

创造一切，通晓一切，以自我为子宫，

知者，创造时间者，有性质者，全知者，

原初物质和知领域者之主，性质之主，

生死轮回、解脱、稳定和束缚的原因。（16）

注："知领域者"指个体自我。"领域"指身体。

自成者，永恒者，居于统治地位，

知者，遍及一切者，世界保护者，

他永远统治着这个世界，确实是

找不到这种统治的任何其他原因。（17）

在太初，他创造了梵天，

然后将那些吠陀交给他；

这位神凭自己的智慧发光，

我渴望解脱，寻求他庇护。（18）

不可分，无行动，平静，

没有过失，没有污点，

如同柴薪燃烧之火，

通向永恒的至高桥梁。（19）

一旦人们能卷起天空，如同卷起皮革，

那时，不知道这位神，痛苦也会消除。（20）

注：这里以"卷起天空"喻指不可能发生的事。

　　凭借苦行威力和神的恩惠，

　　知梵者白骡仙人向隐栖的

　　修行者们正确地宣讲至高的、

　　纯洁的梵，为众仙人所钟爱。（21）

　　这是上古时代宣示的、

　　吠檀多中的至高奥秘，

　　不能传给心不平静者，

　　以及非儿子和非弟子。（22）

　　因为所说的这些意义，

　　只对灵魂高尚者显现，

　　只对灵魂高尚者显现，

　　他对神怀有至高虔诚，

　　对待老师也像对待神。（23）

注："只对灵魂高尚者显现"重复一次，以示强调。

憍尸多基奥义书

第　一　章

吉多罗·甘吉亚耶尼准备祭祀,选择阿卢尼为祭司。而阿卢尼吩咐儿子希婆多盖杜说:"你去主持祭祀吧!"

希婆多盖杜入座后,吉多罗询问他:"乔答摩之子啊,你要将我安置在世界的隐秘之处,或者,有另一条道路,将我安置在那个世界?"他回答说:"我不知道。让我去问老师。"

于是,他回到父亲那里,询问道:"他问我这样的问题,我应该怎样回答?"父亲说:"我也不知道怎样回答。我们只是在祭祀集会上吟诵吠陀,接受别人的施舍。来吧,我俩一起去那里。"

他手持柴薪,来到吉多罗·甘吉亚耶尼那里,说道:"让我拜你为师吧!""你不愧为婆罗门,毫无傲气。来吧,我会为你们讲解。"
(1)

于是,他说道:"那些从这个世界逝去的人,全都前往月亮。由于他们的气息,月亮在前半月充盈。它在后半月让他们再生。确实,月亮是通向天国世界之门。凡能答出问题者,它便放行。而不能答出问题者,则变成雨水降下。按照他们的宿业和知识,在这世上各处再生为蛆虫、飞虫、鱼、鸟、狮子、野猪、蛇、虎、人或其他。

月亮询问来到者:"你是谁?"他应该这样回答:

> "众季节啊,精液采集自光辉,
>
> 与出生和祖先有关的十五分;
>
> 你将我送给你的一个代理人,
>
> 通过这代理人,将我送入母亲。

> "我依靠十二分父亲出生,
>
> 作为附加的第十三分出生;
>
> 我知道这个,也知道相反,
>
> 众季节啊,带我进入永恒。

"依靠真理,依靠苦行,我是季节,我是季节的后裔。""你是谁?""我是你。"于是,月亮给他放行。(2)

注:以上偈颂中有些难解的词语。"众季节"实际上是对月亮的称呼。"光辉"指月亮的光辉。月亮有十六分,因而"十五分"指月亮的十五分。"与出生和祖先有关",因为前面提到人死后前往月亮,然后又出生。"十二分"指十二月,也就是年,象征父亲。"附加的第十三分"指闰月。

这样,他踏上天神之路,首先到达火神世界。然后,他到达风神世界,伐楼那世界,因陀罗世界,生主世界,最后到达梵界。

在梵界中,有阿罗湖,危害祭祀的时间,不老河,伊利耶树,娑罗吉耶城,无敌宫,因陀罗和生主两位门卫,大会堂,智慧座,无量光辉床。可爱的思想女神和同样可爱的眼睛女神采集鲜花。还有,世界之母安芭和安芭利以及安必迦等等其他天女。

梵说道:"他知道这样,而来到。你们快去迎候吧! 凭借我的

光荣,他已经到达不老河,他也就不会再衰老。"(3)

于是,五百个天女前去迎候,其中一百个手持果子,一百个手持油膏,一百个手持花环,一百个手持衣服,一百个手持香粉。她们用梵装饰品装饰他。这位经过梵装饰品装饰的知梵者走向梵。他来到阿罗湖,依靠思想越过它。那些只知眼前事物者走向它,便沉没。他来到危害祭祀的时间,时间逃跑。他来到不老河,依靠思想越过它。他在那里抛弃善业和恶业。他的好亲友继承他的善业,他的坏亲友继承他的恶业。正像驾车者观察两只车轮,他也观察白昼和黑夜,观察善业和恶业以及一切对立物。这位知梵者抛弃善业和恶业,走向梵。(4)

他来到伊利耶树,梵香进入他。他来到娑罗吉耶城,梵味进入他。他来到无敌宫,梵光进入他。他来到因陀罗和生主两位门卫那里,他俩逃跑。他来到大会堂,梵的光荣进入他。

他来到智慧座。它的两条前腿是毗诃特和罗檀多罗两种娑摩,两条后腿是歇耶多和瑠达婆两种娑摩,两条纵木是维卢波和维罗遮两种娑摩,两条横木是夏揭婆罗和雷婆多两种娑摩。这座就是智慧,因为人依靠智慧观察。

他来到无量光辉床。它就是气息。它的两条前腿是过去和未来,两条后腿是吉祥和大地,两条横木是跋陀罗和耶若耶吉尼耶两种娑摩,两条纵木是毗诃特和罗檀多罗两种娑摩,纵向绳索是梨俱和娑摩,横向绳索是夜柔,床垫是月光,床单是歌唱,枕头是吉祥。

梵坐在床上。他知道这样,抬脚登上。梵问他:"你是谁?"他应该回答说:(5)

"我是季节。我是季节的后裔。我从空这个子宫中出生。我是年给予妻子的精液，是年的光，是一切众生的自我。你是一切众生的自我。我正是你。"

梵询问他："我是谁？"他应该回答说："真实。""真实（satya）是什么？""sat（存在）是不同于众天神和众气息者，而 tya 是众天神和众气息。因此，用真实（satya）这个词表达所有这一切，而你就是所有这一切。"这是他的回答。

注：参阅《大森林奥义书》2.3.1。

有梨俱颂诗为证：(6)

> 这位大仙人以夜柔为腹，
>
> 娑摩为头，梨俱为形体，
>
> 由梵构成，不会毁灭，
>
> 应该知道，他就是梵。

梵询问他："你依靠什么掌握我的那些阳性名称？"他应该回答说："依靠气息。"

"你依靠什么掌握我的那些中性名称？""依靠思想。"

"你依靠什么掌握我的那些阴性名称？""依靠语言。"

"依靠什么掌握那些香气？""鼻子。"

"依靠什么掌握那些形态？""眼睛。"

"依靠什么掌握那些声音？""耳朵。"

"依靠什么掌握那些食物滋味？""舌头。"

"依靠什么掌握那些行动？""双手。"

"依靠什么掌握那些苦乐？""身体。"

"依靠什么掌握欢喜、欢爱和生殖？""生殖器。"

"依靠什么掌握行走?""双足。"

"依靠什么掌握思想、认知对象和愿望?""智慧。"

然后,梵对他说:"你确实已经掌握我的世界。"

凡是梵的胜利,梵的成功,只要知道这样,知道这样,他就会获得这种胜利,这种成功。(7)

注:"知道这样"重复一次,以示强调。

第　二　章

憍尸多基经常说:"气息是梵。"气息作为梵,思想是它的使者,眼睛是卫士,耳朵是传达者,语言是侍女。

确实,知道气息作为梵,思想是它的使者,他就会有使者。知道眼睛是卫士,他就会有卫士。知道耳朵是传达者,他就会有传达者。知道语言是侍女,他就会有侍女。

气息作为梵,不用乞求,所有的神灵就会为它送来供品。同样,知道这样,不用乞求,一切众生就会为他送来供品。"不必乞求",这是他的奥义。

譬如,有人在村中乞食,一无所获。他会坐下,说:"我再也不吃这里施舍的食物。"然后,那些先前拒绝他的人前来邀请他。这是不乞求之法。那些施舍食物的人前来邀请他,说:"我们给你。"(1)

般吉耶经常说:"气息是梵。"气息作为梵,它的眼睛守在语言后面,耳朵守在眼睛后面,思想守在耳朵后面,气息守在思想后面。

确实,气息作为梵,不用乞求,所有的神灵就会为它送来供品。

同样,知道这样,不用乞求,一切众生就会为他送来供品。"不必乞求",这是他的奥义。

譬如,有人在村中乞食,一无所获。他会坐下,说:"我再也不吃这里施舍的食物。"然后,那些先前拒绝他的人前来邀请他。这是不乞求之法。那些施舍食物的人前来邀请他,说:"我们给你。"(2)

下面关于获得无与伦比的财宝。如果想要获得无与伦比的财宝,他就应该在满月之夜或新月之夜,或在白半月的吉祥星宿之夜,点燃祭火,清扫周围,铺上吉祥草,四周洒水,右膝下跪,用祭匙向祭火浇灌酥油:

"名为语言的神灵是获得者,但愿他为我从某某那里获得这个。向他致敬,娑婆诃!

"名为鼻子的神灵是获得者,但愿他为我从某某那里获得这个。向他致敬,娑婆诃!

"名为眼睛的神灵是获得者,但愿他为我从某某那里获得这个。向他致敬,娑婆诃!

"名为耳朵的神灵是获得者,但愿他为我从某某那里获得这个。向他致敬,娑婆诃!

"名为思想的神灵是获得者,但愿他为我从某某那里获得这个。向他致敬,娑婆诃!

"名为智慧的神灵是获得者,但愿他为我从某某那里获得这个。向他致敬,娑婆诃!"

然后,他应该嗅闻烟气香味,用酥油涂抹肢体,保持沉默,走出去,或直接向对方宣示目的,或派遣使者,他会如愿以偿。(3)

下面关于神圣的爱。如果想要获得一个男子或一个女子的爱,他就应该在与上述同样的时辰,以同样的方式向祭火浇灌酥油:

"我在我自身中祭供你的语言,某某,娑婆诃!

"我在我自身中祭供你的鼻子,某某,娑婆诃!

"我在我自身中祭供你的眼睛,某某,娑婆诃!

"我在我自身中祭供你的耳朵,某某,娑婆诃!

"我在我自身中祭供你的思想,某某,娑婆诃!

"我在我自身中祭供你的智慧,某某,娑婆诃!"

然后,他应该嗅闻烟气香味,用酥油涂抹肢体,保持沉默,走出去,或直接前去与对方接触,或站在上风处与对方交谈,他就会获得对方的爱。确实,对方会思念他。(4)

注:"站在上风处"意谓对方容易听到他的话。

下面关于波罗多尔陀那自制,人们称为内在火祭。人在说话时,不能呼吸。这时,他用呼吸祭供语言。人在呼吸时,不能说话。这时,他用语言祭供呼吸。

人无论醒着或入睡,他永远供奉这两种无限和不死的祭品。而其他各种祭品都是有限的,因为它们都涉及祭祀仪式。古人正是知道这一点,而不举行火祭。(5)

注:波罗多尔陀那是人名,参阅下面第三章。这里将通常的火祭视为外在火祭,而将自制视为内在火祭。

修希迦跋伦伽罗经常说:"赞歌是梵。"应该崇拜它为梨俱。对于这样的人,一切众生都会为他的无比优越而赞颂他。应该崇拜它为夜柔。对于这样的人，一切众生都会为他的无比优越而与他结合。应该崇拜它为娑摩。对于这样的人，一切众生都会为他的无比优越而向他致敬。

应该崇拜它为吉祥。应该崇拜它为光荣。应该崇拜它为光辉。正像它在一切颂诗中最吉祥，最光荣，最光辉，知道这样，他也会在一切众生中最吉祥，最光荣，最光辉。

行祭者祭司装饰由仪式构成的祭祀的自我，交织进由夜柔构成的自我；诵者祭司在由夜柔构成的自我中，交织进由梨俱构成的自我；歌者祭司在由梨俱构成的自我中，交织进由娑摩构成的自我。这是三重知识的自我。知道这样，他就会成为因陀罗的自我。（6）

注："三重知识"即三吠陀：《梨俱吠陀》、《娑摩吠陀》和《夜柔吠陀》。

下面关于战胜一切的憍尸多基的三次敬拜。战胜一切的憍尸多基敬拜升起的太阳。他戴上圣线，取来水，连续三次洒进水盆，说道："你是驱除者，请驱除我的罪恶吧！"他以同样的方式敬拜中午的太阳，说道："你是拔除者，请拔除我的罪恶吧！"他以同样的方式敬拜落下的太阳，说道："你是灭除者，请灭除我的罪恶吧！"这样，太阳灭除他在白天和夜晚犯下的罪恶。

同样，知道这样，以同样的方式敬拜太阳，太阳就会灭除他在白天和夜晚犯下的罪恶。（7）

还有，每月的新月之夜，以同样的方式敬拜出现在西边的月亮，或者向它投掷两片绿草，说道：

　　　我的这颗形态优美的心，

完全依靠天上的月亮，

因此我认为我是知此者，

愿我不为儿子不幸哭泣。

这样，他的后代不会死在他之前。这是对有儿子者而言。下面关于无儿子者：

增长吧！让精力汇集于你！

让液汁和元气汇集于你！

众太阳神增长这光明！

默诵这三首梨俱颂诗后，说道："请你不要用我们的气息、子孙和牲畜增长自己，而用憎恨我们者和我们憎恨者的气息、子孙和牲畜增长自己吧！"然后，右旋绕行，说道："我随因陀罗之转而转，我随太阳之转而转。"（8）

注：以上三首梨俱颂诗都是取每一首的第一句。前两句取自《梨俱吠陀》1.91.16 和 18，第三句取自《阿达婆吠陀》7.81.6。

还有，在满月之夜，以同样的方式敬拜出现在东边的月亮，说道："你是聪明睿智的苏摩王；你是有五张嘴的生主。婆罗门是你的一张嘴。你用这张嘴吃众国王。你用这张嘴使我成为吃食物者吧！国王是你的一张嘴。你用这张嘴吃众吠舍。你用这张嘴使我成为吃食物者吧！兀鹰是你的一张嘴。你用这张嘴吃鸟类。你用这张嘴使我成为吃食物者吧！火是你的一张嘴。你用这张嘴吃这个世界。你用这张嘴使我成为吃食物者吧！你还有第五张嘴。你用这张嘴吃一切众生。你用这张嘴使我成为吃食物者吧！你不要减损我们的气息、子孙和牲畜，而减损憎恨我们者和我们憎恨者的

气息、子孙和牲畜吧！"然后，右旋绕行，说道："我随天神之转而转，我随太阳之转而转。"(9)

还有，与妻子一起躺下时，应该抚摸她的心，说道：

> 美人啊，你的心安放在生主中，因而
>
> 获得永生，愿你不会为儿子不幸忧伤。

这样，她的后代不会死在她之前。(10)

还有，远出而归，应该亲吻儿子头顶，说道：

> 你出自我的每个肢体，
>
> 你出自我的心，儿子啊！
>
> 你是我的自我，救了我！
>
> 我衷心祝愿你长命百岁！

呼唤儿子的名字，说道：

> 成为石头！成为斧子！
>
> 成为不可摧毁的金子！
>
> 你是名为儿子的光明，
>
> 衷心祝愿你长命百岁！

呼唤儿子的名字，拥抱他，说道："正像生主拥抱他的后代，保证他们安全，我也拥抱你。"再呼唤儿子的名字。

然后，贴近儿子的右耳低诵道："摩伽凡啊，迅行者啊，赐予他！"又贴近儿子的左耳低诵道："因陀罗啊，赐予他无上的财富！"接着，说道：

注："摩伽凡"和"迅行者"均为天王因陀罗的称号。

你别断后，你别害怕，

我祝愿你长命百岁！

儿子啊，伴随你名字，

我亲吻你的头顶！

随即，呼唤儿子的名字，连续三次亲吻他的头顶。然后，应该在儿子头顶上连续三次发出哼声，说道："我向你发出牛的哼声。"(11)

下面关于天神的死亡。确实，火燃烧，梵照耀。火不燃烧，则死亡。它的光芒进入太阳，气息进入风。太阳展现，梵照耀。太阳不展现，则死亡。它的光进入月亮，气息进入风。月亮展现，梵照耀。月亮不展现，则死亡。它的光进入闪电，气息进入风。闪电闪烁，梵照耀。闪电不闪烁，则死亡。它的光进入方位，气息进入风。所有这些天神都进入风，但死于风中而不灭绝。因此，他们又从风中出现。这是关于天神，下面关于自我。(12)

确实，人用语言说话，梵照耀。人不说话，则死亡。它的光进入眼睛，气息进入气息。人用眼睛观看，梵照耀。人不观看，则死亡。它的光进入耳朵，气息进入气息。人用耳朵听取，梵照耀。人不听取，则死亡。它的光进入思想，气息进入气息。人用思想思考，梵照耀。人不思考，则死亡。它的光进入气息，气息进入气息。所有这些天神都进入气息，但死于气息而不灭绝。因此，他们又从气息中出现。

如果知道这样，即使南方和北方两座山企图摧毁他，也办不到。而憎恨他的人和他憎恨的人却会遭遇死亡。(13)

下面关于获得最优秀。这些天神互相争论，都声称自己更优秀。他们一起离开这个身体。身体也就躺在那里，没有呼吸，如同枯木。

然后，语言进入。身体用语言说话，而依然躺着。

然后，眼睛进入。身体用语言说话，用眼睛观看，而依然躺着。

然后，耳朵进入。身体用语言说话，用眼睛观看，用耳朵听取，而依然躺着。

然后，思想进入。身体用语言说话，用眼睛观看，用耳朵听取，用思想思考，而依然躺着。

然后，气息进入。顿时，身体站起。

所有这些天神认识到气息最优秀，确认气息是智慧自我。他们与所有气息一起离开这个身体，进入风，以空为自我，进入天国。

同样，知道这样，他就会认识到气息最优秀，确认气息是智慧自我。他与所有气息一起离开这个身体，进入风，以空为自我，进入天国，前往这些天神的所在地。到达那里，与这些永生的天神一样，他获得永生。（14）

注："这些天神"指各种感官，它们又与天国的那些天神相对应。关于气息最优秀，可参阅《大森林奥义》6.1.7—14，《歌者奥义书》5.1.6—15。

下面关于父子交接，人们称为转移。父亲即将去世，叫来儿子。以新草铺设屋子，点燃祭火，安置水罐和水杯，穿上新衣，父亲躺着。儿子过来，伏在父亲身上，所有器官互相接触，或者儿子坐在前面，父亲与他进行交接。这样，父亲嘱托儿子。

父亲说："我将我的语言放在你身中。"儿子回答："我将你的语言放在我身中。"

父亲说："我将我的气息放在你身中。"儿子回答："我将你的气息放在我身中。"

父亲说:"我将我的眼睛放在你身中。"儿子回答:"我将你的眼睛放在我身中。"

父亲说:"我将我的耳朵放在你身中。"儿子回答:"我将你的耳朵放在我身中。"

父亲说:"我将我的食物滋味放在你身中。"儿子回答:"我将你的食物滋味放在我身中。"

父亲说:"我将我的行动放在你身中。"儿子回答:"我将你的行动放在我身中。"

父亲说:"我将我的苦乐放在你身中。"儿子回答:"我将你的苦乐放在我身中。"

父亲说:"我将我的欢喜、欢爱和生殖放在你身中。"儿子回答:"我将你的欢喜、欢爱和生殖放在我身中。"

父亲说:"我将我的行走放在你身中。"儿子回答:"我将你的行走放在我身中。"

父亲说:"我将我的思想放在你身中。"儿子回答:"我将你的思想放在我身中。"

父亲说:"我将我的智慧放在你身中。"儿子回答:"我将你的智慧放在我身中。"

如果父亲说话困难,则可以总括地说一句:"我将我的所有气息放在你身中。"儿子回答:"我将你的所有气息放在我身中。"

然后,儿子右旋绕行,走向东边。父亲呼唤道:"愿名声、梵的光辉和荣誉钟爱你!"而儿子应该望着自己左肩,或者,用手掌或衣角掩面,回答:"愿你到达天国世界,实现愿望!"

如果父亲病愈,就应该在家中听命儿子,或者离家出游。如果他去世,就应该为他举行合适的葬礼,合适的葬礼。(15)

注:"合适的葬礼"重复一次,以示强调。

第 三 章

提沃陀娑之子波罗多尔陀那凭借战斗和勇气,前往因陀罗可爱的住处。因陀罗对他说:"波罗多尔陀那,你选择恩惠吧!"波罗多尔陀那回答说:"你为我选择一个你认为对人类最有益的恩惠吧!"因陀罗对他说:"决无高者为低者选择恩惠之事,你自己选择吧!"波罗多尔陀那回答说:"那我就不要恩惠了。"然而,因陀罗不违背真理,因为因陀罗就是真理。

于是,因陀罗对他说:"你要了解我!我认为对人类最有益的事是了解我。我杀死长有三头的特瓦希特利之子。我将那些邪恶的耶提苦行者交给豺狼。我撕毁许多协议,杀死天上的波罗诃罗迪耶们、空中的宝罗摩们和地上的迦罗甘遮们,而我本人毫发无损。知道我是这样,那么,无论做什么事,偷窃,杀害胎儿,杀害父母,他的世界都会毫发无损。无论犯什么罪,他都不会脸色发白。"(1)

注:波罗多尔陀那是一位国王,捐躯疆场,而升入天国。特瓦希特利是天国工匠,他的儿子长有三头。波罗诃罗迪耶们、宝罗摩们和迦罗甘遮们均为阿修罗。

因陀罗继续说道:"我是气息,智慧自我。你要崇拜我为寿命和永生。寿命是气息,或者,气息是寿命。只要身体中有气息,就有寿命。确实，在这世界上，依靠气息获得永生，依靠智慧实现真正的意愿。崇拜我为寿命和永生，他就会在这个世界活够寿命，在天国获得永生，永不毁灭。"

"而有些人说，那些气息合成一体，任何人都不可能同时用语言认知名称，用眼睛认知形象，用耳朵认知声音，用思想认知思考。那些气息合成一体，只能逐一认知这一切。语言说话时，所有气息跟着说话。眼睛观看时，所有气息跟着观看。耳朵听取时，所有气息跟着听取。思想思考时，所有气息跟着思考。气息呼吸时，所有气息跟着呼吸。"

因陀罗说道："确实是这样。但是，在那些气息中，有最优秀者。(2)

注：依据以上描述，这里所谓的"那些气息"不单指气息，也包括语言、眼睛、耳朵和思想。

"没有语言，照样活着，因为我们看到那些哑巴。没有眼睛，照样活着，因为我们看到那些瞎子。没有思想，照样活着，因为我们看到那些傻子。砍去双臂，照样活着；砍去双腿，照样活着，因为我们看到这样。

"但是，唯独气息是智慧自我。一旦它掌握这个身体，就会使身体站起（utthāpayati）。因此，应该崇拜它为赞歌（uktha）。确实，正是在气息中获得一切。

"气息就是智慧。智慧就是气息。见证这个，也就理解它。一个人进入熟睡，不做任何梦，达到与气息合一。这样，语言连同所有的名称进入它，眼睛连同所有的形象进入它，耳朵连同所有的声音进入它，思想连同所有的思考进入它。而一旦他醒来，正像那些火花从燃烧的火中溅出，飞向四面八方，那些气息从自我中出来，回到各自的位置。众天神出自众气息。众世界出自众天神。

"唯独气息是智慧自我。一旦它掌握这个身体，就会使身体站起。因此，应该崇拜它为赞歌。确实，正是在气息中获得一切。

"气息就是智慧，智慧就是气息。见证这个，也就理解它。一个病人将要死去，浑身无力，进入昏迷。人们说：'他的思想已离去。'这样，他不听取，不观看，不用语言说话，不思考。然后，他与气息合一。这样，语言连同所有的名称进入它，眼睛连同所有的形象进入它，耳朵连同所有的声音进入它，思想连同所有的思考进入它。最后，它离开这个身体，连同所有这一切离开。（3）

"语言向他释放一切名称，他依靠语言获得一切名称。气息向他释放一切香味，他依靠气息获得一切香味。眼睛向他释放一切形象，他依靠眼睛获得一切形象。耳朵向他释放一切声音，他依靠耳朵获得一切声音。思想向他释放一切思考，他依靠思想获得一切思考。正是在气息中获得一切，气息就是智慧，智慧就是气息。因为这两者一起居于这个身体，也一起离开。下面，我们说明一切众生怎样与这种智慧合一。（4）

注："气息向他释放一切香味，他依靠气息获得一切香味"。其中，"气息"（prāṇa）一词在有的抄本中为"鼻子"（ghrāṇa），下同。

"语言出自它的一部分，名称是与语言相应的外部存在元素。气息出自它的一部分，香味是与气息相应的外部存在元素。眼睛出自它的一部分，形象是与眼睛相应的外部存在元素。耳朵出自它的一部分，声音是与耳朵相应的外部存在元素。舌头出自它的一部分，食物滋味是与舌头相应的外部存在元素。双手出自它的一部分,行动是与双手相应的外部存在元素。身体出自它的一部分,苦乐是与身体相应的外部存在元素。生殖器出自它的一部分,欢喜、欢爱和生殖是与生殖器相应的外部存在元素。双足出自它的一部分,行走是与双足相应的外部存在元素。思想出自它的一部分,思考是与思想相应的外部存在元素。(5)

"用智慧驾驭语言,他就凭语言获得一切名称。用智慧驾驭气息,他就凭气息获得一切香味。用智慧驾驭眼睛,他就凭眼睛获得一切形象。用智慧驾驭耳朵,他就凭耳朵获得一切声音。用智慧驾驭舌头,他就凭舌头获得一切食物滋味。用智慧驾驭双手,他就凭双手获得一切行动。用智慧驾驭身体,他就凭身体获得苦乐。用智慧驾驭生殖器,他就凭生殖器获得欢喜、欢爱和生殖。用智慧驾驭双足,他就凭双足获得一切行走。用智慧驾驭思想,他就凭思想获得一切思考。(6)

"缺乏智慧,语言不能让人认知任何名称。他会说:'我的心思在别处,我不知道这个名称。'缺乏智慧,气息不能让人认知任何香味。他会说:'我的心思在别处,我不知道这个香味。'缺乏智慧,眼睛不能让人认知任何形象。他会说:'我的心思在别处,我不知道这个形象。'缺乏智慧,耳朵不能让人认知任何声音。他会说:'我的心思在别处,我不知道这个声音。'缺乏智慧,舌头不能让人认知任何食物滋味。他会说:'我的心思在别处,我不知道这个食物滋味。'缺乏智慧,身体不能让人认知任何苦乐。他会说:'我的心思在别处,我不知道这个苦乐。'缺乏智慧,生殖器不能让人认知任何欢喜、欢爱和生殖。他会说:'我的心思在别处,我不知道这个欢喜、欢爱和生殖。'缺乏智慧,双足不能让人认知任何行走。他会

说：'我的心思在别处，我不知道这个行走。'缺乏智慧，不可能进行任何思考，不可能认知任何认知对象。（7）

"不应该只想认知语言，而应该知道说话者。不应该只想认知香味，而应该知道嗅闻者。不应该只想认知形象，而应该知道观看者。不应该只想认知声音，而应该知道听取者。不应该只想认知食物滋味，而应该知道品尝食物滋味者。不应该只想认知行动，而应该知道行动者。不应该只想认知苦乐，而应该知道感受苦乐者。不应该只想认知欢喜、欢爱和生殖，而应该知道感受欢喜、欢爱和生殖者。不应该只想认知行走，而应该知道行走者。不应该只想认知思想，而应该知道思想者。

"这些是十种与智慧相应的存在元素和十种与存在相应的智慧元素。因为没有这些存在元素，也就没有这些智慧元素，或者，没有这些智慧元素，也就没有这些存在元素。因为只有其中的一方，就不可能构成任何形态。

"但这也并非多种多样。正如轮辋固定在辐条上，辐条固定在轮毂上，同样，这些存在元素固定在智慧元素上，这些智慧元素固定在气息上。确实，气息是智慧自我，是欢喜，不老，不死，不因善业而变大，也不因恶业而变小。正是它使想要从这些世界向上的人行善，使想要堕落的人作恶。它是世界保护者。它是世界之主。它是世界主宰。应该知道它是我的自我。应该知道它是我的自我。"（8）

注："应该知道它是我的自我"重复一次，以示强调。

第　四　章

伽吉耶·跋罗基以博学闻名,游历优湿那罗族、萨特婆族、摩差族、俱卢族、般遮罗族、迦尸族和毗提诃族。他来到迦尸王阿阇世那里,说道:"让我为你讲授梵。"阿阇世对他说:"我们会赐予你一千头牛。"听到这个消息,民众会奔走相告:"遮那迦!遮那迦!"(1)

注:遮那迦是一位著名的国王。这里以呼叫"遮那迦"表示对阿阇世王的赞美。跋罗基和阿阇世王之间的这场对话,可参阅《大森林奥义书》第二章第一梵书。

太阳中的伟大者,月亮中的食物,闪电中的真理,雷中的声音,风中的因陀罗·毗恭吒,空中的圆满,火中的不可抵御者,水中的光,以上这些关于天神。下面关于自我:镜中的映像,影中的第二者,回音中的生命,声音中的死亡,睡眠中的阎摩,身体中的生主,右眼中的语言,左眼中的真理。(2)

跋罗基说道:"我崇拜太阳中的那个人。"阿阇世回答说:"你别让我讨论他。我只是崇拜他为伟大者,身着白衣,至高者,一切众生的首领。若有人这样崇拜他,则成为至高者,一切众生的首领。"(3)

跋罗基说道:"我崇拜月亮中的那个人。"阿阇世回答说:"你别让我讨论他。我只是崇拜他为食物的自我。若有人这样崇拜他,则成为食物的自我。"(4)

跋罗基说道:"我崇拜闪电中的那个人。"阿阇世回答说:"你别

让我讨论他。我只是崇拜他为真理的自我。若有人这样崇拜他，则成为真理的自我。"（5）

　　跋罗基说道："我崇拜雷中的那个人。"阿阇世回答说："你别让我讨论他。我只是崇拜他为声音的自我。若有人这样崇拜他，则成为声音的自我。"（6）

　　跋罗基说道："我崇拜风中的那个人。"阿阇世回答说："你别让我讨论他。我只是崇拜他为因陀罗·毗恭吒或不可战胜的军队。若有人这样崇拜他，则成为胜利者，不可战胜者，战胜他人者。"（7）

　　跋罗基说道："我崇拜空中的那个人。"阿阇世回答说："你别让我讨论他。我只是崇拜他为圆满而不动的梵。若有人这样崇拜他，则充分拥有子孙、牲畜、名声、梵的光辉和天国世界，活够寿命。"（8）

　　跋罗基说道："我崇拜火中的那个人。"阿阇世回答说："你别让我讨论他。我只是崇拜他为不可抵御者。若有人这样崇拜他，则成为别人不可抵御者。"（9）

　　跋罗基说道："我崇拜水中的那个人。"阿阇世回答说："你别让我讨论他。我只是崇拜他为光的自我。若有人这样崇拜他，则成为光的自我。"以上关于天神，下面关于自我。（10）

　　跋罗基说道："我崇拜镜中的那个人。"阿阇世回答说："你别让我讨论他。我只是崇拜他为映像。若有人这样崇拜他，则生下的后代像他，不会不像他。"（11）

　　跋罗基说道："我崇拜影中的那个人。"阿阇世回答说："你别让我讨论他。我只是崇拜他为从不分离的第二者。若有人这样崇拜他，则从第二者那里获得，而有第二者。"（12）

注："从第二者那里获得，而有第二者"，可理解为从妻子那里获得，而有儿子。

跋罗基说道："我崇拜回音中的那个人。"阿阇世回答说："你别让我讨论他。我只是崇拜他为生命。若有人这样崇拜他，则不会在时间到达前失去知觉。"(13)

注："时间"指死期。"失去知觉"指死去。

跋罗基说道："我崇拜声音中的那个人。"阿阇世回答说："你别让我讨论他。我只是崇拜他为死亡。若有人这样崇拜他，则不会在时间到达前去世。"(14)

跋罗基说道："我崇拜入睡后在梦中活动的那个人。"阿阇世回答说："你别让我讨论他。我只是崇拜他为阎摩王。若有人这样崇拜他，则所有一切都服从他的利益。"(15)

注：阎摩王（Yamarāja，或译阎罗）是死神。

跋罗基说道："我崇拜身体中的那个人。"阿阇世回答说："你别让我讨论他。我只是崇拜他为生主。若有人这样崇拜他，则拥有子孙、牲畜、名声、梵的光辉和天国世界，活够寿命。"(16)

跋罗基说道："我崇拜右眼中的那个人。"阿阇世回答说："你别让我讨论他。我只是崇拜他为语言的自我，火的自我，光的自我。若有人这样崇拜他，则成为这一切的自我。"(17)

跋罗基说道："我崇拜左眼中的那个人。"阿阇世回答说："你别让我讨论他。我只是崇拜他为真理的自我，闪电的自我，光的自我。若有人这样崇拜他，则成为这一切的自我。"(18)

然后，跋罗基沉默不语。阿阇世对他说："就这些吗，跋罗基？"

跋罗基回答说："就这些。"于是，阿阇世对他说："枉然你说'让我为你讲授梵'，而与我讨论。跋罗基啊，真正应该知道的是你说的那些人的创造者。这一切是他的创造。"

然后，跋罗基手持柴薪前来，说道："让我拜你为师吧！"阿阇世对他说："刹帝利接收婆罗门学生，我觉得确实是次序颠倒。但是，来吧，我会让你取得认识。"于是，他握住跋罗基的手，一起出去。

他俩来到一个睡着的人身边。阿阇世招呼道："身着白衣的伟大者，苏摩王！"但他依然躺着。于是，阿阇世用手杖触碰他。他顿时起身。

阿阇世询问道："跋罗基啊，这个人躺下时，他在哪里？现在又从哪里回来？"跋罗基对此一无所知。阿阇世对他说："跋罗基啊，我来解答这个人躺下时，他在哪里，现在又从哪里回来。人有名为'利益'的脉管，在心中由里向外延伸，布满心包。它们细似一根头发的千分之一，含有褐色、白色、黑色、黄色和红色的微小物质。如果进入熟睡，不做任何梦，他就在这些脉管中。(19)

"他在这里与气息合一。语言连同所有名称进入它。眼睛连同所有形象进入它。耳朵连同所有声音进入它。思想连同所有思考进入它。而一旦他醒来，正像那些火花从燃烧的火中溅出，飞向四面八方，那些气息从自我中出来，回到各自的位置。众天神出自气息。众世界出自众天神。

"确实，这些气息是智慧自我，进入身体自我，直至毛发和指甲。正如剃刀放在剃刀套中，火放在火盆中，同样，这智慧自我进入身体自我，直至毛发和指甲。那些自我依附这个自我，如同众人依附首领。正如首领借助众人享受，或者，众人依靠首领享受，同样，智慧自我借助那些自我享受，而那些自我依靠这个自我享受。

"因陀罗不知道这个自我时，众阿修罗战胜他。一旦他知道这个自我，便杀死和战胜众阿修罗，在一切天神中获得至高无上的统治权。同样，若有人知道这样，则驱除一切罪恶，在一切众生中获得至高无上的统治权。因为他知道这样，知道这样。"(20)

注："知道这样"重复一次，以示强调。

弥勒奥义书

第　一　章

确实,梵祭是古人安置祭火。因此,祭祀者安置这些火,应该沉思自我。这样,祭祀便圆满无缺。那么,应该沉思的那个是谁呢?它名为气息。关于它,有这个故事。(1)

有个国王,名为巨车。他让儿子继承王位后,想到这个身体无常,心生离欲,进入森林。他在那里实施严酷的苦行,伫立着,高举双臂,凝视太阳。在满一千天之时,来了一位牟尼,如无烟之火,又如燃烧的光焰。他是尊者夏迦耶尼耶,通晓自我。他对国王说道:"起身,起身! 选择一个恩惠吧!"国王向他行礼,说道:"尊者啊,我不知道自我。我们听说你知道它的本质,请告诉我们吧!"夏迦耶尼耶回答说:"这已经是过去的事情。这个问题很难回答。甘蔗族后裔啊,你选择别的愿望吧!"而国王用头接触他的脚,吟诵偈颂:(2)

> "骨、皮、筋、骨髓、肉、精液、血、
>
> 唾液、泪、眼屎、粪、尿、风、胆汁
>
> 和黏液,聚集在这个难闻、空虚的

身体中，尊者啊，有什么乐趣可言？

"欲望、愤怒、贪婪、痴迷、恐惧、

沮丧、妒忌、爱别离、怨憎会、

饥、渴、老、死、病和忧伤等等，

侵袭这个身体，有什么乐趣可言？（3）

"我们看到所有这一切走向毁灭，正如蚊蝇和草木等等生而又灭。这些算什么？还有那些大弓箭手和转轮王，苏迪约那、菩利迪约那、因陀罗迪约那、古婆罗耶湿婆、约婆那湿婆、婆达利耶湿婆、阿湿婆波提、夏舍宾陀、诃利希㳍陀罗、安波利舍、那纳迦杜、沙利亚提、耶亚提、阿那罗尼耶和乌刹塞纳等等，以及那些国王，摩努多和婆罗多等等，全都当着亲人的面，舍弃庞大的财富，离开这个世界，前往另一个世界。

"这些算什么？还有健达缚、阿修罗、药叉、罗刹、鬼怪、精灵、鬼魂、蛇和魑魅等等，我们看到他们全都毁灭。

"这些算什么？还有大海枯竭、山峰倾倒、北极星移位、风绳断裂、大地沉没和天神失位。在这样的生死轮回中，有什么乐趣可言？我们看到那些过来人一再返回这个世界。而你能拯救我。我在这个轮回世界，如同枯井中的蛙。尊者啊，你是我们的归宿，你是我们的归宿！"（4）

注："风绳"指固定星宿位置的风。

第 二 章

于是，尊者夏迦耶尼耶高兴地对国王说道："巨车大王啊，甘蔗族的旗帜！你以摩录多（风神）为称号，闻名于世。你很快就会知道自我，达到目的。这个就是你的自我。"国王问道："哪个？尊者。"他回答如下。（1）

尊者弥勒说："它没有停止呼吸，上升，既动，又不动，驱除黑暗。它是自我。"正因为他这样说，才有这样的说法："这个平静者离开这个身体，上升，抵达至高的光，呈现自己的本相。这是自我。它不死，无畏，它是梵。"（2）

注：这里提到的"这样的说法"，见《歌者奥义书》8.3.4。

确实，这是尊者弥勒为我们宣讲的梵的知识，国王啊，让我讲给你听吧！

我们听说婆利奇利耶人涤除罪恶，克制性欲，光辉灿烂。他们对生主迦罗杜说："这个无意识的身体如同一辆车。是哪种超感官的存在具有这样的威力，使它变得有意识，也就是成为它的驱动者？尊者啊，将你知道的告诉我们吧！"于是，他告诉他们说：（3）

"确实，我们听说它凌驾于各种性质，克制性欲，纯洁，清净，空无，平静，无呼吸，无我，无限，不灭，坚定，永恒，不生，自主。它立足于自己的伟大。正是它使这个身体变得有意识，也就是成为它的驱动者。"

他们询问他："尊者啊，这个无愿望者怎么会使这样的身体变

得有意识？怎么会成为它的驱动者？"于是,他告诉他们说:(4)

"确实,它微妙,不可把握,不可目睹,名为'原人'。它不知不觉以一部分居于这个身体,犹如一个熟睡的人不知不觉醒来。确实,它的一部分,作为纯意识,成为每个人的知领域者,以意愿、决心和自大为标志,是名为'一切'的生主。正是它,作为纯意识,使这个身体变得有意识,也就是成为它的驱动者。"

注:"知领域者"指自我。

他们询问他:"尊者啊,如果这个无愿望者使这样的身体变得有意识,那么,怎么会成为它的驱动者？"于是,他告诉他们说:(5)

"确实,在太初,生主是唯一者,孤独,不快乐。于是,他沉思自我,创造了众生。他看到他们没有知觉,没有气息,如同石头,又像伫立的柱子。他不快乐,思忖道:'我要进入他们之中,唤醒他们。'他让自己变得像风一样,试图进入。但作为一个整体,不能进入。于是,他将自己分成五部分,即元气、下气、中气、上气和行气。

"向上移动者是元气。向下移动者是下气。维系这两者的是行气。将食物中的粗大部分送往下气,细小部分送往各个肢体,这是中气。产生于它们中间而高于行气者是上气。这上气是吞吐饮料和食物者。

"这边是乌般苏容器,那边是安多利耶摩容器。在这两者中间,神产生热量。这热量是原人。这原人就是火,名为'一切人'。别处这样说:'这个名为一切人的火在人体中,消化吃下的食物。捂住双耳,能听到它的声音。而在去世时,则听不到它的声音。'

注:乌般苏容器和安多利耶摩容器是榨取苏摩汁时使用的容器。"别处

这样说",见《大森林奥义书》5.9.1 和《歌者奥义书》3.13.8。

"确实,他将自己分成五部分,藏在洞穴中,由思想构成,以气息为身体,以光为形,以真实为意愿,以空为自我。他还没有达到目的,心中思忖道:'让我享受对象吧!'于是,他破开那些孔穴,用五条绳索享受对象。那些感觉器官是他的那些缰绳,那些行动器官是他的那些马。身体是车。思想是御者。刺棒由自然本性构成。他用这根刺棒驱动身体活动,犹如陶工转动轮盘。正是这样,他使这个身体变得有意识,也就是成为它的驱动者。(6)

注:"洞穴"指心。"那些孔穴"指五种感觉器官("五知根"),即眼、耳、鼻、舌和身。行动器官也有五种("五作根"),即语言、双手、双足、肛门和生殖器。

"确实,仙人们宣称这个自我在各个身体中行动,而仿佛不受黑白业果影响。它不显现,微妙,不可目睹,不可把握,无我。这样,它看似不居住,而是行动者。实际上,它居住,而不是行动者。

注:"黑白业果"指善业和恶业的果报。

"确实,它纯洁,坚定,不动摇,不受污染,不迷乱,无贪欲,安居于自己之中,安定似旁观者。它享受规律,用性质编织的外衣遮盖自己,保持安定,保持安定。"(7)

注:"规律"(ṛta)指果报。《伽陀奥义书》1.3.1 中提到自我"饮用善行世界的规律"。"性质"指善性、忧性和暗性。"保持安定"重复一次,以示强调。

第　三　章

他们说道:"尊者啊,如果你指出这个自我如此伟大,那么,还

有另一个,也称为自我。它受黑白业果影响,进入善恶子宫,或向上,或向下,活动中受对立性制约。"(1)

"确实,有另一个,称为众生自我。它受黑白业果影响,进入善恶子宫,或向上,或向下,活动中受对立性制约。五唯被称为元素。五大也被称为元素。它们的结合被称为身体。身体中的那个被称为众生自我。它的这个不死的自我犹如莲花叶上的水滴。确实,这个自我受自然性质影响。由于受影响,它痴迷。由于痴迷,它看不到居于自身中的神主,驱动者。它随性质之流漂移,受污染,不坚定,轻浮,沮丧,渴望,迷乱,自高自大,心想:'我是他。这个是我的。'它自己束缚自己,犹如陷入网中的鸟。这样,它受业果影响,进入善恶子宫,或向上,或向下,活动中受对立性制约。"

"它究竟怎样?"他告诉他们说:(2)

注:"五唯"指色、声、香、味和触。"五大"指地、水、火、风和空。"众生自我"指个体自我。"神主"指至高自我。

"别处这样说:确实,行动者是众生自我,利用感官驱动者是内在的原人。正像铁块受火影响,受工匠捶打,呈现各种形态,同样,众生自我受原人影响,受各种性质捶打,呈现各种形态。四类、十四种或八十四种生物群,呈现各种形态。确实,那些性质由原人驱动,犹如陶工转动轮盘。正像铁块受到捶打,火并不受影响,同样,众生自我与性质结合,原人并不受影响。(3)

注:"原人"指至高自我,即梵。"四类生物群"指卵生、胎生、芽生和湿生。"十四种"或"八十四种",具体所指,说法不一。

"别处这样说:这个身体产生于交媾。它在黑暗中发育,从尿道口出生。它由骨骼组成，粘连肌肉，覆盖皮肤，充满粪、尿、胆汁、黏液、骨髓、脂肪、油腻和其他病患，犹如装满财物的仓库。（4）

注："黑暗"指子宫。

"别处这样说：痴迷，恐惧，沮丧，昏睡，懒散，懈怠，衰老，忧愁，饥渴，贫乏，愤怒，无信仰，无知，妒忌，残酷，愚昧，无耻，亵慢，鲁莽，不平等，这些是暗性。内心渴求，爱恋，激情，贪心，伤害，欢爱，憎恨，虚伪，嫉恨，爱欲，不坚定，轻浮，迷乱，好胜，贪财，奉承朋友，依赖家族，厌恶不喜欢的感官对象，执着喜欢的感官对象，言语尖酸，贪吃，这些是忧性。充满这些忧性，受它们影响，故而众生自我呈现各种形态。"（5）

第　四　章

这些克制性欲者惊讶不已，走近前来，说道："尊者啊，向你致敬！请继续教导我们！你是我们的唯一归宿，别无他路。依靠什么方法，众生自我离开这个身体，与那个自我结合？"他告诉他们说：（1）

"别处这样说：犹如大河的波浪，以前的所作所为不可挽回。犹如海潮，死亡不可阻挡。犹如跛脚，受善恶业果束缚。犹如囚徒，不能自主。犹如进入阎摩领域，充满恐怖。犹如醉酒，痴迷沉醉。犹如中邪，四处乱跑。犹如被巨蟒咬住，被感官对象咬住。犹如黑暗笼罩，激情蔽目。犹如因陀罗网，充满幻觉。犹如梦中，充满假象。犹如芭蕉树心，空空如也。犹如演员，瞬间换装。犹如壁

画,虚有其美。因此,人们这样说:

> 声和触等等感官对象对人没有益处,
>
> 众生自我执着它们,而忘却至高境界。(2)

注:"因陀罗网"指幻术或魔法。感官对象除声和触外,还有色、香和味。

"确实,这是众生自我的疗法:掌握吠陀知识,遵行自己的正法,履行自己人生阶段的职责。自己的正法是誓愿,其他的都是枝节。这样就会向上,否则就会堕落。自己的正法依据吠陀。逾越自己的正法,便不可能履行人生阶段的职责。苦行者不遵守人生阶段的职责,这种说法不正确。然而,不修炼苦行,也不能获得自我的知识或事业的成功。人们这样说:

> 通过苦行,获得善性;通过善性,获得思想;
>
> 通过思想,获得自我;获得自我,不再返回。(3)

注:"自己的正法"指每种种姓各自的行为法则。"人生阶段的职责"指婆罗门教将人生分为四个阶段:梵行期、家居期、林居期和遁世期,每个阶段都有特定的职责。

"通晓梵的知识者说:'梵存在。'依靠苦行涤除罪恶者说:'这是通向梵的门径。'专心致志,不断沉思者说:'唵!梵的伟大!'因此,依靠知识、苦行和沉思获得梵,他就超越梵天,获得高于众天神的超神性。知道这样,依靠这三者崇拜梵,他就会获得无穷无尽的快乐,安然无恙。然后,摆脱充满自身的那些影响者,驾车者与自我结合。"(4)

注:梵天(Brahman,阳性)是创造神。而梵(Brahman,中性)超越包括梵天在内的众天神。

他们说道："尊者啊，你是导师，你是导师！你的这些教导，我们都已铭记在心。请你再解答一个疑问。火、风、太阳、时间、气息、食物、梵天、楼陀罗和毗湿奴，有些人沉思这一个，有些人沉思那一个。请告诉我们哪一个最好？"他告诉他们说：(5)

"这些是至高、不死的梵的主要形相。无论沉思其中哪一个，都会在世上快乐。因为前人已经说过：'梵就是所有这一切。'人们应该沉思、崇敬和摒弃这些形相。因为人们随同它们依次走向更高的世界。然后，在万物毁灭时，与原人合一，与原人合一。"(6)

注："与原人合一"重复一次，以示强调。

第　五　章

下面是憍蹉衍那的赞歌：

确实，你是梵天，毗湿奴，楼陀罗，生主，

你是火神，伐楼那，风神，因陀罗，月亮，

你是食物，阎摩，大地，一切，不可毁灭者，

为了自身，出于本性，它们全都在你之中。

宇宙之主，宇宙自我，宇宙作者，向你致敬！

一切享受，一切寿命，一切娱乐和欢爱之主，

你，平静的自我，隐秘的自我，向你致敬！

不可思议，不可测量，无始无终，向你致敬！（1）

确实，在太初，黑暗是唯一存在。暗性在至高者中，受至高者驱动，出现不平衡，产生忧性状态。忧性受驱动，出现不平衡，产生

善性状态。善性受驱动,流出液汁。这部分作为纯意识,成为每个人的知领域者,以意愿、决心和自大为标志,是名为"一切"的生主。它的形相已在上面说到。这样,诸位梵行者啊,它的暗性部分是楼陀罗。诸位梵行者啊,它的忧性部分是梵天。诸位梵行者啊,它的善性部分是毗湿奴。

确实,它是唯一者,而具有三重性。它又变得具有八重性、十一重性、十二重性乃至无计其数。这样,它作为存在者,进入和活动在众生之中。它成为众生之主。因此,这自我既在内,又在外;既在内,又在外。(2)

注:暗性、忧性和善性是原初物质的三种性质。楼陀罗(即后来的湿婆)、梵天和毗湿奴三位天神分别代表毁灭、创造和保护。"八重性"指五种气息加上太阳、月亮和星星。"十一重性"指五种感觉器官、五种行动器官和心。"十二重性"是以上十一重性加上觉(智)。"既在内,又在外"重复一次,以示强调。

第 六 章

这个自我将自己一分为二。这个是气息,那个是太阳。这样,它有向内和向外两条道路,日夜运转。那个太阳是外在自我,这个气息是内在自我。因此,内在自我的行径可以由外在自我的行径推断。因为人们这样说:"任何智者都涤除罪恶,监视感官,思想纯洁,立足自我,目光返回。"同样,外在自我的行径可以由内在自我的行径推断。因为人们这样说:"太阳中的那个人由金子构成。他从他的金子居处观看这个大地,甚至进入心莲中吃食物。"(1)

注:"进入心莲中"即进入莲花般的心中。"吃食物"意谓用热量消化食物。

它进入心莲中吃食物。它也是进入空中的太阳之火,名为时间,不可目睹者,以一切众生为食。而这莲花是什么? 由什么构成? 这莲花也是空。四面八方是它的花瓣。气息和太阳互相接近。应该用唵这个音节、三声和沙维特利崇拜这两者。(2)

注:"莲花"喻指心。"三声"指 bhūḥ(地)、bhuvaḥ(空)和 svaḥ(天)。沙维特利是一种吠陀诗律。

确实,有两种梵:有形者和无形者。而有形者不真实,无形者真实。这是梵,这是光。光也是太阳。太阳以唵为自我。唵让自己具有三重性,含有三个音素。通过它们,所有这一切经纬交织其中。因此,人们说:"太阳是唵。如果这样沉思,就会与自我结合。"(3)

注:唵(Om)这个音节有 a、u 和 m 三个音素。

别处这样说:确实,歌唱是唵音,唵音是歌唱。歌唱是那个太阳,是唵音。因为人们这样说:"歌唱名为唵音。它是引导者,以光为形,无眠,无老,无死,三足,三音,还应该知道它有五重性,藏在洞穴中。"人们还这样说:"这三足之梵,根部向上,枝条是空、风、火、水和地等等,名为菩提树。这是梵。它的光是太阳,也就是唵这个音节。"因此,应该不断用唵这个音节崇拜它。它是唯一的启明者。因为人们这样说:

这个音节是功德,这个音节是至高者,

知道这个音节,他便得以心遂所愿。(4)

注:参阅《歌者奥义书》1.5.1,《伽陀奥义书》2.3.1 和 1.2.16。"三足"指觉醒、梦中和熟睡三种状态,参阅《蛙氏奥义书》。"三音"指 a、u 和 m。"五重性"指五种气息。"洞穴"指心。

别处这样说:唵是它的声音形体。阴性、阳性和中性是它的性别形态。火、风和太阳是它的光芒形态。梵天、楼陀罗和毗湿奴是它的君主形态。家主祭火、南祭火和东祭火是它的嘴巴形态。梨俱、夜柔和娑摩是它的知识形态。地、空和天是它的世界形态。过去、现在和未来是它的时间形态。气息、火和太阳是它的热量形态。食物、水和月亮是它的丰满形态。觉、心和我慢是它的思想形态。元气、下气和行气是它的气息形态。因此,只要念诵唵,所有这些都受到赞颂、敬拜和供奉。因为人们这样说:"萨谛耶迦摩啊,唵这个音节是上梵和下梵。"(5)

注:萨谛耶迦摩,参阅《疑问奥义书》5.2。

从前,这个世界没有名称。生主是真实者。他修炼苦行,说出地(bhūḥ)、空(bhuvaḥ)和天(svaḥ)。这确实是生主的粗大形体,世界形态。他的头是天,肚脐是空,双足是地,眼睛是太阳,因为庞大的群体需要眼睛。原人依靠眼睛在庞大的群体中活动。眼睛是真实者。原人居于眼睛中,在一切对象中活动。因此,应该崇拜地、空和天,崇拜它们等于崇拜生主,一切的自我,一切的眼睛。因为人们这样说:"这是生主承载一切的形体。所有这一切隐藏在它之中,它隐藏在所有这一切中。因此,应该崇拜。"(6)

"那是沙维特利的宠爱。"梵论者们说,沙维特利就是太阳,因此,受到热爱自我的人们宠爱。"让我们沉思神的光辉!"梵论者们说,沙维特利就是神,因此,我沉思这个称为它的光辉者。"沉思激励我们。"梵论者们说，沉思就是智慧，正是它们激励我们。

注：沙维特利（Savitṛ）是太阳的名称之一。这里所谓"沙维特利的宠爱"或"神的光辉"指沙维特利（Sāvitrī）诗律。这种诗律名称的词义是"太阳的光辉"。"那是沙维特利的宠爱"，"让我们沉思神的光辉"，"沉思激励我们"，这三句源自《梨俱吠陀》3.62.10。

光辉藏在那个太阳中，或者说，是眼中的瞳仁。梵论者们说，名为光辉（bharga），因为它依靠光芒（bhā）行进（gati）。或者，名为光辉，因为它如同制造干旱（bharjayati）的楼陀罗。bharga（光辉）中的 bhā 表示"照耀（bhāsayati）这个世界"。ra 表示"令众生喜悦（rañjayati）"。ga 表示众生进（gacchanti）出（āgacchanti）于它。因此，它名为光辉。

太阳名为 Sūrya，因为不断地压榨（sūyamāna）；又名 Savitṛ，也是因为压榨（savana）；又名 Āditya，因为摄取（ādāna）。火名为Pāvana（净化者），因为净化（pavana）。水名为 Āpas，因为增长（pyāyana）。

注："压榨"指压榨苏摩汁。"摄取"指摄取大地上的水分。"净化"指为众生消除罪恶。"增长"指使众生增长。

人们这样说：确实，自己的自我被称为引导者，不死者，思想者，思考者，行走者，排泄者，品尝者，嗅闻者，观看者，听取者，接触者，进入身体的遍入一切者。

人们还这样说：具有对立性的知识，自我能听取，能观看，能嗅闻，能品尝，能接触，也就是能认知一切。而不具有对立性的知识，摆脱因、果和行动，不可言说，不可比拟，不可名状，怎么表述？（7）

确实，这自我是主宰者，商波，薄婆，楼陀罗，生主，创造一切者，金胎，真实，生命，天鹅，导师，毗湿奴，那罗延，光明，创造者，维持者，统治者，因陀罗，月亮。它发热，覆盖有千眼金卵，犹如一个火覆盖有另一个火。它值得认知和追求。一个人应该在赐予一切众生无畏后，进入森林，抛弃外在感官对象，从自身中获取它。

注：商波、薄婆和楼陀罗均为后来的湿婆神的名称。"金胎"是梵天的名称。"天鹅"是至高自我或个体自我的名称。那罗延是毗湿奴神的名称。"千眼金卵"是原始创造主的孕育者。

> 有一切形，辉煌，通晓万物，
>
> 至高的归宿，唯一的光和热，
>
> 有千道光芒，有百种转动，
>
> 众生之生命，这太阳升起。（8）

注：这颂见《疑问奥义书》1.8。

因此，知道这两者（气息和太阳）是自我，便沉思自我，祭供自我。这样的沉思和用心实践，受到智者们赞颂。应该吟诵名为《受到剩食污损》的颂诗，以净化思想的污垢：

> 剩食或者受到剩食污损的食物，
>
> 恶人或生下死胎者赐予的食物，
>
> 但愿婆薮神的净化力、火和阳光，
>
> 净化我的食物和其他任何恶业！

进食前，先要用水漱口。进食时，念诵："献给元气，娑婆诃！""献给下气，娑婆诃！""献给行气，娑婆诃！""献给中气，娑婆诃！""献给上气，娑婆诃！"祭供这五种气息后，控制言语，吃完剩下的食

物。然后,再次用水漱口。这样,在漱口和祭供自我后,应该用《气息和火》和《你是一切》这两首颂诗沉思自我:

> 气息和火,至高自我,
>
> 它以五种气息进入,
>
> 但愿这位享受一切者,
>
> 喜悦者,令一切喜悦!
>
> 你是一切,你是一切人,
>
> 你维系你产生的一切,
>
> 但愿一切祭品进入你,
>
> 有你永生者,就有众生。

确实,按照这种方式进食,就不会再成为他人的食物。(9)

注:"不再成为他人的食物"意谓达到与至高自我合一,不会再生。

还有别的应该知道的事。这是对祭供自我的扩充,也就是关于食物和吃食物者。下面予以说明。

原人作为有意识者居于原初物质中。它作为享受者,享受原初食物。众生自我成为它的食物。众生自我的创造者是原初物质。因此,任何由三性构成者是可享受者,享受者是内在的原人。

注:"三性"指原初物质的三种性质:善性、忧性和暗性。

这里有例证:动物产生于种子,因此,种子是可享受者。这说明原初物质的可享受性。所以,原人是享受者,原初物质是可享受者。原人居于原初物质中享受。由于三性的分化转变,原初食物由大至特殊,具有形相。由此,十四种方式得到说明。

注："由大至特殊"指原初物质由于三性的分化转变,依次产生大(觉)、心(思想)和五大元素(空、风、火、水和地)。五大元素构成各种特殊事物。"十四种方式"指原初物质、觉、我慢("自我意识")、心、五种感觉器官和五种行动器官。

确实,这个世界由食物形成,名为快乐、痛苦和痴迷。然而,要是不产生结果,也就无法品尝种子美味。童年、青年和老年,在这样的三个阶段中,也具有食物性,因为食物性产生于变化性。原初物质正是这样得以显现,而能把握。其中有觉等等美味,有决心、意愿和自大,以及五种感官对象美味,还有一切感官活动和各种气息活动。无论显现的食物或不显现的食物,享受者是无性质者(原人)。而依据享受者这一点,就可以证明它是有意识者。正如火是众天神的吃食物者,而苏摩汁是食物。知道这样,也就依靠火,吃食物。"众生自我被称为苏摩汁,以未显者为嘴者被称为火。"依据这种说法,原人以未显者为嘴者享受三性。

注："未显者"指原初物质。

知道这样,也就成为弃世者,瑜伽行者,祭供自我者。正如不接触进入空室的美女,他不接触进入自己的感官对象,成为弃世者,瑜伽行者,祭供自我者。(10)

确实,食物是自我的最高形态。生命由食物构成。如果不吃,也就不能思想,不能听取,不能接触,不能观看,不能说话,不能嗅闻,不能品尝,气息流失。因为人们这样说:"如果吃,气息增长,就能成为思想者,听取者,接触者,说话者,嗅闻者,品尝者,观看者。"人们还这样说:

这些众生依赖大地,全都从食物中产生,

然后,依靠食物生活,最终又返回它。(11)

注:参阅《歌者奥义书》7.9.1 和《泰帝利耶奥义书》2.2。

别处还这样说:一切众生天天为食物奔忙。太阳用光线摄取食物,由此它产生热量。获得食物,生命气息进行消化。获得食物,火燃烧发光。梵渴望食物而创制这个世界。因此,应该崇拜食物为自我。因为人们这样说:

生物从食物中产生后,又依靠食物生长,

食物被吃,也吃生物,故而被称为食物。(12)

注:这颂见《泰帝利耶奥义书》2.2。

别处还这样说:确实,这食物是尊神毗湿奴的形体,名为维持一切者。气息是食物的精华。思想是气息的精华。知识是思想的精华。欢喜是知识的精华。知道这样,他就有食物,有气息,有思想,有知识,有欢喜。知道这样,只要世上众生吃食物,他就居于其中吃食物。

注:参阅《泰帝利耶奥义书》2.1—5。

相传,食物防止衰老,食物安抚一切,

食物是动物生命,是医生,最为古老。(13)

别处还这样说:食物是一切的子宫。时间是食物的子宫。太阳是时间的子宫。年是时间的形态,含有瞬间等等时间单位,含有十二个月。年的一半属于火神,另一半属于伐楼那。在南行中,从星宿(magha)至危宿(śraviṣṭhā)的一半属于火神。在北行中,从柳宿（sarpa）至危宿的一半属于月神。在它自己的每个月中，按照行程含有九等份。由于时间的微妙性，运用这样的计量标准进行计量。如果没有计量标准，就不能计量对象。依据单位性，计量对象得到计量，达到认知自我的目的。因为人们这样说："那个太阳在时间的这些单位中运转。若是崇拜时间为梵，时间就会远离他。"人们还这样说：

> 众生从时间中流出，随同时间增长，
>
> 又在时间中隐没，时间无形而有形。（14）

注：每个月含有"九等份"，也就是每个月含有九个四分之一宿，即二又四分之一宿，这样，一年共有二十七宿。"时间就会离开他"意谓获得长寿或永生。

确实，时间和无时间是梵的两种形态。在太阳出现之前，没有时间，没有时间单位。随着太阳出现，有时间，有时间单位。确实，年是时间的形态。众生从年中产生。产生后，随年增长，又在时间中隐没。因此，年是生主，时间，梵的居处，自我。因为人们这样说：

> 确实，时间在伟大的自我中催熟一切众生，
>
> 而知道时间在何处被催熟，则是知吠陀者。（15）

注：众生产生于时间，时间产生于太阳，因此，这里所谓"时间在何处被催熟"，蕴含的回答是在太阳中被催熟。

这有形的时间是众生的大海。居于其中者名为沙维特利（太阳）。从它产生月亮、星星、彗星和年等等。又从它们产生这一切。世上善恶美丑的任何事物都产生于它们。因此，梵是太阳的自我。

应该崇拜名为时间的太阳。人们说:"太阳是梵。"人们还这样说:

> 祭祀者,享受祭祀者,祭品,
>
> 颂诗,祭祀,毗湿奴,生主,
>
> 这些都是主宰者,见证者,
>
> 在那个光轮中,熠熠生辉。(16)

注:"太阳是梵"的说法,见《歌者奥义书》3.19.1。"享受祭祀者"指天神。"光轮"指太阳。

确实,在太初,梵是唯一者,无限者。向东无限,向南无限,向西无限,向北无限,向上和向下乃至一切方位都无限。因为对它而言,不存在东和南等等方位,也不存在纵横上下。这个至高自我不可思量,不可测量,不生,不可思辨,不可思议。它以空为自我。在一切毁灭时,唯独它保持清醒。它从空中唤醒这个纯意识。这个纯意识因它而沉思,最后又隐没在它之中。

注:"这个纯意识"指个体自我。

它的光辉形态呈现在炽热的太阳中,也呈现为无烟之火的奇妙光焰,也是腹中的消化食物之火。因为人们这样说:"它在火中,它在心中,它在那个太阳中。它是唯一者。知道这样,也就会与唯一者合一。"(17)

这是与它合一的方法:调息、制感、沉思、专注、思辨和入定。这称为瑜伽六支。依靠这个方法,

注:后来,波颠阇利(Patañjali)在《瑜伽经》(Yogasūtra)中将瑜伽分为八支:"禁制、遵行、坐法、调息、制感、专注、沉思和入定。"(2.2.29)

> 见到这位金色的创造者，
>
> 神主，原人，梵的源泉，
>
> 于是，智者摒弃善和恶，
>
> 一切与至高不灭者合一。

注：参阅《剃发奥义书》3.1.3。

因为人们这样说：

> 如同鸟兽不会依附燃烧的山，
>
> 罪恶永远不会依附知梵者。（18）

别处还这样说：一旦智者将思想从外界撤回，气息停住感官对象，也就处在毫无意念的状态。因为名为气息的生命产生于无气息，气息应该将气息保持在名为第四的状态。因为人们这样说：

> 居于意识中的无意识，
>
> 不可思议，隐秘，至高，
>
> 应该将意识安置其中，
>
> 让微妙生命无所执着。（19）

注："第四状态"指进入自我或梵的状态，参阅《蛙氏奥义书》7 和 12。

别处还这样说：还有比这更高的精神专注，用舌尖顶住上颚，抑止语言、思想和气息，依靠思辨看到梵。通过抑止思想，依靠自我看到比微小更微小的、闪亮的自我。依靠自我看到自我，也就成为无我者。由于这种无我性，也就被认为不可测量，没有起源。这是解脱的状态，至高的奥秘。因为人们这样说：

> 依靠思想的清净，消除一切善业和恶业，

清净的自我居于自我中,享受永久幸福。(20)

注:"无我"(nirātman)指放弃个体自我,与至高自我合一。

别处还有这样的说法:有一条名为苏迅那的脉管,贯通上颚,引导气息向上。通过它,与气息、唵音和思想结合,他上升。用舌尖顶住上颚,摒弃感官,凭伟大观看伟大。这样,他获得无我性。由于这种无我性,他不再享受苦乐,获得独一无二性。因为人们这样说:

首先保持平静,然后控制气息,

就能超越有限,戴上无限顶冠。(21)

注:"凭伟大观看伟大",也就是凭自我观看自我。"独一无二性"指梵性。

别处还这样说:确实,应该沉思两种梵:声和无声。依靠声显示无声。唵是声。依靠它,上升,最终达到无声。人们说,这是归宿,这是永生,这是合一,这是寂静。正像蜘蛛沿着蛛丝向上,获得广阔空间,沉思者依靠唵,上升,达到独立自主。

另一些声论者有不同说法:用拇指按住耳朵,能听到心中空间的声音。对它有七种比喻:如河流,铃铛,铜器,车轮,蛙鸣,下雨,密室私语。一旦超越各种特征,便隐没在至高、无声、不显现的梵中。在那里,没有各种性质,没有各种分别,犹如各种液汁合成蜜汁。因为人们这样说:

应知两种梵:声梵和至高的梵,

通晓声梵者,获得至高的梵。(22)

注:这颂见《摩诃婆罗多》12.224.60。"声梵"通常指称吠陀。

别处还这样说：唵这个音节是声。它的顶端是平静，无声，无畏，无忧，欢喜，满足，坚定，不动，不死，不落，持久，名为毗湿奴，超越一切。应该崇拜这两者。因为人们说：

　　既高又低，这位神以唵音命名，

　　无声无有，应该将它安于头顶。(23)

别处还这样说：身体是弓，唵音是箭，思想是箭头，黑暗是靶子。穿越黑暗，达到没有黑暗笼罩的地方。破除笼罩的黑暗，便看到梵。它闪耀似火轮，光辉似太阳，充满活力，超越黑暗。它在那个太阳中，也在月亮中，火中，闪电中，闪闪发光。确实，看到它，便获得永生。因为人们这样说：

　　沉思导向内在至高真实，也导向外在对象，

　　这样，没有特殊性的意识变得有特殊性；

　　待到思想隐没，便获得自我见证的幸福，

　　那就是梵，永生，光明，归宿，终极世界。(24)

别处还这样说：犹如在睡眠中感官收回，犹如在梦中思想纯净，身处感官巢穴而不受束缚，他就看到名为唵音的引导者，以光为形，无眠，无老，无死，无忧。这样，他也成为名为唵音的引导者，以光为形，无眠，无老，无死，无忧。因为人们这样说：

　　这样，他与气息、唵音和多种多样的

　　一切结合或被结合，因而称为瑜伽。

　　气息、思想和各种感官合一，

　　摒弃一切事物，这称为瑜伽。(25)

别处还这样说:确实,正如渔夫用网捕取水中的鱼,祭供腹中之火,同样,唵音摄取这些气息,祭供无病之火。正如热罐中的酥油接触到点燃的柴草而燃烧,同样,这个名为无气息者接触到气息而燃烧。这燃烧者是梵的形态,是毗湿奴的至高居处,楼陀罗的楼陀罗性。它将自己分成无限多样,布满这些世界。因为人们这样说:

> 正如那些火花出自火,光线出自太阳,
>
> 气息等等一再出自它,依次进入世界。(26)

注:"无病之火"和"无气息者"均指梵。"楼陀罗性"也可意译为威猛性。

别处还这样说:确实,至高和永生的梵没有身体。而它的光是人的身体的热量,人的身体则是它的酥油。虽然它显现,但藏在心的空间中。人们依靠凝聚思虑,腾出空间,这样,它的光仿佛进入。然后,自己迅速进入这种状态,思想及其依托也就寂灭。这如同铁块埋进泥土,很快具有泥土性,火和铁匠也就不会麻烦这泥土般的铁块。因为人们这样说:

> 心中空间构成的库房,欢喜,至高居处,
>
> 是我们自己和瑜伽,是火和太阳的光。(27)

别处还这样说:超越五大元素和感官对象后,手中握弓,以出家为弓弦,以坚定为弓背,以摆脱自大为箭,射杀梵的第一门卫。这个门卫以痴迷为头冠,以贪婪和妒忌为耳环,以懒散、昏睡和邪恶为棍棒,自高自大,手中握弓,以愤怒为弓弦,以贪得为弓背,以欲望为箭,伤害众生。射杀这个门卫后,以唵音为船,抵达心中空

间的彼岸。在渐渐显现的内在空间中，进入梵的厅堂，犹如探矿者掘洞探矿。在老师指导下，解除四网构成的梵鞘。然后，他变得纯洁，清净，空无，平静，无气息，无我，无限，不灭，坚定，永恒，不生，自主，立足于自己的伟大。看到自己立足于自己的伟大，便看清生死轮回如同车轮转动。因为人们这样说：

> 修炼瑜伽六个月，始终超凡脱俗，
>
> 他便通晓无限、至高和隐秘的瑜伽；
>
> 深陷忧性和暗性，执着妻儿家族，
>
> 即使他充满热情，仍将一无所获。（28）

注："四网构成的梵鞘"指食物、气息、思想和知识。参阅《泰帝利耶奥义书》2.1—4。

说完这些，夏迦耶尼耶内心沉静，向他敬礼，说道："国王啊，生主的儿子们依靠这种梵的知识登上梵路。通过修炼瑜伽，人们获得满足，能够承受对立的事物，达到平静。这种隐秘的知识，不能传给非儿子和非弟子，只能传给具备一切品德而对业师忠诚不二者。"（29）

注：国王指巨车王，见前面1.2。"生主的儿子们"指婆利奇利耶人，见前面2.3。

唵！应该在清净之地，保持清净，立足善性，研究真实，宣讲真实，沉思真实，祭祀真实。然后，他在渴望真实的梵中获得转变，焕然一新。斩断束缚是他获得的果报。他无所企求，摆脱对别人的恐惧，如同别人摆脱对他的恐惧。他摒弃欲望，获得永不毁灭的无量幸福。确实，摒弃欲望，如同获得至高宝库中的至高珍宝。因为人由一切欲望构成，以决心、意愿和自大为标志，受到束缚。只有反其道而行之，才能获得解脱。

对此，有些人说，性质受原初物质变化的控制，用决心之类束缚自我。只有克服决心之类的错误，才能获得解脱。确实，人用思想观看，用思想听取。欲望，意愿，怀疑，信仰，不信仰，坚定，不坚定，羞愧，沉思，恐惧，这一切都是思想。它随性质之流漂移，受污染，不坚定，轻浮，沮丧，渴望，迷乱，自高自大，心想："我是他。这个是我的。"它自己束缚自己，犹如陷入网中的鸟。因此，人以决心、意愿和自大为标志，受到束缚。只有反其道而行之，才能获得解脱。因此，应该排除决心，排除意愿，排除自大。这是解脱的标志。这是从这里通向梵的道路。这是敞开的门。通过它，超越黑暗，达到彼岸。因为一切愿望都容纳其中。

注：参阅《大森林奥义书》1.5.3。

对此，人们这样说：

　　一旦五种认知能力和思想保持安静，

　　　　知觉不再活动，人们说这是至高归宿。

注："五种认知能力"也就是眼、耳、鼻、舌和身五种感官。

说完这些，夏迦耶尼耶内心沉静。摩录多按照仪轨向他行礼致敬。摩录多已经达到目的，沿着太阳北行之道离开，因为别无他路。这是从这里通向梵的道路。他穿越太阳之门，向上离去。

注："摩录多"是巨车王的称号，见前面2.1。

对此，人们这样说：

它居于心中，如同一盏明灯，光芒无限，

白色，黑色，棕色，蓝色，褐色，粉红色；

其中一道光芒向上伸展，穿透太阳光轮，

依靠它，人们越过梵界，达到最高归宿。

还有另外的一百道光芒向上伸展，

依靠它们，人们到达众天神的居处；

还有各种各样微弱的光芒向下伸展，

人们不由自主，陷身尘世，享受业果。

注：参阅《歌者奥义书》8.6。

因此，那个可尊敬的太阳是创造、天国和解脱的原因。（30）

有人问："这些活动的感官具有什么性质？ 谁是它们的释放者和控制者？"回答说："它们属于自我的性质。自我是它们的释放者和控制者。有诱人的感官对象和名为太阳光线者。自我依靠这五种光线享用感官对象。"

注："五种太阳光线"指五种感官。与它们对应的五种感官对象是色、声、香、味和触。

"这自我是什么？""人们说，它的特征是纯洁、清净、空无和平静等等。通过它自己的这些特征得以认知。有些人说，这个无特征者的特征如同寓于火中的热量，寓于水中的清凉之味。另一些人说，它是语言、耳朵、眼睛、思想和气息。还有一些人说，它是知觉、坚定、记忆和智慧。确实，这些特征对于它，犹如芽对于种子，烟、光焰和火花对于火。"

对此，人们这样说：

正如那些火花出自火，光线出自太阳，

气息等等一再出自它，依次进入世界。（31）

确实，从自我中出现一切气息，一切世界，一切吠陀，一切天神，一切众生。它的奥义是真实中的真实。犹如湿柴置于火中，冒出烟雾，同样，从这伟大存在的呼吸中产生《梨俱吠陀》、《夜柔吠陀》、《娑摩吠陀》、《阿达婆安吉罗》、史诗、往世书、知识、奥义书、偈颂、经文、注释和注疏，以及一切众生。（32）

注：参阅《大森林奥义书》2.1.20 和 2.4.10。《阿达婆安吉罗》即《阿达婆吠陀》。

这个五砖祭坛的家主祭火是年。这五砖是春季、夏季、雨季、秋季和冬季。它有头、双翼、背和尾。对于知原人者，这个祭火是大地，祭供生主的第一堆火。它用手举起祭祀者，送往空中，交给风。

注：祭坛形状似展翅之鸟，故而有头、双翼、背和尾。"原人"指自我。

确实，风是气息。气息是南祭火。它的五砖是元气、行气、下气、中气和上气。它有头、双翼、背和尾。对于知原人者，这个祭火是空中，祭供生主的第二堆火。它用手举起祭祀者，送往空中，交给因陀罗。

确实，因陀罗是那个太阳。太阳是东祭火。它的五砖是《梨俱吠陀》、《夜柔吠陀》、《娑摩吠陀》、《阿达婆安吉罗》和史诗往世书。它有头、双翼、背和尾。对于知原人者，这个祭火是天空，祭供生主的第三堆火。它用手举起祭祀者，送往知自我者（生主），由知自我者交给梵。在那里，他高兴喜欢。（33）

大地是家主祭火，空中是南祭火，天空是东祭火。它们是净化

者、清净者和纯洁者,因此,祭祀得以展现。腹中消食之火也是净
化者、清净者和纯洁者的聚合。因此,应该祭供、安置、赞颂和沉思
祭火。祭祀者手捧祭品,心中沉思天神:

> 这金色的鸟在心中和太阳中,我们
>
> 祭供祭火中光辉似雨的水鸟,天鹅。

他也思考这首颂诗的意义:那是沙维特利(太阳)的宠爱,应该
沉思它的光辉。他在知觉中沉思,进入思想平静的境界,将它安放
在自我中。在这方面,有这些偈颂:

> 正如撤去柴薪,火在原地安息,
>
> 断绝活动,思想也在原地安息。

> 尽管追求真实的思想在原地安息,然而,
>
> 受宿业控制,受感官对象诱惑,仍有妄念。

> 因为思想就是世界,应该努力净化它;
>
> 想什么便成为什么,这是永恒的奥秘。

注:这里译为“世界”的 saṃsāra 一词,也可译为“轮回”,参阅前面 1.4。

> 依靠思想的清净,消除一切善业和恶业,
>
> 清净的自我居于自我中,享受永久幸福。

> 如果人的思想都像执着感官对象那样
>
> 执着梵,那么,还有谁不能获得解脱?

> 人们将思想分为两种:纯洁和不纯洁;
>
> 执着欲望而不纯洁,摒弃欲望而纯洁。

摆脱昏睡和迷乱，让思想保持安静不动，

一旦进入无意识状态，便达到最高境界。

应该抑止思想，直到它在心中灭寂，

这是智慧和解脱，其他一切是赘言。

思想靠入定涤除污垢，进入自我而幸福，

这不可言表，只能自己靠内部感官把握。

水中之水，火中之火，空中之空，不可分辨，

正是这样，思想进入自我，也就获得解脱。

这思想是人类束缚和解脱的原因：

执着对象为束缚，摆脱对象为解脱。

因此，不祭供祭火者，不安置祭火者，无知者，不沉思者，他们对空中梵界的记忆受到阻塞。所以，应该祭供、安置、赞颂和沉思祭火。（34）

向居于大地、记住世界的火神致敬！请赐予祭祀者以世界！

向居于空中、记住世界的风神致敬！请赐予祭祀者以世界！

向居于天空、记住世界的太阳神致敬！请赐予祭祀者以世界！

向居于一切、记住一切的梵致敬！请赐予祭祀者以一切！

真理的面容覆盖着金盘，普善啊！

请你揭开它，让人看到真法毗湿奴。

注：参阅《大森林奥义书》5.15.1 和《自在奥义书》15。毗湿奴（Viṣṇu）是神名，按词义是遍及一切者。

太阳中的那个原人就是我。这真法就是太阳的太阳性。它是

纯洁的原人性,没有性别。

进入天空的光芒只是它的一部分。它仿佛在太阳中,眼睛中,火中。它是梵,是永生者,是光辉,是真法。

进入天空的光芒只是它的一部分。它是太阳中的甘露,月亮和各种气息是它的嫩芽。它是梵,是永生者,是光辉,是真法。

进入天空的光芒只是它的一部分。它是在太阳中闪耀的夜柔。它是唵,是水,是光,是永生者,是梵,是地,是空,是天,唵!

八足,纯洁,天鹅,三线,极微,不灭,

无视善恶两性,见到一切者见到它。

注:"天鹅"指自我或梵。"八足"和"三线"(或"三经")含义不详。

进入天空的光芒只是它的一部分。它在太阳中升起,成为两道光芒。它是智者,是真法,是夜柔,是热量,是火,是风,是气息,是水,是月亮,是精液,是甘露,是梵的领域,是光的海洋。祭祀者们如同盐块溶化其中,与梵合一。因为一切愿望都容纳其中。

对此,人们这样说:

在众天神中闪烁光辉,

如同微风吹动的烛光,

他知道这样,知道对立,

知道合一,而与它合一。

如同不断扬起的水沫,

如同高空云中的闪电,

他们依托闪耀的光焰,

如同火的美妙的发髻。(35)

确实,梵的光芒有两种形态:一种安静,一种增长。安静者依托空,增长者依托食物。因此,应该向祭坛祭供颂诗、药草、酥油、肉类、糕饼和米饭等等,也将嘴视为东祭火,将剩余的食物和饮料投入其中,以增长精力,赢得功德世界,达到永生。

注:祭祀者首先将食品祭神,然后自己吃祭神剩余的食品。

对此,人们这样说:向往天国,应该举行火祭。通过赞颂火神的祭祀,赢得阎摩王国。通过咏唱赞歌的祭祀,赢得月亮王国。通过为期十六天的祭祀,赢得太阳王国。通过彻夜祭祀,赢得因陀罗王国。通过为期长达一千年的祭祀,赢得生主王国。

> 正如灯心、灯托和灯油结合,灯就存在,
>
> 与宇宙之卵结合,自我和光辉就存在。(36)

因此,应该用唵音崇拜无限的光辉。它有三种展现:在火中,在太阳中,在气息中。祭供给火的大量食物通过脉管传送给太阳。然后,液汁成流,降下雨水,如同赞歌。由此,这些气息存在。依靠这些气息,众生存在。

对此,人们这样说:祭供给火的食物传送给太阳。太阳用光线降雨。由此,产生食物。由食物产生众生。因为人们这样说:

> 祭品正确地投放火中,抵达太阳,
>
> 太阳生雨,雨生食物,食物生众生。(37)

举行火祭者破除贪欲之网。由此,他破除痴迷,不再喜好发怒。他沉思愿望,解除四网构成的梵鞘。由此,他达到至高的空。

在那里,他穿越太阳、月亮、火和真实者的领域。由此,他获得净化,看到它安居于真实中,不动,不死,不落,持久,名为毗湿奴,至高无上的居处,以真实为意愿,通晓一切,独立自主的精神,立足于自己的伟大中。

对此,人们这样说:

> 月亮居于太阳中,火居于月亮中,
>
> 真实居于火中,不灭居于真实中。

沉思身体之内一拃口中间那个拇指般的、比微小更微小者,他便达到至高状态。因为一切愿望都容纳其中。

注:"一拃口"指心。"拇指般的、比微小更微小者"指自我或梵。

对此,人们这样说:

> 身体一拃口中,拇指般
>
> 大小者,像灯火的光焰,
>
> 两重,三重,那是受赞颂
>
> 的梵,进入万物的大神。

唵!向梵致敬!致敬!(38)

第　七　章

火神,伽耶特利诗律,三重颂诗,罗檀多罗赞歌,春季,元气,星星,众婆薮神,从东方升起,发热,降雨,赞颂,然后又进入,透过缝隙观看。它不可思议,无形体,深沉,隐秘,无可挑剔,紧密,无性质,纯洁,光辉,享受性质,恐怖,不流转,瑜伽之主,通晓一切,强大,不可测量,无始无终,吉祥,不生,睿智,不可描述,创造一切,一切的自我,享受一切,一切的主宰,一切的底蕴。(1)

因陀罗,特利湿图朴诗律,十五重颂诗,毗诃特赞歌,夏季,行气,月亮,众楼陀罗神,从南方升起,发热,降雨,赞颂,然后又进入,透过缝隙观看。它无始无终,不可测量,不可分割,不与他者联合,独立自主,无标志,无形体,能力无限,创造者,创造光明者。(2)

众摩录多神,遮伽提诗律,十七重颂诗,维卢波赞歌,雨季,下气,金星,众太阳神,从西方升起,发热,降雨,赞颂,然后又进入,透过缝隙观看。它平静,无声,无畏,无忧,欢喜,满足,坚定,不动,不死,不落,持久,名为毗湿奴,至高无上的居处。(3)

众毗奢神,阿奴图湿朴诗律,二十一重颂诗,维罗遮赞歌,秋季,中气,伐楼那神,众沙提耶神,从北方升起,发热,降雨,赞颂,然后又进入,透过缝隙观看。它内在纯洁,清净,空无,平静,无气息,无我,无限。(4)

密多罗神和伐楼那神,般格提诗律,二十七重和三十三重颂诗,夏格婆罗和雷婆多赞歌,寒季和霜季,上气,众安吉罗祭司,月亮,从上方升起,发热,降雨,赞颂,然后又进入,透过缝隙观看。它名为唵音,引导者,以光为形,无眠,无老,无死,无忧。(5)

土星、罗睺、计都星、蛇、罗刹、药叉、人、鸟、鹿和象等等,从下方升起,发热,降雨,赞颂,然后又进入,透过缝隙观看。它睿智,安排一切,寓于一切,不灭,纯洁,清净,光辉,宽容,平静。(6)

确实,它是心中的自我,微妙,犹如点燃的火,具有一切形态,以所有这一切为食物,众生交织在它之中。这自我摆脱罪恶,无老，无死，无忧，无疑惑，无束缚，以真实为意愿，以真实为欲望。它是至高自在，众生之主，众生保护者。它是堤防，维持者。这自我确实是主宰者，商波，薄婆，楼陀罗，生主，创造一切者，金胎，真实，生命，天鹅，导师，不落者，毗湿奴，那罗延。它在火中，在那个太阳中。它是唯一者。

向藏在真实的空中而具有一切形态的你致敬！（7）

现在，国王啊，讲述知识面对的危害。适合进入天国者与不适合进入天国者混淆不清，这是陷入愚痴之网的根源。尽管已经指出前面有无花果树林，人们还是热衷眼底下的草丛。

一些人经常娱乐，经常出游，经常乞讨，经常卖艺为生。一些人在城镇中乞食，为贱民举行祭祀，充当首陀罗的学生，或身为首陀罗却通晓经典。一些人是骗子，伪善者，舞伎，雇佣兵，出家者，演员，亵渎王室职务者，诸如此类。一些人自称能降服药叉、罗刹、鬼怪、精灵、鬼魂、蛇和魍魅等等，谋取钱财。一些人伪装苦行者，穿袈裟衣，佩戴耳环和骷髅。一些人用伪思辨和假例证编织因陀罗网，企图迷惑吠陀信众。不能与这些人相处。他们显然是盗贼，没有资格进入天国。因为人们这样说：

注：按照婆罗门教，首陀罗是低级种姓，不能学习和教授经典。

用虚假的例证和因明，

宣扬否定自我的学说，

世上的人们受到迷惑，

不知吠陀和俗学有别。（8）

确实，毗诃波提曾经化作太白仙人，为了毁灭阿修罗，让因陀罗摆脱恐惧,创造了无知。这样,阿修罗们出于无知,指善为恶,指恶为善,鼓动人们追逐各种危害吠陀等等经典的法则。因此,不能听取这种教导。那好比是石女,仅仅享受欲乐而已,违反常规,不能效法。因为人们这样说:

注:"石女"指不能生育的女子。

> 智者们明白无知和知识,
>
> 这两者的指向迥然有别;
>
> 我认为那吉盖多渴求知识,
>
> 众多的欲望不能动摇你。

注:这颂见《伽陀奥义书》1.2.4。

> 同时知道无知和知识这两者的人,
>
> 凭无知超越死,凭知识达到不死。

注:这颂见《自在奥义书》11。

> 始终生活在无知之中,
>
> 却自认是智者和学者;
>
> 愚人们徘徊在歧路,
>
> 犹如盲人引导盲人。(9)

注:这颂见《伽陀奥义书》1.2.5。

确实,天神和阿修罗渴望自我,来到梵天身边,向他致敬,说道:"尊者啊,我们渴望自我,请你告诉我们!"他沉思良久,心想:"这些阿修罗需要另一种自我。"于是,他告诉他们另一种自我。从此,这些愚者就这样陷身痴迷,毁弃渡船,称颂谬误。他们反将真理视同谬误,如同因陀罗网。因此,唯有吠陀中的教导是真理。智者们按照吠陀中的教导生活。因此,婆罗门不应该学习非吠陀知识。这应该是目标。(10)

注:参阅《歌者奥义书》8.7—8。

确实,心穴中的空的自身形态就是那至高的光。它分成三种:在火中,在太阳中,在气息中。确实,心穴中的空的自身形态就是唵这个音节。通过它,至高的光觉醒,上升,呼气。它始终是学习梵的依靠。

确实,至高的光在气息中放光发热,正如烟在空中,围绕主干,生出枝枝杈杈。如投入水中的盐,如酥油中的热力,沉思者的思虑蔓延扩大。对此,人们这样说:"为何称它为闪电?因为它一出现,就照亮整个身体。"因此,应该用唵音崇拜这无量的光。

> 这位眼中原人居住在右眼中;
> 他是因陀罗,其妻居住左眼中。

注:参阅《大森林奥义书》4.2.2—3。

> 两者汇合在这心穴中,
> 血球形成两者的精力。

> 从心中延伸至眼睛,停在那里,
> 一条脉管为这两者一分为二。

> 思想激发体内之火,火激发风,
> 风在胸中涌动,产生轻柔之声。

> 它与心中激起的火接触,